Jane Hollister Wheelwright

Gelebtes Sterben

Jane Hollister Wheelwright

in Zusammenarbeit mit

Eleanor Haas, Barbara McClintock und Audrey Blodgett

# Gelebtes Sterben

## Transformation und Erfüllung

Das bewegende Dokument einer Analyse
angesichts des Todes

Ansata-Verlag
Paul A. Zemp
Rosenstraße 24
CH–3800 Interlaken
Schweiz
1986

Aus dem Amerikanischen von Jürgen Peter Krause

Titel der Originalausgabe:
THE DEATH OF A WOMAN
How a life became complete
Erschienen 1981 bei St. Martin's Press, New York


Deutsche Ausgabe:

Schutzumschlag: Robert Wicki
Gesamtherstellung: Walter-Druckerei, Olten
ISBN 3-7157-0092-0

# INHALT

Was ist der Tod?

Jeden Tag sage ich mir: Der Tod ist, wie
wenn einer nach einer schweren Krankheit aufsteht.
Jeden Tag sage ich mir: Der Tod ist, wie
wenn man einen Duft einatmet, wie wenn man
sich in einem berauschenden Land befindet.
Jeden Tag sage ich mir: Der Tod ist wie der
Moment, wenn der Himmel aufklart und
ein Mann mit seinem Netz losgeht, um Vögel
zu fangen – und auf einmal findet er sich an
einem unbekannten Ort wieder!

Was ist der Tod?

Ein aufrechtes Herz, wenn die Zeit
gekommen ist.

ALTES ÄGYPTISCHES LIED

# EINFÜHRUNG

Seit ein paar Jahren findet in der Öffentlichkeit in zunehmendem Maße eine Auseinandersetzung mit dem Tod statt, vor allem mit dem Tod durch Krebs. Das vorliegende Werk bietet eine neue Sicht auf dieses Thema – die einer Jungschen Psychoanalytikerin. Sie hat die Träume einer an Krebs unheilbar erkrankten Patientin aufgezeichnet und sie im Lichte der Tiefenpsychologie C. G. Jungs gedeutet. Was das Buch in meinen Augen ganz besonders wertvoll macht, ist seine Integrität: es gibt nicht vor, einen spektakulären Therapieerfolg verbuchen zu können, und die tragischen Tatsachen werden nicht verschwiegen. Außerdem erhält der Tod weder einen falschen sentimentalen Glorienschein, noch wird er als etwas Hoffnungsloses und absolut Schreckliches hingestellt. Das Buch gibt eine durch und durch ehrliche, auf den tatsächlichen Gegebenheiten beruhende Darstellung.

In eindrucksvoller Weise wird die langsame essentielle Verwandlung gezeigt, die die Seele, die unbewußte Psyche, durchmacht, wenn der Tod naht. Die unendliche Hingabe und Geduld der Analytikerin und die mutige Aufrichtigkeit der Patientin machen das Buch zu einem ergreifenden *document humain*. Hier können wir sehen, wie uns unser Unbewußtes langsam – und beinahe unmerklich –, aber sicher auf den Tod vorbereitet und uns hilft, unerträgliches Leid erträglich werden zu lassen. Selbst das schlimmste Leid wird erträglich, sagt Jung, wenn es uns gelingt, seine Bedeutung zu erkennen.

In einem Zeitalter, in dem der Tod verklärt oder, öfter noch, schamhaft «vertuscht» wird, führen uns Träume, wie die im folgenden aufgezeichneten, zu den Grundwahrheiten unserer Instinkte zurück, nämlich zu der Erkenntnis, daß Leben und Tod nur zwei Seiten *desselben* geheimnisvollen Vorgangs sind, den Jung den Prozeß der Individuation genannt hat. Immer noch ist uns dieser Vorgang größtenteils unbekannt. Wahrscheinlich läuft er in jedem von uns ab, doch seine Bedeutung zeigt sich erst, wenn wir uns bewußt mit ihm befassen.

Das vorliegende Dokument wird meiner Meinung nach nicht nur den Menschen, die an einem ähnlichen Krankheitsbild leiden, und ihren Freunden eine Hilfe sein, sondern es wird in jedem von uns so manche Ängste und manch falsche Einstellung zum Tod «zurechtrücken».

Marie-Louise von Franz
Juni 1980

# VORBEMERKUNG

Das vorliegende Buch ist ein tatsachengetreuer und – soweit mir bewußt möglich – ehrlicher Bericht über meine analytische Arbeit mit einer Frau – ich werde sie Sally nennen –, die sich mit dem Tod durch Krebs konfrontiert sah und sich auf ihre eigene heroische Art damit auseinandersetzte.

Sally starb Anfang der sechziger Jahre, und der erste Entwurf zu diesem Buch entstand vor über zehn Jahren. Sterben und Tod waren damals in psychologischen Kreisen Tabuthemen; inzwischen haben sich beide innerhalb der psychotherapeutischen Gemeinschaft, und dort besonders bei der jüngeren Generation, zu einem populären Thema entwickelt. Diese bedeutsamen Veränderungen in der Einstellung zum Tod veranlassen mich nun, um Sallys und der Allgemeinheit willen, meinen ursprünglichen, Ende der sechziger Jahre verfaßten Bericht zu erweitern.

Erst innerhalb der letzten zehn Jahre ist es in weitbeachtetem Maße dazu gekommen, daß sich Psychotherapeuten bemühen, todkranken Patienten zu helfen, dem Tod entgegenzusehen und ihre psychischen Probleme aufzuarbeiten, ehe sie sterben. Als ich mit Sally zu arbeiten begann, ging ich – wie «unfachmännisch» das auch erscheinen mag – einfach davon aus, daß meine Mutmaßungen auch nicht schlechter seien als die anderer Leute. Ich arbeitete mit sterbenden Patienten – und ganz besonders mit Sally – so, wie es für uns beide am angenehmsten erschien. Um das zu tun, legte ich manche der Haltungen und Techniken der herkömmlichen Psychotherapie ab. Ich spürte, daß die Arbeit mit Sally eine außergewöhnliche Verpflichtung von mir verlangte. Sie würde eine persönliche Betroffenheit und die Bereitschaft erfordern, zu geben und zu nehmen, ihr auch von meinen Interessen zu erzählen, soweit sie ihr Leben betrafen, und ihr, sofern sie darum bat, mehr theoretische Erklärungen zu geben, als ich das normalerweise täte.

Schon Jahre vorher war ich – als Jungs Patientin und Schülerin – von seiner Idee der Individuation beeinflußt worden. Ich brachte sie nicht nur mit den verschiedenen Krisen in unserem Leben in Verbindung, sondern betrachtete sie auch als Schlüssel zum Tod. Jung gebrauchte den Begriff «Individuation», um bei Erwachsenen den Entwicklungsprozeß zu beschreiben, durch den ein Individuum die eigene Individualität im Verhältnis zur ganzen Bandbreite des menschlichen Lebens erkennen lernt und das Paradoxon seiner Einzigartigkeit einerseits und seiner gleichzeitigen vollständigen Teilnahme an der kollektiven menschlichen Erfahrung andererseits akzeptieren lernt. Jung bemerkte, daß Menschen, die in ihrer Entwicklung «festgefahren» sind, sich besonders anfällig für Krebs erweisen. Ich habe im Alter gelernt, meine Individuation an die erste Stelle zu setzen und so mit der Angst vor dem Tod fertig zu werden. Und diese Idee entwickelte sich bei meiner Arbeit mit Sally zum treffendsten Therapiemittel.

Um ihr beim Individuationsprozeß zu helfen, wandte ich auf meine Weise viele von Jungs Ideen, zusätzlich zu meinen eigenen, an. Ich benutzte ihre Träume, Phantasien und die aktive Imagination*, um bei Sally ein Interesse an den vernachlässigten, unerforschten Aspekten ihrer Psyche zu wecken, welche normalerweise im unbewußten Material zum Ausdruck kommen. Nach Jungs Auffassung enthält das Unbewußte nicht nur die Inhalte des eigenen Lebens, sondern auch ursprüngliche, archetypische Bilder – eben jene universalen kollektiven Motive, die wir in den Mythen und Religionen aller Kulturen antreffen. Mit Hilfe der Anhaltspunkte, die ich während unserer Sitzungen aus dem bei Sally hochkommenden unbewußten Material erhielt, versuchte ich den nicht zugelassenen Aspekten ihrer Persönlichkeit eine Stimme zu geben, um Sally ansatzweise die Spannung der in ihrer Psyche vorhandenen Gegensätze erfahrbar zu machen. Auf diese Weise, so hoffte ich, könnte Sally vielleicht ihr eigenes, sich immer wieder verän-

---

Alle * siehe Glossar

derndes Symbol für das immerwährende Leben annehmen lernen. Das würde ihr das Ringen mit dem Tod erleichtern.

In den Jahren seit Sallys Tod bin ich zunehmend zu der Überzeugung gelangt, daß für den todkranken Patienten ein weiblicher Therapeut von besonderem Wert ist. Das Bedürfnis, zur Mutter zurückzukehren und – falls vorhanden – das Mutterproblem zu lösen, und das Bedürfnis, die ideale innere Frau in Symbol und Abbild zu finden, sind beim Sterbenden besonders drängend, und eine Frau kann in diesem Fall wohl besser helfen. Während ich mit Sally arbeitete, nahm ich allerdings weder die wichtige Rolle, die Frauen in ihren Träumen spielten, noch ihr nächtliches Rufen nach der Mutter ernst genug, was vielleicht daran lag, daß ich mir meiner eigenen wichtigen Rolle, die ich als *Frau* in Sallys Leben spielte, noch nicht voll bewußt war. Der Tod liegt im Wirkungsbereich des Archetyps der weiblichen Gottheit (Große Mutter*), und eine Therapeutin kann diese Projektion vielleicht besser auf sich ziehen als ein Therapeut. Je mehr ich über meine Arbeit mit Sally nachdenke, desto stärker neige ich zu der Ansicht, daß beim Tod eine Frau dabeisein sollte.

Meine Arbeit mit Sally entwickelte sich schnell zu einer Art gemeinsamen Forschungsprojekts. Ich mußte zum einen aus beruflichen Gründen über den Tod Bescheid wissen und zum anderen auch deshalb, weil ich die Sechzig schon überschritten hatte und nun bewußter meinen eigenen Tod vorwegnahm. Meine Klientin, die verzweifelt nach einem Sinn in ihrer traurigen Lage suchte und bis dahin niemanden gehabt hatte, den sie hätte zu Rate ziehen können, machte meinen Mangel an Erfahrung dadurch wett, daß sie mich bei jeder Gelegenheit auf die Probe stellte und hinterfragte. Weder für Sally noch für mich gab es Richtlinien, an denen wir uns hätten orientieren können, und es blieb uns nichts anderes übrig, als verschiedene Dinge einfach auszuprobieren. Schon von unserem allerersten Treffen an war ich davon überzeugt, daß es hilfreicher für sie wäre, wenn wir zusammenarbeiteten, als wenn sie sich weiterhin alleine abmühte. Und auf jeden Fall würde sie mir helfen, jenem größten Geheimnis des Lebens ins Auge zu sehen: dem Tod.

Ich erklärte mich bereit, Sally daheim aufzusuchen und nur ein minimales oder gar kein Honorar zu verlangen, und ich nahm mir im stillen vor, mich so weit wie möglich nach ihren Bedürfnissen zu richten, gleichgültig, wieviel Zeit das erfordern würde. Das konnte ich tun, weil ich meinen Beruf nur halbtags ausübte. Mir war es eher möglich, zu den verschiedensten Tageszeiten zur Verfügung zu stehen als meinen Kolleginnen und Kollegen, die ganztags arbeiteten und eine Familie zu ernähren hatten. Außerdem war es wichtig, daß Sally, die sich so schmerzlich der finanziellen Last bewußt war, die sie ihrer Familie aufbürdete, nicht noch weitere Ausgaben auf sich lud.

Bevor und während ich mit Sally arbeitete, las ich viel zum Thema Krebs. Eine Theorie, die ich fand, besagte, daß ein schmerzlich empfundener Verlust – eines nahestehenden Menschen oder auch eines notwendigen Lebensaspektes – Krebs verursachen kann. Ich hielt das für logisch. Sally hatte ihr ganzes Leben lang unter dem Gefühl des Verlustes gelitten. Obwohl sie nach außen hin aktiv und ihre Aktivität in gewissem Sinne auch produktiv war, war es doch hauptsächlich eine verzweifelte Flucht vor einem Leben in einem Zustand ständiger Enttäuschung über die einschränkenden Zwänge, denen sie sich als Frau unterworfen fühlte.

Ich las viele medizinische Berichte und fand wenig Nützliches darunter. Doch ein kleines Buch beeindruckte mich: *Living With Cancer* von Edna Kaehele. Die Autorin, deren Lebensumstände denen von Sally sehr glichen, war seit vielen Jahren krank. Wiederholt war sie als hoffnungsloser Fall aufgegeben und schließlich aus dem Krankenhaus nach Hause entlassen worden, um zu sterben. Sie erzählt von ihrem Erlebnis, als sie in den Spiegel schaute und das Skelett betrachtete, das aus ihr geworden war. Gleichzeitig spürte sie jedoch, daß ihr Selbst deutlich da war. Sie schrieb: «Wenn unser inneres Leben nicht einmal dadurch verändert wird, daß wir bis aufs Skelett abmagern, kann es dann überhaupt durch irgend etwas verändert werden? Etwa durch die Zeit? Oder die Ewigkeit? – Zuletzt weiß man einfach und unwiderlegbar, daß man unabhängig von diesem Fleisch existiert; daß man trotz der sich wandelnden Materie durch Ewigkeiten hindurch als ein selbständiges Wesen weiterexistieren wird.» Von diesem Tag an erholte sie sich zusehends und schrieb sechs Jahre später ihre Geschichte nieder. Ich glaube, man kann sagen, daß sie nun endlich bereit war, ihren Körper loszulassen, weil sie ihr Geist-Selbst erlebt hatte. Offenbar war sie vorher zu abhängig von ihrem Körper und ihm zu sehr verhaftet gewesen.

Als ich meine Arbeit mit Sally begann, versuchte ich mir meiner Reaktionen, Gedanken und Spekulationen bewußt zu werden und hoffte so, neue Zugangsmöglichkeiten zu ihrer unheilbaren

Krankheit zu finden. Um das zu tun, mußte ich auf meine Art, also auf Frauenart – oder wenigstens die Art *einer* Frau – an das Problem herangehen. Ich mußte es wagen, in bezug auf das, was sich zwischen Sally und mir abspielte, meinen subjektiven Gefühlen zu vertrauen. Ich ließ es zu, daß sich zwischen Sally und mir ein persönlicheres Verhältnis entwickelte, als das normalerweise bei einer Analyse der Fall ist. Kollegen könnten dieses eigene Beteiligtsein als «Gegenübertragung»* etikettieren und kritisieren. Ich kann darauf nur erwidern, daß sich unsere Beziehung bewährte. Vielleicht weil ich mich dabei auf meine eigene Integrität und mein eigenes Bewußtsein stützte und auf die Reife, die Sally in sieben Krankheitsjahren erlangt hatte. Hätte ich auf eine konventionellere Art und Weise mit Sally gearbeitet, wäre es möglicherweise durch die Unterdrückung meines eigenen natürlichen, weiblichen Selbst in Zusammenhang mit ihr als Frau zu Problemen gekommen. Diese, unter dem Druck eines so ernsten Falles zur Seite geschoben, hätten sich unter Umständen über eine Projektion* ein unbewußtes Ventil geschaffen, die für Sally eine Belastung gewesen wäre. So hätte sie etwa meinen können, sie müsse um meinetwillen gesund werden. Bei meiner Vorgehensweise konnte ich bisweilen offen zugeben, daß ich voreingenommen sei und gerne hätte, daß sie wieder gesund würde.

Was sich unserer beinahe idealen Übereinkunft vielleicht als ernsthaftes Hindernis in den Weg stellte, war der Umstand, daß ich in den sechs auf unser erstes Treffen folgenden Monaten zweimal mit meinem Mann verreisen würde. Zu jener Zeit hatte ich für meine Person schon das Dilemma gelöst, in dem sich viele berufstätige Frauen befinden, nämlich wie man sein Berufs- und sein Familienleben unter einen Hut bringt. Ich hatte mich klar dafür entschieden, sollte es zwischen beiden zu einem Konflikt kommen, käme für mich die Familie an erster Stelle. Die meisten meiner Patienten zogen ausnahmslos Nutzen aus meiner gelegentlichen Abwesenheit. Sie ermöglichte es ihnen, ihre Selbständigkeit zu entdecken. Für Sally war meine zweimalige Abwesenheit wahrscheinlich etwas unglücklich, vor allem die erste und länger dauernde, obwohl sie während dieser Zeit von einem interessierten und sehr sympathischen Kollegen behandelt wurde und obwohl ich mit ihr brieflich in Verbindung stand und sie von meinen Reiseplänen schon seit Beginn der Analyse wußte. Durch meine Abwesenheit wurde sie letztlich anscheinend zurückgeworfen, auch wenn sich nicht mit völliger Bestimmtheit sagen läßt, ob ihre Regression nicht doch an dem fortgeschrittenen Stadium ihrer Krankheit lag.

Trotz der rückläufigen Entwicklung, die sie während meiner zweimaligen Abwesenheit durchmachte, lag in unserer Trennung ein Nutzen. Es war äußerst wichtig, daß sie zu ihrem Mann eine enge Verbindung hielt. Wäre ich die ganze Zeit bei ihr gewesen, hätte er sich wahrscheinlich zurückgezogen und die mit ihrer Krankheit verbundene enorme Belastung nicht ertragen wollen. Als empfindungsbetonter Typus wäre es für Sally an den Tagen, an denen wir uns nicht trafen, unmöglich gewesen, in einem isolierten Vakuum zu Einsichten zu gelangen. Sie brauchte das Gefühl, daß ihr Mann für sie da war, und sie brauchte den Kontakt zur Familie um sie herum, die für sie einen lebendigen, besorgt-interessierten und konkreten Beziehungsrahmen bildete. Schließlich machte mir unsere zweimalige Trennung nicht mehr so zu schaffen, als ich sah, daß ihre Ehe in ihrem unbewußten Material zu einem zentralen Motiv wurde.

Nachdem Sally von uns gegangen war, entdeckte ich, daß sie mir ihr Material hinterlassen hatte: so bekräftigte sie noch einmal den Wunsch, den sie mir gegenüber oft geäußert hatte. Ich sollte soviel wie möglich von unserer Arbeit weitergeben, in der Hoffnung, daß andere Krebsopfer und deren Familien dann nicht so leiden würden, wie das bei ihr und ihrer Familie der Fall gewesen war. Die Briefe, die ich ihr geschrieben hatte, waren mit einem rosa Bändchen zusammengebunden. Ihre Zeichnungen waren sorgfältig datiert und geordnet. Die Botschaft war klar. Ich begann, das Material, das sich gesammelt hatte, zusammenzustellen. Unmittelbar nach jedem Besuch und Telefongespräch hatte ich mir alles, was sich zwischen uns abgespielt hatte, soweit ich es erinnern konnte, notiert. Immer wenn mir etwas von dem gerade geführten Gespräch in den Sinn kam, hielt ich am Straßenrand an und schrieb es auf. Wenn ich dann nach einigen Kilometern bei meinem eigenen Haus ankam, hielt ich ein relativ vollständiges Verlaufsprotokoll in Händen, soweit das überhaupt möglich ist, ohne daß man sich während des Gesprächs Notizen macht oder ein Tonbandgerät benutzt.

Später überredete ich Eleanor Haas dazu, Mitautorin dieses Buches zu werden. Wir stellten die Geschichte aus meinen Aufzeichnungen zusammen und erweiterten sie um subjektive Reaktionen und Schlußfolgerungen, die ich Sally während unserer Gespräche aus den verschiedensten Gründen nicht mitgeteilt hatte. Aus dieser Menge an Material verfaßte Eleanor die vorliegende Geschichte.

Audry Blodgett, eine meiner Studentinnen, vertiefte sich in die Jungsche Literatur und erarbeitete die Begriffsdefinitionen für das Glossar. Diese Fachausdrücke werden bei ihrem ersten Erscheinen im Text mit einem Sternchen (*) gekennzeichnet. Sie waren damals bei meinen Gesprächen mit Sally aufgetaucht. Bei Sallys intellektueller Neigung war es kein Wunder, daß sie diese Begriffe wichtig nahm und das Bedürfnis hatte, sie zu verstehen, vor allem, weil sie auch in den Büchern auftraten, die sie über Jungsche Psychologie las. Ich hoffe, das Glossar erfüllt für den Leser (beziehungsweise die Leserin) eine ähnliche Funktion.

Die endgültige Bearbeitung – ein ziemliches Unterfangen – nahm Barbara McClintock vor.

Ehe Sie den ausführlichen Bericht über Sallys letzte sechs Lebensmonate lesen, möchte ich Sie als Leser(in) bitten, nicht zu erwarten, daß dieses Buch eine maßgebende Darstellung der Jungschen Analyse ist. Es ist der Bericht *einer* Analytikerin über die zu einem bestimmten Zeitpunkt an einem bestimmten Ort und unter bestimmten Umständen erfolgte Analyse *eines* Menschen. Und ich hoffe, daß Sie meine Schlußfolgerungen nur mit Bedacht übernehmen.

Ich möchte noch etwas zu Sallys Familie anmerken. Vor jedem einzelnen Familienmitglied hatte ich größte Hochachtung. Ich bewunderte sie alle sehr. Genau wie Sally lebten auch sie in einer verzweifelt schwierigen Situation. Jung bemerkt einmal, daß das Sterben nicht für den am schwierigsten sei, der stirbt, sondern für diejenigen, die er hinterläßt. In bin derselben Meinung, und für diese Familie traf es in besonderem Maße zu. Unheilbar kranke Menschen verlieren häufig die Kontrolle über sich: negative, destruktive Elemente der Psyche verselbständigen sich, wenn man sich nicht vorher mit jener dunklen Seite auseinandergesetzt hat. Die Menschen, die dem Sterbenden am nächsten stehen, geraten dann manchmal unter Beschuß. Sally bemühte sich sehr, nicht in derartige kritische, düstere Stimmungen zu verfallen, aber diese Bemühungen waren nicht immer erfolgreich. So fand sich die Familie manchmal einer harschen Kritik ausgesetzt, die sie nicht verdient hatte; ihre Geduld und Nachsicht rührte mich zutiefst.

Jane Hollister Wheelwright
Februar 1980

# KAPITEL EINS

Heiß war es an jenem Julitag, und mein Wagen quälte sich im ersten Gang in einem kleinen Ort über der San Francisco Bay eine schmale, steile Straße hinauf. Ich blickte aus dem Seitenfenster und erspähte an einer Ecke ein hinter wuchernden Büschen halb verstecktes Straßenschild – immer noch nicht der Name, den ich mir auf dem Zettel notiert hatte. Ich fuhr weiter.

Ich fragte mich, was mich dazu bewogen hatte, wieder einmal einen Besuch bei jemandem zu machen, der vielleicht bald sterben würde. Ein Psychoanalytiker und Bekannter meines Mannes hatte ein paar Tage zuvor angerufen. Er sagte, er habe gehört, daß ich mit Krebspatienten arbeitete, und fragte, ob ich wohl noch jemanden annehmen könne. Eine Bekannte von ihm, eine junge Frau, sei inzwischen kaum noch in der Lage, sich frei zu bewegen, und könne nicht allein aus dem Haus gehen. Sie sei intelligent und künstlerisch veranlagt, und sie hänge offensichtlich am Leben.

Er schilderte mir, wie gut sie vier Jahre zuvor ausgesehen habe. Ihr Körper sei ihr bester Freund gewesen. Sie habe dickes, kastanienbraunes Haar gehabt, das sich um ihr Gesicht mit den breiten Wangenknochen schmiegte – ein nicht unbedingt schönes, aber markantes Gesicht, bei dem vor allem die lebenslustigen, intelligenten Augen und der ansprechende Mund auffielen. Traurig erzählte mir ihr Bekannter, wie sehr ihr Mann ihr Aussehen geliebt habe.

Jetzt sei ihr alles gleichgültig, denn ihre ganze Realität bestehe nur noch aus Leiden. Nachts schreie sie oft vor Angst und Schmerzen und beunruhige ihre besorgte Familie. Abgesehen von häufigen Wutanfällen gegenüber ihrem Mann kehre sie ihre Verzweiflung nach innen und sei nun ständig depressiv. Sie sei noch nie in psychotherapeutischer Behandlung gewesen, habe vielmehr immer an dem Wert einer solchen Therapie gezweifelt. Sie halte es für töricht zu versuchen, besser mit dem Leben klarzukommen, wenn sie demnächst wahrscheinlich sowieso sterben würde; das sei für alle Beteiligten eine reine Zeit- und Geldverschwendung. Aber sie wisse nicht, wie sie das Leben zwischen dem Jetzt und dem Ende, wann immer das sein mochte, aushalten sollte. Ob ich da nicht helfen könnte?

Es fiel schwer, sich dieser Bitte zu verschließen. Meine jüngsten Erfahrungen mit sterbenden Menschen haben mir gezeigt, daß ich mit jemandem, der unheilbar krank ist, in enger Verbindung bleiben und ihm vielleicht sogar sein Los erleichtern kann. Doch selbst ein oder zwei Besuche pro Woche sind ein anstrengendes Geschäft. Die Probleme, von denen der Tod umgeben ist, können sehr stark sein, und der ständige Kontakt zu jemandem, der direkt mit ihnen konfrontiert ist, kann einem denn fast zuviel werden. Meine Widerstandskraft, die noch nie besonders bemerkenswert gewesen ist, wird mit zunehmendem Alter immer geringer. Und in letzter Zeit bin ich aufgrund meines wachsenden Bedürfnisses nach Ruhe und Kontemplation nicht umhingekommen, potentielle Patienten fortzuschicken. Außerdem habe ich mit meinem Mann abgemacht, ihn das Jahr über auf mehreren Reisen zu begleiten, von denen einige bis zu sechs Wochen dauern, und der Trennungsschmerz bedeutet für den Sterbenden eine zusätzliche Belastung. Auf der anderen Seite gibt es nur wenige Therapeuten, die willens oder in der Lage sind, sterbende Menschen regelmäßig zu Hause aufzusuchen. Aber wenn ich doch das Bedürfnis verspüre, meine Aktivitäten einzuschränken, warum habe ich dann dem Psychoanalytiker versprochen, mich seiner Bekannten anzunehmen, deren Straße nun so schwer zu finden ist? Ich fuhr an den Straßenrand und hielt an, um darüber nachzudenken.

Für Überlegungen zur Analyse eines neuen Patienten gilt in der Jungschen Psychologie der allgemein anerkannte Grundsatz, daß der Analytiker jene eigenen Erfahrungen und Vorlieben oder Vorurteile untersuchen müsse, die sich mit Sicherheit auf den vorliegenden Fall auswirken werden. Während ich da unter einem schattigen Baum im Auto saß, merkte ich, daß ich über diejenigen

Aspekte meines Lebens nachdachte, die mich zu Sally hinzuziehen schienen. – Der Tod ist mir in den vergangenen paar Jahren schmerzhaft nahegetreten. Erst hat er meinen Vater und meine Mutter ereilt; dann Dr. Jung, der mein Analytiker war; später einen meiner Brüder und kurz darauf eine Schwägerin, an deren Sterbeprozeß ich teilgehabt habe. Es ist mir schwergefallen, all diese Menschen zu verlieren. Und in meinen Träumen kommt es seitdem häufig vor, daß ich mit knapper Not dem eigenen Tod entgehe.

Immer wenn mich etwas berührt, habe ich das Bedürfnis, soviel wie möglich darüber herauszufinden und es sorgfältig zu prüfen. Ich habe mir bisher immer Patienten ausgesucht, deren Sorgen in besonderem Maße mit dem zu tun gehabt haben, womit ich mich gerade bei mir selbst beschäftigte. Ich habe festgestellt, daß eine beiderseitige Betroffenheit bei einer Analyse beiden Beteiligten als Mittel dienen kann, sich zu öffnen und das Problem zu erhellen. Im vorliegenden Fall heißt das also, daß ich noch viel mehr über den Tod in Erfahrung bringen muß.

Ich dachte an meine Schwägerin, die an Krebs gestorben war. Unser gemeinsamer Kontakt war ursprünglich nicht über das im Familienkreise übliche Maß hinausgegangen. Er vertiefte sich erst, als sie krank im Bett lag und mir davon erzählte, was sie träumte und wie sie sich bei dem, was mit ihr vorging, fühlte. Ihre Lage machte mich traurig und ebenso die Tatsache, daß wir voneinander Abschied nehmen mußten. Ich bin sicher, daß sie wußte, wie ich fühlte. Aber ich glaube auch, daß meine rationale, leidenschaftslose Haltung es ihr erleichterte, mir gegenüber ihre düsteren, angstvollen Gedanken zu äußern. Sie brauchte sich keine Sorgen zu machen, daß ich zu empfindsam sei und ihre Äußerungen nicht ertragen könne.

Ich schaute auf meine Uhr. Es war noch zu früh. Wahrscheinlich hatte ich mir unbewußt Zeit für diese Überlegungen gegeben. Was war als nächstes gekommen? Meine Arbeit mit Jennifer, der jungen Zahnhygienikerin, die schließlich an Krebs starb. Was für komplizierte und beeindruckende Träume und wie viele furchterregende Alpträume hatte diese junge Frau gehabt, deren äußeres Leben so oberflächlich schien! Ihre Träume kompensierten offenbar ihre mangelnde Bildung und Erfahrung und ihre verengte Lebenseinstellung. Sie schienen manchmal alles daran zu setzen, sie so zu erschrecken, daß sie sich in das Unvermeidliche ihrer Lage schickte. Von ihr lernte ich viel darüber, was Menschen brauchen, wenn sie sterben, und wie man ihnen helfen kann; doch ihr Tod rief in mir Gedanken und Überlegungen wach, die mir neu waren. Sicher verläßt uns im Tod der Körper, und auch der Geist geht – aber auf einer anderen Ebene, der Traumebene, finden sich Anzeichen dafür, daß der Tod ein Übergangsphänomen ist.

Keine der orthodoxen Religionen gibt mir Gewißheit darüber, was beim Tod und danach geschieht. Meine eigene Analyse und meine Arbeit mit anderen Menschen haben mir einen Weg, eine Fragerichtung gezeigt. Ich habe ein langes Leben hinter mir, und während ich jemand anderem helfe, suche ich weiterhin nach Antworten auf Fragen, die sich vielleicht niemals beantworten lassen werden.

Sally und ich hatten bisher nur telefonisch Kontakt miteinander gehabt. Ihre Stimme hatte kraft- und tonlos geklungen. Ich erklärte ihr sofort, ehe sie sich dafür entscheide, mich für das erste Gespräch kommen zu lassen, müsse sie wissen, daß ich aus familiären Gründen ab und zu auf Reisen gehen würde und diese unter Umständen bis zu sechs Wochen in Anspruch nähmen. Sie bat mich, dennoch zu kommen; sie meinte, sie habe keine andere Wahl und müsse mich trotzdem nehmen.

So sei es! Ich ließ den Motor an und fuhr weiter den Berg hinauf. Das Schild an der nächsten Ecke war kaum zu übersehen. «Manzanita» stand darauf – Sallys Straße. Ich bog nach links ab, wie sie es mir gesagt hatte, und parkte den Wagen vor dem fünften Haus auf der rechten Seite – dem mit den braunen Schindeln.

# KAPITEL ZWEI

Über große, unbehauene Steine, die nach ein paar Metern einen Pfad bildeten, gelangte ich zur Eingangstür. Den Pfad säumten rechts und links verdorrende Pflanzen. Die Erde war vor Trockenheit aufgerissen. Alles im Garten schien nach Wasser zu dürsten. Selbst eine aus Zement gegossene Tiergestalt, die sich bei näherem Hinsehen als Delphin entpuppte, schien knochentrocken zu sein. Ich klopfte an die Tür und wartete, und es schien mir, als dauere es ungewöhnlich lange, bis sich etwas rührte. Schließlich ging die Tür auf, und ich sah Sally zum ersten Mal: ihr kalkweißes, schmales Gesicht, die dunklen Ringe unter den glanzlosen Augen, die nach unten gezogenen Mundwinkel, den dünnen Hals, das gerade nachgewachsene babyzarte, glatte Haar. Unter dem langen, locker fallenden Morgenrock ließ sich ihr zerbrechlicher Körper erahnen: eine merkwürdig anormale Brust, der Unterleib wie bei einer alten Frau und die aus dem abgemagerten Leib hervorstehenden Hüftknochen.

«Sie sind bestimmt Mrs. Wheelwright. Kommen Sie herein, ich habe Sie schon erwartet!»

Sie ging mir voran, und ich folgte ihr vom Flur ins Wohnzimmer. Es waren nur ein paar Meter, und doch konnte ich sehen, wie ungemein langsam sie sich bewegte. Sie hinkte auf dem rechten Bein. Bei der Couch angelangt, nahm sie neben dem Telephon Platz und ließ ihre abgezehrte Hand auf dem Hörer ruhen.

«Immerhin kann ich das Telephon bedienen!»

Ich ließ mich ihr gegenüber in einem bequemen Sessel nieder,

der neben dem offenen Kamin stand. Auf dessen hölzernem Sims fiel mir eine Tonvase auf mit Trockengräsern, die man wohl schon vor langer Zeit dort hineingestellt hatte. An den Wänden hingen Photographien und Bilder (ich erkannte einen Bufano-Druck, der eine Katze zeigte), auf den Tischen standen Keramikgefäße und Aschenbecher, Taschenbücher und Zeitschriften lagen herum. Das Wohnzimmer war groß und mit dunklem Redwoodholz getäfelt, damit es kühl blieb. Draußen vor den schmalen Fenstern standen schattenspendende Redwoodbäume. Zwei der Zimmerwände waren im unteren Teil von niedrigen Schränken verdeckt, die mit Büchern vollgestopft waren. Der Hartholzboden verschwand fast gänzlich unter einem abgetretenen und verblichenen Perserteppich. An der Wand, die an das große holzgetäfelte Eßzimmer angrenzte, befand sich ein altertümliches Klavier. ‹Ein weitläufiges, aber vernachlässigtes, altes Haus›, war mein erster Eindruck.

Ich spürte, daß Sally mich musterte, während ich mich umschaute. Ich muß mich wohl mit einer erwartungsvollen Miene zu ihr umgedreht haben, denn sie beugte sich vor und begann, mir in einem etwas gleichgültigen Ton ihre Krankheitsgeschichte zu schildern. Vor sieben Jahren habe sie bei sich den ersten Brustkrebs entdeckt. Zu der Zeit sei sie das erste Mal operiert worden. Drei Jahre später seien ihr die Eierstöcke entfernt worden. Danach habe man bei ihr Knochenkrebs entdeckt, und es sei eine so schwere Operation gefolgt, daß ihre Ärzte gemeint hätten, sie würde sich nicht mehr davon erholen. Dann nacheinander: Chemotherapie, Besserung, Lähmungserscheinungen, Rollstuhlabhängigkeit, Entkräftung, Einlieferung ins Krankenhaus, wieder Chemotherapie, völliger Haarausfall, Depression, Besserung, Entkräftung, erneute Einlieferung ins Krankenhaus, noch mehr Chemotherapie, bei der auch Prednison verwendet wurde, Besserung. Obwohl sie nun weniger behindert sei als vor zwei Jahren, stecke sie voller negativer Gefühle gegen alles und jeden. Sie fühle sich ständig elend und könne nichts dagegen tun. Durch die ständigen Kopf-, Rücken- und Hüftschmerzen werde alles noch schlimmer. In der letzten Zeit werde sie des öfteren aus heiterem Himmel von der Angst überfallen, verrückt zu werden.

Mit einer ruckartigen Bewegung griff sie nach einer Schachtel Zigaretten, die auf einem Bücherstapel lag. Die Bücher steckten in Plastikschutzumschlägen und waren wohl aus einer Bücherei entliehen. Sie zog eine Zigarette heraus, zündete sie an und sog hastig den Rauch ein, den sie dann gleich wieder von sich blies. Ich war von ihrer absichtlich selbstzerstörerischen Handlungsweise überrascht, sagte jedoch nichts.

«Die Ärzte haben mein Leben verlängert. Toll! Jetzt wissen sie nicht, was sie mit dem Rest davon anfangen sollen, und mir geht's genauso. Der Verstand ist auf einen normalen Krankheitsverlauf eingestellt und nicht auf eine künstliche Verlängerung. Kein Wunder, daß ich fast den Verstand verliere! Wenn ich an das letzte Stadium denke – an die Nasenschläuche und das ganze Zeug –, dann kriege ich eine Wahnsinnsangst. Ich bringe mich um, wenn's soweit kommt!»

Jetzt klang ihre Stimme ganz anders – nicht mehr gleichgültig und von ihren Gefühlen losgelöst. Als Sally und ich uns das erste Mal trafen, muß sie wohl gedacht haben, daß niemand, der außerhalb ihrer isolierten Welt lebte, überhaupt verstehen könne, wie ernst es ihr war. Vielleicht spürte sie recht schnell, daß ich eine Frau war, die genug Leid gesehen hatte, um ihre Qual zu verstehen, und daß sie bei mir sie selbst sein konnte.

Sally fuhr fort: «Im übrigen sagen einem die Ärzte überhaupt nichts. Ich will mehr darüber erfahren, was bei mir abläuft, und die ignorieren einfach meine Fragen, als ob ich es doch nicht kapieren würde. Die geben mir ein Gefühl, als sei ich nichts weiter als eine Maschine mit Betriebsstörung. Wenn ich denen erzählen würde, wie ich mich fühle, würden die das nicht einmal hören!»

Sie war wütend – auf ihre Ärzte, weil sie ihre Fragen ausweichend beantworteten; auf ihren Mann, weil er wegfahre; auf ihre Freunde und Bekannten, weil es jetzt schwerfalle, mit ihnen in Verbindung zu bleiben; auf C. S. Lewis, weil er in einem seiner Bücher vorschlage, ein Mensch, der Schmerzen hat, solle Mut und Charakter zeigen und anderen ein Beispiel geben; auf ihre Mutter, weil sie «eine Null» sei und auf ihre Schwiegermutter («Ich hasse Thelma!»), weil die sie einsperre und ihr Vorschriften mache. Und doch wußte Sally, daß die Ärzte alles in ihrer Macht Stehende taten; daß Jim hart arbeitete und zu ihr hielt und ihr in ihrer Krankheit beistand; und daß ihre Mutter und ihre Schwiegermutter sich alle paar Wochen damit abwechselten, ihr den Haushalt zu führen, dabei gut zu ihren Kindern waren und überhaupt ihr Bestes taten.

«Ich weiß, wie unsensibel manche Ärzte sein können. Das muß furchtbar schwer zu ertragen sein.»

«Natürlich ist es schwer – es ist zum Aus-der-Haut-Fahren!»

Bis vor zwei Monaten waren Sallys innere Quellen noch intakt gewesen, doch jetzt wurde sie unaufhörlich von dunklen Gefühlen gequält und fühlte sich minderwertig. Sie wollte sterben. Sie empfand sich nicht mehr als religiös. Den Glauben an Gott hatte sie größtenteils schon in ihrer Kindheit verloren. Doch dann hatte sie ab und zu das Gefühl gehabt, das Leben gehe über Zeit und Raum hinaus ewig weiter. Zum Tod hatte sie ein zwiespältiges Verhältnis.

«Manchmal träume ich von einem weißen Schiff, das über das Wasser gleitet. Das ist der Tod, der zu mir kommt. Ich möchte an Bord gehen, und gleichzeitig möchte ich es nicht.»

«Träumen Sie oft, Sally?»

«Äußerst selten. Wenn ich doch einmal träume, kann ich mich nachher meistens nicht mehr richtig daran erinnern. Wenn ich jetzt allerdings darüber nachdenke, fällt mir ein, daß ich einen Traum hatte, als ich im Krankenhaus lag. Ich habe von meiner Freundin Carla geträumt. Wir kennen uns von klein auf. Sie hat mir bei all dem hier sehr geholfen. Sie ist meine engste Freundin, aber sie ist auch sehr schön, und darum bin ich manchmal neidisch auf sie. In meinem Traum ist sie zu mir gekommen, als ich im Sterben gelegen habe und schreckliche Angst hatte. Sie hat mich in ihre Arme genommen und gewärmt.»

Sally verstummte, sah an mir vorbei und wirkte verlegen. Dann fuhr sie mit sanfter Stimme fort: «Ihre Umarmung hat mich glücklich gemacht und mich ins Leben zurückgebracht!»

Einen Augenblick lang dachte ich darüber nach, daß in dem Moment, als sie einsam und verlassen war, eine Frau in ihrem Traum erschienen war.

«Vielleicht sind Sie durch das Zusammensein mit ihrer Freundin zu einem ganzen Menschen geworden.»

Zum ersten Mal seit Beginn unseres Gespräches wurde sie gelöster und lächelte, obwohl sie meine Bemerkung offensichtlich gar nicht verstand. In diesem Moment konnte ich erahnen, wie attraktiv ihr Gesicht einmal gewesen sein mußte. Sie hatte hervorstehende Wangenknochen, weit auseinandersitzende, haselnußbraune Augen, mit denen sie mich beständig ansah, und einen großen sinnlichen Mund. Sie lehnte sich zurück und redete langsamer.

«Aber ich war in dem Traum ganz anders als sonst, denn eigentlich bin ich zurückhaltend und nicht so überschwenglich.»

Ich wollte mehr über ihre dunklen Gedanken erfahren. Ich

wußte, daß diese durch ihre gegenwärtigen Lebensumstände wahrscheinlich noch verstärkt wurden, doch ich nahm auch an, daß sie schon vor ihrer Krankheit zuweilen aufgetreten waren. Als ich sie danach fragte, antwortete sie mir sofort und mit Bestimmtheit.

«O ja, ich bin immer schon von elenden Depressionen geplagt worden, solange ich zurückdenken kann. Und wenn ich in einer drinstecke, fühle ich mich ganz jämmerlich.»

»Ich kenne niemanden, der sich nicht ab und zu genauso fühlen würde, Sally. Das scheint einfach zum Leben dazuzugehören. Aber anscheinend haben Sie dieses Gefühl auch nicht akzeptieren können, als es Ihnen gut gegangen ist. Wie sind Sie denn damals damit zu Rande gekommen?»

«Indem ich mich wie wild in alle möglichen Aktivitäten gestürzt habe. Noch mehr Projekte, noch mehr Politik, noch schwierigere Musikstücke, noch mehr Bekannte. Und nach einer Weile ist die Depression dann wieder weggegangen.»

«Na ja, das ist sicher eine Möglichkeit, aber haben Sie je daran gedacht, daß Depressionen Botschaften beinhalten? Wenn man die Depressionen so ‹wegarbeitet›, wie Sie das geschildert haben, können die Botschaften nicht richtig zum Vorschein kommen.»

«Hmm, ist das wahr? Ich habe in solchen Zeiten nie über irgend etwas nachgedacht.»

Und sie erzählte mir, sie sei früher gut organisiert, voller Energie und ungemein tüchtig gewesen und immer aktiv, sowohl zu Hause als auch im Beruf und in der Freizeit. Sie habe viel lieber gearbeitet, als sich um Haushalt und Kinder zu kümmern, und bis zur Geburt ihrer ältesten Tochter habe sie bei einer Werbeagentur eine Stelle als Graphikerin gehabt.

«Wie dieses Baby unser Leben verändert hat! Ich habe es einfach nicht fassen können. Ich bin Arbeit gewöhnt gewesen, aber Hausarbeit – und dann noch so viel, das war für mich eine stumpfsinnige Plackerei, und es hat keinen Moment gegeben, wo ich mal einfach an nichts denken und verschnaufen konnte. Außerdem waren mein Mann und ich, ehe unsere Älteste zur Welt gekommen ist, wirklich ebenbürtig gewesen – in bezug aufs Einkommen, die Arbeit und alles andere. Dann war unser Einkommen plötzlich glatt halbiert und damit, so schien es mir, auch meine Lebensqualität. Am meisten habe ich die Anregung vermißt, die mir die Arbeit gegeben hatte.»

Jetzt, so sagte sie mir, könne sie kaum noch etwas tun außer Lesen. Zu Beginn ihrer Krankheit habe sie sich das sogar zur festen Aufgabe gemacht und Klassiker gelesen, für die sie keine Zeit in ihren gesunden und aktiven Tagen gehabt hatte. Vor kurzem habe sie wieder einmal die Werke von Dickens und die Bibel gelesen. Sie warf einen etwas verlegenen Blick auf die Bücher vor ihr auf dem Tisch.

«Jetzt lese ich so was nicht mehr. Jetzt lese ich meistens nur noch Krimis. Nur noch Schund, aber das ist ungefähr das einzige, wor auf ich mich noch konzentrieren kann.»

Ich mochte Sally gleich vom ersten Moment an, obwohl sie sich fast das ganze Gespräch über förmlich verhielt und mich nicht besonders zu mögen schien. Es war deutlich zu spüren, daß sie Zweifel hegte, ob ich ihr überhaupt nennenswert helfen könne, aber ich gab die Hoffnung nicht auf, daß wir schon miteinander auskommen würden. Gegen Ende meines Besuches fragte ich sie, ob sie wolle, daß ich wiederkäme.

«Wir könnten uns erst mal eine Zeitlang ein- oder zweimal die Woche treffen und sehen, was geschieht, Sally. Aber vorher muß ich noch betonen, daß ich von Zeit zu Zeit verreisen muß und daß Sie, während ich weg bin, mit einem Kollegen von mir vorlieb nehmen müßten.»

«Das geht in Ordnung», sagte sie hastig. «Aber was nehmen Sie dafür?»

Es lag auf der Hand, daß sie keine Ahnung hatte, wie problematisch eine Unterbrechung der Analyse sein könnte. Es war alles noch zu neu für sie. Im übrigen war das Geld ein unmittelbares Problem. Sie hatte schon erfahren, wie teuer eine Therapie sein konnte.

«Das kommt darauf an. Ich weiß, wie sehr Sie die ganze Geldfrage zum jetzigen Zeitpunkt belastet, und ich weiß auch, daß Sie nicht in der Lage sind, zu arbeiten und die Therapiekosten mitzutragen. Offen gesagt, ich wäre bereit, umsonst zu Ihnen zu kommen, wenn Sie nicht zahlen können.»

«Nein, das möchte ich nicht. Ich habe ein paar Bekannte, die eine Therapie machen, und ich glaube, sie zahlen 25 die Stunde. Für uns wäre das zuviel, aber ich bestehe darauf, wenigstens ein bißchen was zu zahlen.»

«Wären 10 Dollar für Sie machbar?»

«Ja, ich glaube, das ist in Ordnung.»

«Auch für Jim?»

«Ich denke, ja. Er heißt die ganze Sache zwar nicht unbedingt gut, aber mir zuliebe wird er einverstanden sein. Und außerdem schätzt er Ted sehr, der uns von Ihnen erzählt hat. Ted hat gesagt, daß Sie eine Jungianerin sind. Von Jungscher Analyse* habe ich keine Ahnung; meine Bekannten gehen zu Freudschen Analytikern. Aber das macht nichts, denn – um Ihnen die Wahrheit zu sagen – ich stehe dem ganzen ziemlich skeptisch gegenüber. Für mich gibt es keine Autoritäten auf diesem Gebiet, denn ich glaube nicht, daß bisher irgendeine der Theorien bewiesen wäre. Aber ich denke, ich brauche trotzdem jemand, der mir hilft, meine schwarzen Gedanken loszuwerden.»

«Oder sie zu verstehen?»

Sie schenkte meiner Frage keine Beachtung, sondern zündete sich eine neue Zigarette an und runzelte die Stirn, während sie den Rauch von sich blies.

«Aber Sie müssen sich darüber im klaren sein, daß die Arbeit mit mir vielleicht eine reine Zeitverschwendung ist. Meine Chancen, durchzukommen, stehen nicht besonders gut.»

«Glauben Sie mir, Sally, ich möchte auch um meinetwillen mehr darüber erfahren, was Sie durchmachen. Auf keinen Fall ist es eine Zeitverschwendung für mich, wenn ich Ihnen dabei helfe, zu leben oder vielleicht auch zu sterben.»

«Na gut. Wollen mal sehen, wie's läuft!»

Wir machten einen Termin für unsere nächste Sitzung aus, und ich stand auf, um zu gehen.

«Sind Sie jetzt müde?»

«Ja. Aber das ist okay; da werde ich heute nachmittag gut schlafen.»

Als ich die Haustür öffnete, um hinauszugehen, rannten zwei kleine Mädchen mit langen blonden Haaren an mir vorbei und die Treppe hinauf. Das war mein erster flüchtiger Eindruck von Sallys Kindern.

# KAPITEL DREI

Bei meinem zweiten Besuch fand ich die Haustür angelehnt. Ich klopfte an und trat zögernd ein. Von oben hörte ich Kinderstimmen und dann, vom Wohnzimmer her, Sallys Stimme. Heute klang sie kräftiger.

«Kommen Sie herein!»

Ich ging zu ihr ins Wohnzimmer, und während ich mich wieder auf denselben Platz setzte wie beim letzten Mal, sagte sie: «Von jetzt an lasse ich an den Tagen, an denen Sie kommen, die Tür einen Spaltbreit offenstehen. Dann brauchen Sie draußen nicht so lange zu warten.»

«Das ist eine gute Idee.»

Wenn ich in der Zwischenzeit an Sally gedacht hatte, waren mir vor allem ihre Charakterstärke, ihre Direktheit und ihre Intelligenz in Erinnerung gewesen. Ich hatte fast ganz die Qual vergessen, die sich um ihre Augenpartie abzeichnete, und ebenso ihre mitleiderregende Zerbrechlichkeit. Jetzt war ich von neuem erschüttert. Und ich hatte auch ihren alles beobachtenden Blick vergessen, der mich veranlaßt hatte, mehr auf der Hut zu sein als normalerweise bei einem neuen Patienten. Doch heute musterte sie mich nur kurz. Sie schien gleich anfangen zu wollen.

«Ich fühle mich heute viel entspannter. Ich habe ein neues Arzneimittel, und dadurch kann ich besser schlafen, und das ist enorm. Aber da ist noch was anderes. Ich habe das Gefühl, daß ich jetzt was zu tun habe. Es ist ein bißchen so, als ob man ein neues Projekt anfängt. Und erinnern Sie sich noch, daß ich Ihnen erzählt habe, ich würde nur selten träumen? Nun, seit Sie letztes Mal da waren, habe ich drei Träume gehabt, und ich kann mich an alle erinnern. Der erste ist besonders intensiv gewesen; der hat mich richtig gepackt. Aber er ist so schwer zu verstehen. Vielleicht sagt er Ihnen etwas.»

*Ich stieß auf einen sumerischen Turm, zu dessen Spitze breite Treppen im Zickzack emporführten. Gleichzeitig war das auch das Southern California State College, von dem aus man die ganze University of Southern California überblickte. Ich mußte zum höchsten Punkt hinaufsteigen. Es war eine fürchterliche Tortur. Als ich oben ankam, schaute ich hinunter und sah in der ganzen Stadt Bauwerke aus sumerischer, romanischer, gotischer und altindianischer Zeit. Ein großes, edles Buch lag aufgeschlagen vor mir. Es war wunderschön, mit architektonischen Einzelheiten dieser Bauwerke, mit ihren Friesen und Skulpturen illustriert. Weil der Turm so hoch war, bekam ich eine schreckliche Angst und wachte auf.*

Dieser erste Traum, ein «großer Traum», trifft eine Aussage, die allumfassend und total ist. Die sumerische Zikkurat mit ihren breiten, zickzackartig nach oben führenden Treppen, ist (ähnlich wie der Berg, die dreiseitige Pyramide, der Turm, der Baum und die Himmelsleiter) ein uraltes, grundlegendes architektonisches Symbol von sehr tiefgehender und äußerst komplexer Bedeutung. Man sagt, es stamme aus der neolithischen – vielleicht auch paläolithischen – matriarchalischen Epoche in Sumer. In vorgeschichtlicher Zeit war die Religion das Herz und die Seele einer Gesellschaft, und jeder einzelne war darin eingebettet. Der Turm, der sich übrigens auch bei vielen anderen Zivilisationen findet, galt als Mittelpunkt der damals bekannten Welt. Auf der Spitze der Zikkurat wurde das Ritual der Hochzeit zwischen Gott und Göttin vollzogen. Noch früher, in neolithischer Zeit, war es die von einer Hohen Priesterin verkörperte Göttin, die im Ritual den Ton angab und sich einen ihrer Söhne oder einen anderen jungen Mann zum Gemahl nahm. Dieser wiederum wurde – so glauben manche Fachleute – als König jedes Jahr rituell geopfert.

Ich fand bald heraus, daß Sallys Beziehung zu ihrem Mann ein wenig in diese Richtung verlief – daß sie, zumindest nach außen hin, die «Dominierende» war. Der Turm und die ihn umgebende Stadt verkörpern im Traum Sally als Ganzes, also sowohl ihr Bewußtes als auch ihr Unbewußtes. Sie ist der ganze Traum – ein Traum vom Selbst*. Es ist ein kosmischer Traum, ein Traum vom geordneten Universum, der den Vollzug der heiligen Hochzeit ankündigt – den Hierosgamos*, der in der heutigen Zeit eine psychische Dramatisierung des Bedürfnisses der Frau ist, sich selbst vollständig zu erfahren. Sally steigt auf dieses höchste, ganz im Zentrum gelegene Bauwerk, welches genau wie der Weltenbaum oder

der Mittelpfeiler Himmel und Hölle mit der Erde verbindet. Die Anstrengung übersteigt die gewöhnliche Erfahrung und läßt Sally über die Grenzen des menschlichen Lebens hinausgehen und vielleicht auf den Tod stoßen. Sollte Sally mit Hilfe der Analyse bewußt danach streben, das im Traum angedeutete geordnete Ziel zu erreichen, müßte sie sich notwendigerweise auf einen mühsamen, schwindelerregenden Aufstieg einlassen. Nichts wäre furchterregender als das Chaos, das als nächstes käme. Kein Wunder, daß sie Angst hat.

Die Gebäude um sie herum versinnbildlichen die unpersönlichen Aspekte der Psyche*. Sie sind groß und beziehen sich auf ihr Bedürfnis, das Leben in diesen kosmischen Dimensionen zu akzeptieren. Möglicherweise hat Sally ihre Notlage bisher bewußt von einem zu beschränkten und eingeengten Standpunkt aus betrachtet. Sie muß nun anfangen, die ganze Psyche als ein gewaltiges, kollektives, religiöses, zeitloses Gefüge anzusehen, das weit über ihr persönliches Leben hinausreicht. Diese weiter gefaßte Einstellung, im Traum durch den umfassenden historischen Überblick versinnbildlicht, könnte sich enorm auszahlen.

Das große, edle Buch mit den wunderschönen Illustrationen architek tonischer Details könnte ihr als Führer dienen. Das Buch könnte zwischen ihr und dem Stadt-Selbst in ihr vermitteln und ihr zeigen, wie sie die Bedeutung der machtvollen Symbole integrieren kann.

Der Traum steckt voller dramatischer Gegensätze: das Alte und das Neue, Ost und West, religiös und weltlich. Meiner Erfahrung nach fordert dieses Nebeneinander von Gegensätzen, vor allem von derart kraftvollen Symbolen, einen Tribut in Form von Leid und Depression auf seiten des Patienten. In der Tat hatte dieses Gegeneinander der Kräfte in ihr sie schon in gefährlichem Maße bewegungsunfähig gemacht und schließlich dazu gebracht, um Hilfe zu bitten.

In der Analyse haben erste Träume, wie mir scheint, einen prophetischen Aspekt. Der vorliegende enthält Anzeichen von Angst und Depression, aber es gelingt Sally, sich zu halten, was darauf hindeutet, daß sie ihr Gleichgewicht wahrscheinlich bis zum Schluß bewahren wird. Der Traum enthüllt die bemerkenswerte Breite ihres Potentials und, was besonders bedeutsam ist, ihre Fähigkeit, dem Tod bewußt zu begegnen. Im Traum findet sich keine weitere Person. Als moderne Frau muß sie den Weg alleine gehen.

Offenbar wartete Sallys Unbewußtes* schon seit langem auf die Gelegenheit, sich Ausdruck zu verleihen. Es war mehr als bereit zu reden, und das in mächtigen Symbolen. Der von ihm ausgehende Druck schien sich gefährlich angestaut zu haben. Ehe ich kam, war auch niemand da, der ihm zuhören konnte. Ich begrüßte es, daß sich Sallys Unbewußtes so machtvoll geäußert hatte, weil ich spürte, daß uns vielleicht nur noch ein paar Monate für unsere Arbeit blieben. Da Sally in bezug auf die analytische Arbeit kaum Hintergrundwissen mitbrachte, konnte ich die komplizierte, ungeheure und ehrfurchtgebietende Bedeutung des Ganzen allerdings nur antippen. Im übrigen mußte ich darüber auch noch mehr nachdenken.

Ich wandte die Jungsche Methode der Traumanalyse an und bat Sally, mir in ein paar Sätzen ihre unmittelbare Reaktion auf den Traum zu schildern. «Welche Assoziationen kommen Ihnen zu diesem Traum?»

«Meine Angst vor der Höhe des Turms ist genauso groß wie meine Angst vor der Analyse.»

«Wovor haben Sie bei der Analyse Angst?»

«Ich weiß nicht genau, was es ist. Aber irgendwas macht mir aus irgendeinem Grund einfach Angst. Wenn ich es richtig verstehe, bedeutet Analyse, daß man unter die Oberfläche und ins Unbewußte geht. Aber ich weiß nicht genau, was man mit dem Unbewußten meint.»

Ich machte meinen Mund auf, um zu antworten, aber kam gar nicht dazu.

«Nein, warten Sie – etwas weiß ich schon darüber! Aber für mich ist das Unbewußte ein dunkler Kontinent, und ich denke lieber nicht darüber nach. Doch egal, was ich denke, das Unbewußte kommt trotzdem hoch und erschreckt mich, wie bei einer Narkose, wenn man gerade dabei ist, das Bewußtsein zu verlieren – kennen Sie diesen schrecklichen Punkt, kurz bevor man abtaucht? Davor habe ich Angst. Und diese düsteren Gedanken, die mir ab und zu kommen, machen mir fürchterlich Angst. Ich nehme an, das kommt daher, weil ich überhaupt keine Kontrolle darüber habe.»

Sie erschauerte, dann faßte sie sich wieder.

«Geänderte Bewußtseinszustände, außersinnliche Wahrnehmung, fliegende Untertassen – all das interessiert mich nicht. Ich habe meist nicht einmal eine Ahnung davon, wovon meine Träume handeln. Also sagen Sie mal, welchen Reim Sie sich auf den hier machen!»

Wieder fing ich an, etwas zu sagen, und wurde von ihr unterbrochen.

«Ich warne Sie, wenn Sie mir hier erzählen wollen, daß der Turm, auf den ich im Traum gestiegen bin, irgendein phallisches

Symbol ist, das mein Bedürfnis – nein, es heißt meinen Wunsch, nicht wahr – nach einem Penis bezeugt, dann ...»

Sie ließ keinen Zweifel daran, daß sie mich auf die Probe stellen wollte. Ich fühlte mich ein bißchen überfahren. Wie konnte ich ihre Skepsis beschwichtigen? Wie konnte ich die diffizilen Konzepte ihres Traums in die Alltagssprache übersetzen? Einen Moment lang fragte ich mich, ob mir das überhaupt gelingen könnte, vor allem angesichts des Umstandes, daß uns für unsere Arbeit vielleicht nur noch ganz wenig Zeit blieb. Wenn ich ihr nur irgend etwas zu diesem ersten Traum vermitteln könnte, das diese Ehrfurcht bestärkte, die in ihren Worten «der hat mich richtig gepackt» zum Ausdruck kam.

«Also hören Sie, Sally! Das glauben Sie doch selbst nicht, daß ich Ihnen das erzählen will! Mein Gott, nicht jeder träumt davon, auf eine Zikkurat hochzusteigen. Wieviel Menschen haben überhaupt je von einer gehört! Und wer steigt so hoch, daß sich vor ihm die ganze Welt auftut? Und das alles nun auf nichts als Penisneid zu reduzieren? O nein! Der Turm ist ein Symbol mit viel weiterreichenden Implikationen. Er ist ein männliches Symbol, ja, und auch ein Sexualsymbol. Aber wenn der Turm nur mit Sex oder Penisneid zu tun hätte, wäre das in Ihrem Traum unmißverständlich zum Ausdruck gekommen. Davon gehen wir Jungianer aus. Sie wissen sicherlich, daß der Turm so alt wie die Menschheit ist; es hat ihn schon in uralten Zivilisationen, Tausende von Jahren vor Christus gegeben. In der Mythologie steht er für spirituelle Bestrebungen. Genau wie der Berg, der zweifellos das Vorbild dieses von Menschen geschaffenen Bauwerks war, ist der Turm ein zeitloses, universales Symbol, eine Konfiguration, die in uns sehr lebendig ist. Für Noah ist es eine Arche auf einem Berggipfel über der Flut gewesen – außerhalb der Reichweite des Chaos; für die alten Griechen ist es der Olymp gewesen; für die Navajos waren es die Gipfel von San Francisco. Ein Bergsteiger wird sein Leben riskieren, um auf eine Bergspitze zu gelangen. Auf einem Berg sein heißt, über der Welt und im klaren zu sein, eine objektive Sicht der Dinge zu haben.»

Sie schaute zum Fenster hinaus und war eine Zeitlang still. Dann sagte sie: «Außerhalb der Reichweite des Chaos, ja. So habe ich mich gefühlt, wenn ich früher auf den Berg da drüben gestiegen bin. Ich bin auf all den Pfaden gewandert, die nach oben führen, und ich habe auf meine Welt da unten hinuntergeschaut. Ich habe das schon lange nicht mehr gemacht, aber selbst wenn Jim uns heute hochfährt, fühle ich Frieden. Ich kann auf all das hinuntersehen, was so perfekt funktioniert: Autos, die sich nie berühren, hübsche, kleine Häuser – alles ist so ordentlich. Vielleicht gibt es da einen Zusammenhang. Aber der Traum ...»

«Es ist ein beeindruckender Traum, Sally. Ihnen wird ein großer Lohn in Aussicht gestellt – vielleicht mit religiösen Anklängen. Doch wir wollen uns nicht mit der komplizierten Symbolik aufhalten. Der Traum ist eine Äußerung, die aus Ihrem Zentrum kommt, aus jenem Teil, der weiser als Ihr bewußtes Selbst ist. Und durch ihn sind Sie mit den Grundlagen der Menschheit verbunden. Sie teilen spirituelle Ideale und Bestrebungen mit allen Völkern seit Anbeginn der Zeit. Sie sind nicht allein. Das ist es, was ich aus Ihrem Traum entnehme. Doch da ist noch viel mehr, und ich brauche Zeit, um ihn mir genauer anzusehen.»

Sie schaute zweifelnd drein, sagte aber nichts. Also machte ich weiter und sprach etwas an, das sie, wie ich meinte, interessieren würde.

«Wußten Sie, daß die Menschen in diesen uralten Zivilisationen sowohl weibliche als auch männliche Gottheiten verehrt haben? Aus alten Handschriften wissen wir, daß vor langer Zeit das Weibliche und das Männliche als ebenbürtig galten; nicht als gleich, aber gleichrangig. Und in der frühchinesischen Kultur waren das weibliche und das männliche Prinzip des Yin und Yang einander gleichwertige Gegensätze. Wie Sie wissen, trifft das nicht auf unsere westlichen Religionen zu. In der Tat hat die katholische Kirche erst in jüngster Vergangenheit – ich glaube, so um 1950 herum – verkündet, daß die Stellung der Jungfrau der Stellung Christi gleichwertig sei. Die Protestanten haben übrigens nichts Vergleichbares getan. Ich bin durch Sie daran erinnert worden, denn letztes Mal haben Sie davon gesprochen, daß Sie das Bedürfnis hatten, sich Jim gegenüber gleichrangig zu fühlen, vor allem nachdem Sarah geboren worden war.»

Sie sah mich sinnend an.

«Hmm. Dann muß die Mutter zu jener Zeit genauso wichtig wie der Vater gewesen sein. Wissen Sie, ich weiß eigentlich sehr wenig über die alten Religionen.»

«Ich glaube, Ihr Traum besagt, daß ein derartiges Wissen Ihnen jetzt helfen könnte. Das große Buch und der Anblick der Gebäude, die so viele Geschichtsepochen darstellen, weisen möglicherweise darauf hin, daß Sie nach einer umfassenderen Lebenssicht hungern, nach einer, die Kenntnisse in Geschichte, Psychologie und Religion mit einschließt. Das Buch könnte auch bedeuten, daß Sie wieder dazu übergehen sollten, ernsthaftere Bücher zu lesen als die, die Sie als ‹Schund› bezeichnet haben. Können Sie damit etwas anfangen? Ich versuche nicht, mich als Traumexpertin auszugeben, Sally. Wenn Ihnen irgendwas, was ich Ihnen zu diesem oder irgendeinem anderen Traum sage, nicht als richtig erscheint, vergessen Sie es einfach!»

«Nein, ich glaube, was Sie sagen, könnte hinkommen. Aber wie kann ich mir diese Kenntnisse jetzt aneignen?»

«Wie wär's, wenn Sie versuchen würden, darüber zu lesen? Jim könnte Ihnen aus der Bücherei Bücher über alte Religionen besorgen. Jung hat sich ebenfalls mit dieser Thematik befaßt, und wenn Sie wollen, bringe ich Ihnen von zu Hause ein paar meiner Bücher mit.»

«Ja, ich glaube, das wäre gut. Ich weiß zwar nicht, ob ich mich auf etwas so Schweres konzentrieren kann, aber ich werd's probieren.»

Mir war bewußt, daß ich sie drängte, und es gefiel mir gar nicht, das mit jemandem zu tun, der bereits derart geplagt und belastet war. Doch ich hatte des Gefühl, ich müsse ihr helfen, ihren Lebenshorizont zu erweitern, wie es das Buch in ihrem Traum nahezulegen schien.

Das Lesen und Lernen würde ihr auch ermöglichen, die Verbindung zu ihrem subjektiven Leben wiederherzustellen, von dem sie wohl schon in frühester Kindheit abgeschnitten worden war. Es würde ihre leeren Stunden lebenswerter machen. Obwohl das Lernen ihr eine gewisse Befriedigung geben würde, war es nicht so sehr das neue Wissen, auf das es ankam. Wichtiger war die Mühe, die sie in ihre Studien würde hineinlegen müssen. Ich hoffte, sie würde mit Hingabe darangehen und dadurch eine Art religiöses Gefühl entwickeln, denn um Hingabe geht es bei der Religion, vor allem für jemanden, der so skeptisch ist, wie Sally es zu sein schien. Ganz wie Jung fand auch ich, daß wir nur dann ganz sind, wenn wir unseren religiösen Instinkt befriedigen.

Sally lebte etwas auf und schien unbedingt weitermachen zu wollen.

«Ich möchte Ihnen noch einen anderen Traum erzählen, der mir auch merkwürdig vorgekommen ist.»

*Ich fuhr einen leuchtendblauen Volkswagen. Mark und Susan, unsere Nachbarn, waren mit dabei. Ich fuhr irgendwohin zu einer Party und parkte den Wagen. Auf wundersame Weise hob ich das Chassis von den Rädern und setzte es auf dem Randstein ab. Drinnen war die Party im Gange, und man machte auf tönernen Instrumenten Musik. Die Musik war herrlich und stimmte mich ganz zufrieden.*

Aus eigenem Antrieb hebt Sally das Chassis ab; das läßt vermuten, daß sie unbewußt den Gedanken an eine völlige Bewegungsunfähigkeit oder vielleicht sogar den Tod akzeptiert hat. Der Vorgang stellt ein Kraftwunder dar, und er ist auch etwas ominös. Sally ist potentiell gesehen eine Heldin und muß bereit sein, sich über das erträgliche Maß hinaus anzustrengen.

Für eine denkorientierte Person ist Musik ein Gefühlsausdruck. Musik weist auch auf Harmonie, Ordnung und heitere Gelassenheit hin. Musik, Gelassenheit und Tod sind möglicherweise symbolisch miteinander verbunden. Seit der Jungsteinzeit bringt man Ton mit Tod in Verbindung; bis auf den heutigen Tag wird unsere Asche in Tongefäßen aufbewahrt. Derartige Gefäße zerfallen nicht – wie etwa solche aus Holz. Sie halten sozusagen ewig, und man kann sie nach eigenen Vorstellungen formen oder passend machen.

«Was fällt Ihnen als erstes zu diesem Traum ein, Sally?»

Indem man den Patienten bittet, seine unmittelbaren Einfälle mitzuteilen, gelingt es häufig, eine übertrieben verstandesmäßige Reaktion zu umgehen und unter Umständen etwas aus dem Unbewußten hervorzulocken.

«Mark und Susan sind Hippies. Ich war, ehrlich gesagt, ziemlich entsetzt, als sie und ihr kleiner Sohn Aaron so nah bei uns einzogen.»

«Warum? Waren die Ihnen geistig etwas zu anspruchslos?»

«Ich glaube ja, aber inzwischen mag ich sie sehr. Unsere Kinder gehen gerne zum Spielen zu ihnen, und Susan lädt sie dann oft zum Abendbrot ein. Allerdings hat Jim sie immer noch nicht ganz akzeptiert. Mark ist ein fabelhafter Photograph. Er hat da oben die Aufnahmen von Sarah und Beth gemacht.»

Sie deutete auf ein paar eingerahmte photographische Studien von ihren Töchtern. Auf einer Photoserie strahlten die Mädchen übers ganze Gesicht, auf der anderen waren beide ernst und nachdenklich.

«Das sind recht ungewöhnliche Photos. Sie sind mir schon beim letzten Mal aufgefallen.»

«Und fürs Töpfern hat er genauso ein Talent. Ich frage mich, warum ich gerade jetzt von ihnen träumen mußte.»

Eine Zeitlang sagte sie nichts, und so ergriff ich die Initiative.

«Sie haben die beiden als Hippies bezeichnet. Wissen Sie, man könnte den Hippie als ein Zukunftssymbol ansehen.»

«Wieso?»

Es bereitete ihr offensichtlich Schmerzen, als sie sich nun auf der Couch anders hinsetzte. Sie preßte die Hand auf die rechte Hüfte.

«Es fällt Ihnen schwer, so zu sitzen, nicht wahr? Sollen wir aufhören?»

«Nein, machen Sie weiter, wo Sie gerade stehengeblieben sind! Ich möchte, daß *Sie* erzählen.»

«Ein Hippie ist jemand, der mit der Tradition bricht. Er setzt sich über Grenzen hinweg und macht den Weg für neue Einstellungen frei. Er ist experimentierfreudig und originell; aber weil diese Originalität entweder positiv oder negativ zum Tragen kommen kann, ist er eine ambivalente Figur, wie der Clown oder Narr. In der Jungschen Fachsprache nennen wir so eine Figur ein Symbol der transzendenten Funktion*. Doch davon später mehr.»

«Warum nicht jetzt?»

Daß sie trotz ihrer Schmerzen eine derartige unmittelbare Neugier zeigte, beeindruckte mich. Doch wie sollte ich jemand, der so aufs Logische eingestellt war, die transzendente Funktion erklären?»

«Nun, mir fallen dazu so schnell keine einfachen Worte ein. Ich kann nur sagen, daß die Funktion das bedeutet, was ihr Name besagt. Sie transzendiert, überschreitet, übersteigt, löst. Lassen Sie mich darüber noch etwas nachdenken! Doch in der Zwischenzeit wollen wir uns noch einmal mit dem Traum beschäftigen. *Sie* haben das geträumt, Sally, nicht irgend jemand anderes. Sie sind der ganze Traum, und alle seine Elemente sind Teile von Ihnen: der VW – ein Auto des Volkes, ein *Volks*wagen – und Ihre ungebildeten Hippie-Nachbarn, die Veränderung fordern. Der Traum zeigt möglicherweise, daß Sie lernen müssen, ihre eigenen dunklen Seiten zu achten, wie primitiv sie Ihnen auch erscheinen mögen, denn sie sind die Quelle der neuen Lebenskraft, die Sie jetzt brauchen.»

«All das entnehmen Sie diesem albernen Traum? Das ist ja kaum zu glauben! Aber in meinem letzten Traum kam auch etwas Neues vor – ein kleines Kätzchen. Hören Sie sich den mal an!»

Es freute mich, daß sie so darauf brannte, mir den Traum zu erzählen, denn ich hatte das Gefühl, daß damit die wirkliche Analysearbeit bereits begonnen hatte. Ich spürte, wir waren miteinander in Kontakt gekommen, und echter Kontakt war jetzt wichtiger als jede Theorie.

*Ich fuhr in einem Kombi am Meeresufer entlang. Es war eine herrliche Abenddämmerung. Auf einmal ertönte vom Rücksitz her ein ‹Miau›, und als ich mich umdrehte, sah ich ein winziges Kätzchen. Es sah genauso aus wie Cyrano, unsere Katze – genau die gleiche Farbe und genau der gleiche Typ. Ich überlegte, ob ich Jim wohl dazu überreden könnte, es behalten zu dürfen.*

Aus dem Traum mit dem Turm war sie voller Angst erwacht. Wenn man im Traum Höhen erklimmt, so kann das bedeuten, daß man in die tiefsten Schichten des Unbewußten hinabsteigt, und das macht einem Angst. Bei diesem Traum scheint das Unbewußte nun den schwindelerregenden Anstieg dadurch zu kompensieren, daß es die Meeresküste zur Hilfe ruft.

Dieser Traum kompensiert anscheinend auch die starke männliche Anstrengung im ersten Traum und weist auf Sallys Bedürfnis nach dem Weiblichen hin. Das Meer mit seinem weiten Horizont erscheint als Gegensatz zum senkrechten Turm und deutet den allumfassenden Charakter der Natur an. Das Kätzchen ist das erste Anzeichen für die weibliche, instinktive, innere Kraft und Weisheit, die Sally für ihren Kampf ums Leben oder ihre Konfrontation mit dem Tod brauchen wird. Es verkörpert den weiblichen Aspekt des Selbst. Ihren eigenen Worten zufolge hat sich Sally stark auf die männliche Seite des Lebens konzentriert. Jetzt muß sie der weiblichen die gleiche Bedeutung einräumen. So wie sie sich in ihrem äußeren Leben nach der Gleichberechtigung der Geschlechter gesehnt hat, muß sie nun danach streben, in ihrem Inneren diese Gleichwertigkeit zu schaffen. Dies ist eine der Aufgaben, auf die moderne Frauen nicht immer gefaßt sind, und es scheint sich dabei um eine besonders schwierige zu handeln. Das Kätzchen, ein ebenso wichtiges Symbol der Psyche wie der Turm, ist noch jung, das heißt kaum entwickelt.

«Es ist einfach erstaunlich. Während ich Ihnen gerade den Traum erzählte, habe ich ihn wieder ganz deutlich vor Augen gehabt, so als würde ich ihn nochmal durchleben. Es war so tröstlich, dort am Meer zu sein.»

Einen Augenblick lang schien sie in ihre Gedanken versunken zu sein. Dann sagte sie traurig: «Aber das Meer bedeutet Tod.»

«Da haben Sie recht, Sally. Es mag sein, daß wir ins Meer zurückkehren, wenn wir sterben. Doch das Meer ist auch die Quelle des Lebens. Und vergessen Sie nicht das kleine Kätzchen!»

Wir saßen schweigend beieinander und sannen vor uns hin, bis wir plötzlich von einem Geräusch gestört wurden. Es hörte sich an, als wenn jemand im Stockwerk über uns einen schweren Gegenstand über den Boden schleifte. Darauf tat es einen Schlag, wir hörten einen unverständlichen Wortwechsel und das Klatschen einer Ohrfeige, und dann heulte jemand wütend auf. Zwei Mädchen tauchten auf der Treppe auf, das ältere jagte hinter dem jüngeren her. Dann war alles wieder still. Sally entspannte sich und seufzte. Sie sah sehr hinfällig und müde aus. Der Streit ihrer zwei kleinen Töchter hatte sie offensichtlich mitgenommen.

«Das ist jetzt wohl nicht einfach für Sie mit den beiden.»

«Ja, das fällt mir jetzt schwerer. Aber es ist mir noch nie leicht gefallen, Mutter zu sein. Ich glaube, ich bin einfach nicht für das häusliche Leben geschaffen. Ich habe Ihnen ja erzählt, wie schön ich es gefunden habe, zu arbeiten, ehe die Kinder da waren. Ich bin in allem gut gewesen. Ich habe in der Agentur geholfen, die kompliziertesten Probleme zu lösen. Alles bei meiner Arbeit fiel mir leicht und machte mir Spaß. Aber mich um die Kinder zu kümmern, ist der schwerste Job, den ich je gehabt habe. Kleine Kinder – auch die anderer Leute – habe ich noch nie besonders interessant gefunden, und, um ehrlich zu sein, haben mich meine eigenen Babies sogar noch mehr gelangweilt. Als sie klein waren, habe ich ihnen gegenüber voller Groll gesteckt, und danach habe ich deswegen alle möglichen Schuldgefühle gehabt.»

Sie zündete sich eine Zigarette an, inhalierte tief, sah dem ausströmenden Rauch nach und sagte: «Und selbst heute glaube ich, daß meine Mutter irgendwie besser mit ihnen umgeht als ich, obwohl ich sie für mich selbst als Mutter total abschreiben kann. Sie versteht es, mit den Kindern zu spielen und sie stundenlang zu beschäftigen, aber wenn sie mit mir zusammen ist, sitzt sie nur im Zimmer und starrt vor sich hin. Natürlich liegt das teilweise daran, daß sie trinkt. Sie fängt schon so um zehn Uhr morgens damit an und ist wahrscheinlich die meiste Zeit über halb betrunken.»

«Haben Sie schon immer das Gefühl gehabt, daß Sie sie als Mutter völlig abschreiben können?»

«Seit meinem zwölften Lebensjahr. Damals hat mein Vater ein Verhältnis mit einer anderen Frau gehabt. Er war ein Charmeur, mein Vater; ist es auch heute noch. Er sah gut aus. Er ist früher Sänger gewesen – zuerst auf der Bühne und später im Film. Dann ist diese Frau gekommen... Tja, und da habe ich die Achtung vor meiner Mutter verloren, weil sie es nicht geschafft hat, ihn zu halten. Ich war nur ein Kind – ihr einziges, und beide kamen zu mir und fragten mich um Rat, ob sie zusammenbleiben sollten. Natürlich habe ich ihnen gesagt, sie sollten durchhalten. Ich hatte immer das Gefühl, daß ich für meine Eltern sorgte, statt umgekehrt. Als ich von zu Hause auszog, um Jim zu heiraten, hatte ich Schuldgefühle, weil ich sie verließ. Erst in diesem Augenblick kommt mir der Gedanke, daß meine jetzige Rolle als Mutter nur eine Wiederholung dessen ist, was ich als Kind an Verantwortung getragen habe.»

«Kein Wunder, daß Sie Ihre Babies nicht wollten!»

Ich dachte einen Moment lang darüber nach, wie wenig Kindheit Sally gehabt hatte, und fragte mich, ob dieser Mangel wohl zu der starken Verdrängung geführt hatte, aufgrund derer sie nun vom Leben abgeschnitten war und nicht mehr zurechtkam. Unter den richtigen Umständen hätte eine solch große und frühe Verantwortung vielleicht die potentielle moderne Frau konstelliert*, die in ihren Träumen immer wieder auftauchte. Wäre Sally nicht so gebrechlich, hätte sie sich vielleicht immer noch auf diese bahnbrechende Frauenrolle gestürzt und ihre Rebellion auf legitime Weise ausgelebt und wäre möglicherweise sogar wieder gesund geworden.

«Ich kann mir auch vorstellen, daß Sie Ihren Eltern nie offen zeigen konnten, was Sie gefühlt haben, als Sie von ihnen in diese Rolle gedrängt worden sind, und daß Sie auch später Jim gegenüber nie zum Ausdruck gebracht haben, wie sehr das Sorgen für die Babies Ihnen ein Gefühl von Minderwertigkeit gegeben hat. Damit will ich sagen: Sie sind nie aus der Rolle gefallen, haben sich nie ungezogen benommen und ihnen nie kräftig die Meinung gesagt?»

«Nicht bei meinen Eltern, das ist wahr. Da konnte ich nicht so handeln, denn was hätten die in ihrem begrenzten Rahmen anders machen sollen? Und die Babies ... tja, das waren nun einmal meine Babies. Zwei gesunde Babies. Was will man mehr – und so weiter. Aber bei Jim ist es mir immer leicht gefallen, mich ungebührlich aufzuführen, obwohl er wahrlich nicht für alles verantwortlich ist, was mich wütend macht.»

«Das vielleicht nicht, aber ich glaube, daß es jetzt für Sie ungemein wichtig ist, sich diesen negativen Gefühlen zu stellen, wenn sie auftreten, egal, ob sie Ihnen gerechtfertigt erscheinen oder nicht. Sie ‹wegzuarbeiten›, wie Sie das früher getan haben – diese

Möglichkeit haben Sie einfach nicht mehr. Vielleicht habe ich unrecht, aber ich glaube wirklich, daß es so ist. Ich habe das auch am eigenen Leibe erfahren müssen, und ich weiß, daß es wahr ist. Wiederum sage ich Ihnen das nicht als Expertin, sondern als jemand, die etwas Ähnliches durchgemacht hat.»

Kein Mensch besitzt die Wahrheit für alle; immer ist man aufgrund der eigenen Begrenzungen voreingenommen. Meines Erachtens mußte ich das Sally deutlicher als den meisten anderen Patienten sagen, weil sie bald sterben würde. So glaubte ich zumindest. Hätten wir mehr Zeit gehabt, hätte ich vielleicht abgewartet und sie zu ihren eigenen Schlußfolgerungen gelangen lassen, doch so mußte ich den Prozeß beschleunigen, indem ich ihr sagte, was ich selbst erfahren hatte. Ich meinte, das sei bei Sallys Charakter und ihrer Intelligenz gerechtfertigt. Ich hatte auch das Gefühl, sie würde sich nicht leicht beeinflussen lassen. Und außerdem war es wichtig, daß wir uns austauschten. Sie hatte ein genauso aufrichtiges Interesse an mir wie ich an ihr. Das war Teil unserer Abmachung.

«Tja, wie ich schon gesagt habe, es gelingt mir, viel von meiner Wut an Jim auszulassen. Ich fürchte, er kriegt inzwischen sogar das meiste ab. Ich weiß, er mag das nicht; das hat er mir gesagt. Vielleicht sollte ich ihm erzählen, was Sie dazu meinen.»

Jetzt musterte sie mich, als ob sie mich wieder auf die Probe stellen wolle – hoffentlich würde ich die Probe bestehen. «Ich möchte, daß Sie wissen», fuhr sie fort, «daß ich Sie überhaupt nicht mochte, als Sie das erste Mal hier waren. Jetzt kann ich Ihnen das sagen, weil ich spüre, daß Sie selbst offen genug sind, um an meiner Wut vorbeizusehen.»

«Wenn Sie damit sagen wollen, daß ich dafür objektiv genug sein sollte, dann haben Sie recht. Sie wissen wahrscheinlich, daß ich bei meiner Ausbildung gelernt habe, Menschen unabhängig von ihrer Wut zu sehen.»

Meiner Meinung nach mußte Sally lernen, sich auf positive Art und Weise zu akzeptieren. Mit dem Negativen war sie schon viel zu sehr vertraut. Ich mochte sie, und ich konnte sie ganz – auch mit ihrer Wut – akzeptieren. Ich hatte die Hoffnung, daß sie vielleicht ihr zukünftiges Selbst – das völlige Akzeptieren ihrer selbst – unbewußt auf mich projizieren könne, bis es ihr gelänge, es für sich selbst wiederzugewinnen. Ich war 24 Jahre älter als Sally, und da auch mir der Tod nicht mehr so fern stand, befanden wir uns beide gewissermaßen in einer ähnlichen Lage. Zwar war ich nicht so drängend davon betroffen wie sie, aber es genügte doch, um zwischen uns eine Verbundenheit entstehen zu lassen. Dennoch kann man auch, bei noch soviel Vorstellungskraft, nicht erfassen, was es heißt, im Alter von 37 Jahren mit dem Tod konfrontiert zu sein.

Wieder preßte sie die Hand gegen die Hüfte, und ihr Gesicht bekam einen leidenden Ausdruck, wie ich ihn noch oft sehen sollte. Sie war während dieses ganzen Gesprächs aufmerksam dabei gewesen und hatte Interesse gezeigt, und ich hatte ganz vergessen, daß es vielleicht an der Zeit wäre, unsere Sitzung zu beenden. Ich für meinen Teil war zu Beginn des Besuchs müde und erschöpft gewesen, weil ich an dem Tag zu viele Patienten gesehen hatte, doch das Gespräch hatte mich erfrischt, und ich fühlte mich erholt. Das zeigte mir, daß wir einen grundlegenden Kontakt zueinander bekommen hatten. Und je grundlegender unser Kontakt war, desto besser, denn wir befanden uns in jener Phase der Analyse, die man normalerweise als Endphase ansieht und in der der Analytiker und der Analysand in eine gleichberechtigte Beziehung zueinander treten. Im Angesicht des Todes waren wir gleich. Und ich hoffte, wir könnten beide dadurch, daß wir miteinander konfrontiert waren, uns gegenseitig austauschten und uns mitteilten, lernen, den Tod auf schöpferische Art und Weise zu akzeptieren.

Ich erhob mich und ging zu Sally hinüber. Ich hatte ihr ein Buch von Edna Kaehele mitgebracht, das «Living With Cancer» hieß, und ich bot es ihr an, während ich mich von ihr verabschiedete. Sie las den Titel und nahm das Buch dann widerstrebend an.

# KAPITEL VIER

Heute hatte Sally sich zum ersten Mal zurechtgemacht. Es überraschte mich, wie konservativ sie gekleidet war: ein blaues Baumwollkleid und Ledersandalen. Trotz ihrer Krankheit hatte ich erwartet, daß sie bei ihrer Kleidung einen originelleren, vielleicht sogar extravaganten Geschmack hätte. Als ich ins Zimmer trat, legte sie das Buch hin, das sie gerade las, und sah mich mit zornigen Augen an.

«Ich will nicht mit Krebs leben! Dieses Buch gefällt mir nicht. Die Geschichte dieser Frau hört auf, wo meine anfängt. Ich will da raus! Ich mag nicht weiterleben, wenn ich doch bereit bin zu sterben. Es ist tierisch, so zu leben!»

Mit verkrampften, abgehackten Bewegungen langte sie nach dem grünen Glaskrug, der vor ihr auf dem Tisch stand, und es gelang ihr, zwei große Gläser mit eisgekühltem Tee zu füllen. Eines davon bot sie mir an, und da es an diesem Julitag recht warm war, nahm ich es dankbar an. Ich ließ mich gegenüber ihrer Couch auf meinem nun angestammten Platz nieder.

«Dieses Buch hat Sie wohl aufgeregt, Sally. Das tut mir leid. Aber Sie sagen das alles mit soviel Lebenskraft, und Sie sehen heute wirklich besser aus.»

«Ich weiß, das ist es ja gerade! Hören Sie, ich hätte mich umgebracht, wenn Sie sich damals nicht bereit erklärt hätten, mich zu besuchen, als ich das erste Mal mit Ihnen telephoniert habe. Doch seitdem Sie herkommen, geht es mir besser, und das paßt mir nicht. Dreimal bin ich schon ganz auf den Tod eingestellt gewesen. Ich hatte mich völlig damit abgefunden. Und dreimal ist es nicht dazu gekommen, und ich habe mich wieder darauf einstellen müssen, länger zu leben. Das jetzt noch einmal durchmachen zu müssen – ich mag gar nicht daran denken! Ach, könnte ich mich doch bloß umbringen!»

«Was hindert Sie daran, Sally?»

«Nun, ich weiß zum Beispiel gar nicht, wieviel Tabletten nötig wären und was ich alles kaputtmachen würde, wenn's schiefgeht! Ich habe einen Vorrat an Schlaftabletten. Könnten Sie bitte herausfinden, wie viele ich brauche, um mich umzubringen?»

«Ja, natürlich», war meine Antwort. Ich wollte ihr in diesem frühen Stadium unserer Arbeit keine Hindernisse in den Weg legen.

«Außerdem will Jim aus irgendeinem mir unverständlichen Grund nicht, daß ich Selbstmord begehe. Er sagt einfach, das sei falsch, und damit basta. Keine Diskussion. Er kann einfach nicht begreifen, wie ich einen Selbstmord überhaupt als Lösung für meine Notlage ansehen kann. Vor kurzem ist er an einem Wochenende zelten gefahren, und ehe er ging, machte er eine Art Witz darüber, daß er nicht wüßte, ob er mich bei seiner Rückkehr hier noch antreffen würde. Das tat weh.»

Zu diesem Zeitpunkt hatte ich den Eindruck, daß Sally sich vielleicht wirklich umgebracht hätte, wenn Jim Verständnis für ihre Suizidgedanken gezeigt hätte. Moralische Grundsätze gehören zur Gefühlswelt – einem Bereich, in dem Sally sich unsicher fühlte. Es sah so aus, als ließe sie zu, daß Jim diese Frage für sie entschied.

«Ich glaube, wir werden noch mehr über Sie und Jim reden müssen. Jetzt wenden wir uns vielleicht besser Ihren Träumen zu. Haben Sie seit dem letzten Mal wieder welche gehabt?»

«Ja, in der Tat. Aber warum schenken Sie denen so viel Aufmerksamkeit?»

«Weil sie mir das erzählen, was weder Sie noch ich von Ihnen wissen. Die Träume sind meine Quelle. Sie könnten auch Ihre sein. Ach, ich wünschte, Sie würden erkennen, daß Ihr Unbewußtes – jener dunkle Kontinent, von dem Sie so voller Angst gesprochen haben – Ihnen auch der beste Freund sein könnte, der Ihnen durch Träume Botschaften sendet, der immer bei Ihnen bleibt, Ihnen nichts vormacht und Sie nie im Stich läßt! Schauen Sie, Sally, Sie kommen nicht zurecht. Weiß Gott, in so einer Situation wäre das bei jedem von uns so. Sie können sich nicht mehr wie früher nach außen hin betätigen. Aber ich denke, etwas von Nutzen können Sie tun, und das tun Sie sogar schon. Sie können Ihre Aufmerksamkeit nach innen, auf Ihre Träume lenken und eine andere Strömung in Ihrem Leben entdecken.»

«Sie haben recht, ich komme nicht klar. Also gut, als erstes will ich Ihnen Sarahs Traum erzählen. Sie hat geträumt, daß Beth mit einem Messer im Rücken durchs Gebüsch ging. Aber dabei lächelte sie und war ganz unbekümmert. Ich glaube, das Messer war wahrscheinlich mein Krebs, meinen Sie nicht auch?»

«Ja, das glaube ich auch. Sehen Sie, anscheinend ist das mit den Träumen ansteckend. Die ganze Familie ist mit von der Partie.»

«Aber das ist es ja gerade, sehen Sie das nicht? Ich mache allen das Leben kaputt. Ohne mich würde es allen besser gehen. Wenn bloß meine eigenen Probleme im Traum so klar wären! Hören Sie sich diesen an! Mal sehen, was Sie mit dem anfangen können.»

*Es war sechs Uhr früh. Mir wurde bewußt, daß ich um acht verheiratet werden sollte. Es tauchte eine Vaterfigur auf, die ich nicht kannte. Er war mit der Heirat einverstanden, schien sich deswegen aber auch Sorgen zu machen. Da traf ein Hilfssheriff mit einer Vorladung ein und unterband die Heirat. Ich hatte bis acht Uhr früh in Sacramento zu sein, um mich einer Anklage zu stellen.*

Dies ist einer der bedeutsamsten von Sallys Träumen, da die Heirat entweder auf den Tod (durch Krebs oder Suizid) oder vielleicht auf eine plötzliche Heilung hindeutet. Für den Zusammenhang zwischen Heirat und Tod lassen sich Präzedenzfälle anführen. Manche afrikanischen Stämme verwenden das Symbol* der Löwin sowohl für die Liebe als auch für den Tod. Häufig versprechen sich Leute und sagen statt «Hochzeit» «Beerdigung», als ob diese Wörter das gleiche bedeuteten oder zwei Aspekte desselben Phänomens enthielten – nämlich das Zusammentreffen von Gegensätzen.

Der Traum bezieht sich möglicherweise auf ihre Suizidgedanken. Wäre das der Fall, ist die Symbolik in bezug auf den Suizid positiv, denn die Vaterfigur – aufgrund der patriarchalischen Tradition für die Tochter die Autoritätsfigur und darüber hinaus Sallys am stärksten durchdachte und am reiflichsten erwogene (wenn in diesem Traum auch unsichere) Ansicht darstellend – billigt die Heirat. Außerdem steht die Vaterfigur auch ungeachtet irgendeiner Tradition für eine Ansicht oder Meinung, die man sich aufgrund reiflicher Überlegung gebildet hat.

Der Hilfssheriff, der den Animus* in der für ihn typischen Botenrolle ist, konfrontiert Sally mit einer zweiten Überlegung, die sich aus der Analyse als Möglichkeit ergibt: sie darf sich nicht umbringen! Und da der Hilfssheriff das Gesetz verkörpert, ist diese Ansicht bindend. Diese zweite Überlegung, aus einer tieferen Schicht als derjenigen herrührend, aus der persönliche Überlegungen oder Urteile stammen, entspringt dem Selbst – dem Zentrum der Psyche. In diesem Traum wird das Zentrum beziehungsweise das Selbst durch Sacramento symbolisiert – also durch den Mittelpunkt des Staates, den Ort, an dem der Gouverneur residiert –, genauso wie im ersten Traum das Selbst durch den Turm symbolisiert wurde – den Kern der viele Kulturen beherbergenden Stadt. Das Selbst – das in Träumen auch als menschliche Figur auftreten kann, die größere Bedeutung als der Träumende selbst hat, oder als Gegenstand, wie etwa ein Stein oder ein Baum, beziehungsweise als Tier (das Kätzchen im vorherigen Traum) – wird häufig als bestimmendes oder beherrschendes Agens beschrieben, das eine psychische Unausgeglichenheit korrigiert. Sallys innere männliche Autorität ist einhellig der Meinung, daß der Suizid unterbunden werden muß. Es ist auffallend, daß diesmal eine weibliche Verkörperung ihrer inneren Weisheit fehlt. Der Traum zeigt nur den männlichen Aspekt des Selbst. Auf dem Weg zur Ganzheit wird Sally in der Analyse die Gelegenheit haben, kontinuierliche Botschaften von ihrem – männlichen und weiblichen – Selbst zu empfangen, denn es ist nun offensichtlich, daß ihre Träume aus einer unpersönlichen Quelle fließen und in Sallys allwissendem Zentrum wurzeln. Diesmal weist ihr die lenkende männliche Stimme den Weg, den sie gehen muß. Das mit der Analyse einhergehende Wachstum lohne sich für sie, denn so würde sie den drei Möglichkeiten, die ihr offenstehen, bewußt begegnen: gesund werden, Suizid begehen oder an Krebs sterben.

«Was fällt Ihnen zu diesem Traum noch ein?»

«Die Vaterfigur ist so um die 40 oder 50 gewesen, also ganz bestimmt nicht mein eigener Vater.»

Ich wartete darauf, daß sie weiterredete, doch sie schwieg. Bei dem reichen Inhalt ihrer Träume erstaunte es mich, wie wenig sie zu ihnen assoziierte. Vielleicht, weil sie jung war und weil ihre äußerst komplexen und abstrakten Traumthemen Dinge enthielten, die ihr fremd waren. Ihre Träume gingen das Thema des Todes auf archetypische Weise an und riefen dazu natürlich eine Archetypen*-Sprache zu Hilfe, die außerhalb von Sallys Erfahrung und Verständnis lag. Die Medikamente, die sie einnahm, wirkten sich wohl auch störend auf ihre Assoziationsfähigkeit aus. Und es ist möglich, daß das Durchleben der Schmerzen und der Konfrontation mit dem Tode für sie zu anstrengend war, als daß sie darüber noch viel hätte reden können. Die Angst vor dem Unbewußten, die etwa in ihrem ersten Traum zum Ausdruck kommt, und die ganz allgemein mangelnde Phantasie trugen bei Sally vielleicht noch zu dieser Assoziationsarmut bei. Oder aber es lag daran, daß sie irgendwo tief drinnen psychisch nicht mehr weiterkam.

Unter diesen Umständen hielt ich es für das beste, ihr erst einmal irgendwelche Assoziationen zu entlocken.

«Was ist mit Sacramento?»

«Sacramento, das bedeutet Gouverneur Edmund Brown. Er hat die Vorladung verfügt; also ist er derjenige, der die Heirat unterbunden hat. Jim muß wohl der Bräutigam sein. Jim könnte auch Brown sein. Ich bin von Brown enttäuscht, weil er ein unfähiger Stümper ist. Ich bin von Jim ganz besonders enttäuscht, weil er mich nicht ernst nimmt, wenn ich sage, daß ich mich umbringen will. Von beiden bin ich enttäuscht, weil sie, obwohl ich auf ihrer Seite stehe, nicht fähig sind, so zu handeln, wie ich das von ihnen möchte.»

Trotz ihrer negativen Assoziationen zu Jim und Gouverneur Brown war ich der Ansicht, daß Jim, Gouverneur Brown und der Abgesandte im Traum zusammenhingen: alle drei stellten ein größeres Bewußtsein* in Aussicht und möglicherweise auch die Erfahrung dessen, was Jung Individuation* genannt hat. Immerhin hatte Sally zwei dieser Männer unterstützt: den einen, indem sie ihn geheiratet hatte, und den anderen, indem sie ihm ihre Stimme gegeben hatte. Mit Hilfe der Analyse könnte Sally es schaffen, noch zu Lebzeiten ihre eigene Einzigartigkeit und Wichtigkeit zu erkennen. Die Analyse könnte auch, psychisch gesehen, Sallys Horizont erweitern und so die entwürdigenden körperlichen Auswirkungen ihrer Krankheit aufwiegen. Wenn sie sich bewußt bemühte, könnte sie vielleicht die Erfahrung der Regeneration machen und dadurch die so dringend benötigte Einsicht, Objektivität und Losgelöstheit gewinnen. Ich wollte, daß sie es wenigstens versuchte.

«Inwiefern ist Jim unfähig, Sally? Sie haben mir erzählt, daß er fleißig ist und in seinem Beruf Erfolg hat. Was meinen sie damit, wenn Sie sagen, er sei nicht fähig, so zu handeln, wie Sie es von ihm wollen?»

«Ich weiß nicht genau, aber er ist unfähig, wenn's um mich geht. Er ist nicht in der Lage, sich zu meiner Situation zu äußern, und er schafft es nicht, aufrichtig über uns beide zu reden und darüber, was in unserer Beziehung abläuft. Was mit mir geschieht, bedrückt ihn, das weiß ich. Trotzdem geht er einfach nicht auf meine Bedürfnisse ein – weder auf meine körperlichen, noch auf meine emotionalen. Ich wünschte, er könnte es, das ist alles.»

«Es klingt wirklich, als ob Sie beide noch eine Menge gemeinsamer Arbeit vor sich hätten, aber das wäre nur natürlich. Sie sind beide jung, und das ist die Zeit, in der die Menschen an den unebenen Stellen ihrer Ehe arbeiten. Für Sie und Jim ist das Ganze wegen Ihrer besonderen Lage noch drängender. Und wenn Sie sich bemühen, diese persönlichen Probleme zu lösen, werden vielleicht manche der Gedanken, die Sie sich auf einer tieferen psychischen Ebene über die Ehe machen, offensichtlich werden. Ich glaube, Ihr erster Traum von dem Turm ist in diese Richtung gegangen. Er hat mich irgendwie an die heilige Hochzeit zwischen dem König, als Gott, und der Göttin erinnert, die früher auf der Zikkurat vollzogen wurde. Als direkt nach der matriarchalischen Epoche, in der Frühphase des patriarchalischen Zeitalters, die Männer eine andere Stellung erlangt haben, muß der Gott – wenn auch nur für kurze Zeit – mit der Göttin auf gleichem Fuße gestanden haben. Für die heutige Zeit scheint mir Gleichberechtigung in der Ehe die richtige Lösung zu sein. Ich stelle mir auch gerne vor, daß es jeweils zu den Zeiten eine kulturelle Blüte gegeben hat, in denen zwischen den Geschlechtern ein ausgewogenes Verhältnis bestand. Hoffen wir, daß das bald wieder so ist!»

Ging man von Sallys derzeitigem Bewußtseinsstand aus, war es meiner Ansicht nach wichtig, ihrer Assoziation zu folgen, die Hochzeit sei ihre und Jims Hochzeit, auch wenn ihr Traum vom Turm das unpersönliche Thema der heiligen Hochzeit beziehungsweise der Individuation, wie der Jungsche Begriff lautet, implizierte. Ihre Beziehungsprobleme würden dieses tieferliegende Thema für sie schon konstellieren. Wie die meisten praktisch veranlagten Menschen würde Sally die Ebene der Archetypen und des Selbst (die Ebene der heiligen Hochzeit) mit Hilfe der eigenen Alltagserfahrungen erreichen. Ihre Eheprobleme würde sie nicht dadurch lösen können, daß sie sich deren Lösung einfach vorstellte, vielmehr würde sie die Problemlösung Schritt für Schritt selbst durchgehen müssen. Auch die täglichen Kämpfe mit Jim auf einer persönlichen Ebene würden sie nicht ihre Hauptaufgabe, ihren Lebenszweck, vergessen lassen: ihre Individuation. Sie würde ebenfalls nicht daran vorbeikommen, ihre eigene weibliche Seite freizusetzen, die eine Wurzel in dem Kätzchen ihres vorherigen Traumes hatte. Das Ganze würde eine enorme Aufgabe sein, besonders da Jim für sich nicht von der Wichtigkeit dieser Art von Entwicklung überzeugt war. Wenn Sally sich Mühe gäbe und so ihr Selbst erführe, könnte das unter Umständen auch den Weg für eine plötzliche Heilung freimachen. Um wirklich Kontakt zu Jim zu bekommen, müßte sie ihre positiven Gefühle zu ihm ans Tageslicht holen, ihre Phantasie über alles Rationale hinaus schweifen lassen und in sich Elemente ihres weiblichen Selbst finden, die bisher noch im Unbewußten lagen. Mit anderen Worten müßte sie den ungelebten Teil ihres Lebens anerkennen.

Anscheinend möchte das Unbewußte, daß die Menschen ihr Leben abrunden, ehe sie sterben. Wenn der Tod bevorsteht, bringt das Unbewußte in Träumen all das zur Sprache, was noch ungelöst ist. Das – persönlich und archetypisch gesehene – Thema der Hochzeit und Ehe taucht zu Recht in einem von Sallys Träumen auf, denn sie ist jung, und das ist die Zeit, in der die Ehe problematisch ist. Für Sally stellt die Ehe die schwierigste Situation dar, und deren tiefere unpersönliche Implikation – das positive Zusammenkommen der Gegensätze – könnte in ihrem Leben vielleicht die abschließende Problemlösung sein. Bei einem älteren Menschen kommt dieses Thema in den Träumen wahrscheinlich gar nicht zur Sprache, denn wenn man alt ist und sein Leben voll und ganz gelebt hat, sind das Ego* und der Animus nicht mehr unbedingt ein Problem.

Ich wollte nicht, daß Sally sich umbrachte. Mein Wunsch, daß sie durchhalten möge, ließ sie vielleicht in ihrem Entschluß, Selbstmord zu begehen, schwankend werden und hielt sie unter Umständen unnötigerweise am Leben. Ob dem wirklich so war, läßt sich allerdings schwer sagen. Vielleicht kann man in verheerenden Krankheitsfällen die Selbsttötung als eine positive Tat ansehen, vor allem dann, wenn niemand da ist, der helfen kann, der Krankheit einen Sinn zu geben. Für Sally hätte der Suizid möglicherweise zu einer unbeabsichtigten Selbst-Erfahrung führen können, denn ihrem Traum zufolge wäre der Entschluß, sich selbst zu töten (d. h. zu heiraten), eine ernsthafte Entscheidung gewesen und kein impulsiver Ausdruck der Resignation. Aber wegen meiner eigenen irrationalen Gefühle und auch, weil dieser Traum von der Vereitelung der Hochzeit ein Zeichen war, das auf einen schöpferischen Aspekt des Todes hoffen ließ, war ich gegen den Suizid eingenommen und eher dafür, daß Sally um die bewußte Verwirklichung ihres ganzen Wesens rang. Ich hatte die Hoffnung, daß in Zukunft ihre Hauptsorge der Individuation und nicht dem Tod gelten würde, wie das inzwischen bei mir der Fall war.

Sally schaute mich fragend an und schwieg einen Augenblick. Was immer sie gedacht haben mochte – sie sprach ihre Gedanken nicht aus und hielt sich auch nicht lange mit ihnen auf.

«Jim geht wirklich nicht auf mich ein.»

«Vielleicht könnten Sie selbst etwas dazu tun, indem Sie ihn um das bitten, was Sie möchten.»

«Das wäre schwierig, denn erstens bin ich mein ganzes Leben lang so selbständig gewesen, daß es mir schwerfällt, irgend jemanden um irgend etwas zu bitten. Und zweitens fürchte ich, wenn ich ihn bitten würde, sich zu unserer Beziehung zu äußern, bekäme er vielleicht gar nichts heraus.»

«Vielleicht liegt ihm Reden nicht. Versuchen Sie am Anfang ihm nur um Hilfe zu bitten, wenn Sie rein körperlich auf Hilfe angewiesen sind. Auf diese Weise würden Sie Ihre psychische Selbständigkeit bewahren, und das scheint für Sie jetzt besonders wichtig zu sein.»

Meines Erachtens ist es für die Ehe am besten, wenn jeder Ehepartner dem anderen erlaubt, dort beizutragen, wo er oder sie am kompetentesten ist. Es war also keine Rede davon, daß Sally etwa hätte lernen sollen, sich *nicht* selbständig zu verhalten, um dadurch an Jims Männlichkeit zu appellieren. Außerdem gehörten für mich ihr rebellisches Verhalten und ihre negativen Bemühungen um Selbständigkeit zu der «modernen Frau» in ihrem Innern, die danach drängte, auf alle mögliche Art und Weise an die Oberfläche zu gelangen.

Sallys Stimmung schien sich zu bessern. «Vielleicht probiere ich das mal. Wissen Sie, es hilft tatsächlich, wenn ich mit Ihnen über meine Schwierigkeiten mit Jim rede. Unsere Unterredungen sind so eine Art Generalprobe für die Gespräche mit ihm. Wir haben immer noch ziemlich schlimme Auseinandersetzungen, aber seitdem Sie kommen, ist die Verständigung zwischen uns besser geworden, und das gibt mir ein gutes Gefühl.»

Sie stand auf und reckte sich. Dann stöhnte sie und hielt sich mit der linken Hand den Rücken. Sie nahm den leeren Teekrug vom Tisch.

«Kommen Sie ruhig mit, während ich nachsehe, ob noch etwas Tee in der Küche ist. In letzter Zeit wird mir oft entsetzlich schlecht, und der Tee hilft ein bißchen. Aber entschuldigen Sie bitte das Chaos!»

Sie hinkte vorsichtig durch das Wohnzimmer, mit einer Hand

die rechte Hüfte stützend. Ich folgte ihr. Sie drückte die Schwingtür auf, hielt sie für mich offen, und durch eine Vorratskammer gelangten wir in die Küche. Der Raum roch leicht nach gebratenem Hackfleisch. Eine fettige gußeiserne Bratpfanne stand noch auf dem Herd. Im Spülbecken lag ein Stück «Hamburger» auf einem schmutzigen Teller und fing die Tropfen vom Wasserhahn auf. Durch die Glasscheiben des Geschirrschranks konnte man Porzellan und Gläser sehen, die achtlos aufeinandergetürmt waren. Der Linoleumboden, früher vielleicht einmal orange und braun, hatte inzwischen eine trostlose, unbestimmbare Farbe angenommen und unterm Spülstein ein paar Wellen geworfen. Aber bei alledem war es in der Küche sonnig, und es gab ein paar optimistische Tupfer: Apothekengläser mit Kräutern und Gewürzen, zwei üppig sprießende Süßkartoffeln auf zwei Tellern, ein Regal voller Kochbücher, ein Weidenkorb mit Sommerfrüchten, ein Poster mit französischen Käsesorten und ein abstraktes Kieselsteinmosaik, das auf einem Schränkchen neben dem Spülbecken als Geschirrablage diente.

«Das ist ein hübsches Mosaik, Sally. Wer hat das gemacht?»

«Ich, als wir damals hier eingezogen sind. Ursprünglich sollte das ganze Schränkchen so aussehen, aber ich habe dann nie die Gelegenheit gefunden, es fertigzustellen. Die Kiesel stammen von Stränden in Kalifornien, an denen wir im Laufe der Jahre gewesen sind.»

Sie öffnete den Kühlschrank.

«Möchten Sie ein Bier?»

«Nein, danke.»

Für sich selbst nahm sie eines heraus, schloß die Tür, öffnete die Dose und drehte sich zu mir um.

«Kommen Sie, ich zeige Ihnen, wo ich die meiste Zeit meines Lebens verbringe – wenn man das überhaupt noch Leben nennen kann –, seitdem ich keine Treppen mehr steigen kann.»

Sie führte mich zu einem hellen, von der Küche abgeteilten Zimmerchen, in dem früher wahrscheinlich einmal das Dienstmädchen gewohnt hatte und das gerade groß genug für ein Bett, ein Tischchen und eine Kommode war. Eine graugestreifte Katze lag dösend am Fußende des ungemachten Betts und schaute nun mit einem arroganten Schniefen zu mir hoch.

«Das ist Cyrano. Ich liebe ihn, obwohl er ein Schönwetter-Kater ist. Immer wenn es mir schlechtgeht, verschwindet er für ein paar

Tage. Ich verstehe nie, warum, aber ich bin sicher, daß es was zu bedeuten hat.»

Ich dachte im stillen, daß der Kater mit seinem ursprünglichen Instinkt wohl jeden ablehnen würde, der sich innerlich in einem Zwiespalt befand, und Sally befand sich wegen des Todes in einem Zwiespalt. Es ist denkbar, daß – falls Katzen psychische Kräfte haben – ihr Kater sie vielleicht auch deshalb verlassen hatte, weil er der Gefahr, selbst krank zu werden, aus dem Wege gehen wollte.

«Machen Sie sich nichts aus seinem Blick! Das ist nur seine Art, Ihnen zu zeigen, daß er genau da hingehört, wo er gerade ist. Mögen Sie Katzen?»

Ich mußte daran denken, daß Katzen der matriarchalischen Göttin Bast heilig waren, als diese in Ägypten noch die höchste Gottheit war. Diese Göttin in Katzengestalt – später auch als Mensch mit einem Katzenkopf abgebildet – stellte man sich als Sonne, Mond und Erde und als Tag und Nacht vor. Später wurde sie dem Sonnengott Ra als seine alles sehenden Augen einverleibt.

«Ja, aber Hunde mag ich mehr. Die bleiben bei einem, auch wenn man in Not ist. Aber ich muß zugeben, ich liebe etwas an Katzen, was mich an wahre weibliche Selbstgenügsamkeit erinnert. Wahrscheinlich ist es ihre Fähigkeit, selbständig zu sein. Ich glaube, daß in der Wildnis Katzen genau wie weibliche Bären ihre Jungen alleine, ohne die Hilfe der männlichen Tiere, großziehen. Haben Sie nicht damals am Anfang von einem Kätzchen wie Cyrano geträumt?»

«Ja, und letzte Woche hatte ich noch einen Traum mit jungen Katzen, die wie er aussahen. Er ist eine wichtige Figur.»

Wir gingen aus der Küche ins Wohnzimmer zurück. Die viele Bewegung schien für Sally eine schmerzhafte Anstrengung gewesen zu sein. Sie setzte sich langsam hin und seufzte.

«Wenn Sie mich früher besucht hätten, ehe ich krank war, hätten Sie zum Tee wahrscheinlich etwas Anständiges zu essen bekommen – vielleicht Gewürzkuchen oder ein schönes Stück Französische Apfeltorte. Alles, was ich jetzt noch in der Küche machen kann, ist mal ein bißchen Popcorn für die Kinder.»

Sie nahm einen Schluck aus der Bierdose, sah sich im Zimmer um und seufzte wieder.

«Ich liebe dieses alte Haus. Wir hatten gerade mit der Renovierung begonnen, als ich von neuem krank wurde. Direkt vor meiner zweiten Operation hatte ich außerdem wieder angefangen zu studieren, um einen Abschluß in Geisteswissenschaften zu machen. Noch etwas, das ich nicht zu Ende führen konnte.»

«Soviel Frustration! Aber erzählen Sie, wie war das für Sie, nach so vielen Jahren wieder zur Schule zu gehen?»

«Nun, es war schwer, mit all den Anforderungen auf einmal fertig zu werden, aber ich hab's geschafft, und ich war recht gut. Nur warum, so frage ich mich, wurde ich ausgerechnet in dem Augenblick krank?»

«Ich vermute, daß die Art und Weise, in der Sie studiert haben, nicht hilfreich war. Mein Eindruck ist, daß Sie nicht einem instinktiven Bedürfnis nachgekommen sind – sondern sich nur vom häuslichen Leben ablenken wollten, mit dem Sie nicht zufrieden waren. Vielleicht suchten Sie einfach das aufregende Gefühl, Ihren leistungsfähigen Verstand zu gebrauchen, ohne sich zu überlegen, wie Ihr Studium Ihnen hätte persönlich weiterhelfen können. Man könnte das auch als Animus-Tücke beschreiben. Und derart gegen ihr Inneres zu studieren, mußte Sie einfach zermürben.»

Mir wurde bewußt, daß es wohl kein Zufall war, daß der Krebs sich in dem Moment wieder zeigte, als Sally ihr Studium aufnahm. Ein derartiges Streben nach äußerem Erfolg statt nach subjektiver Nahrung hätte sie wahrscheinlich weiter als je zuvor von ihrer weiblichen Natur entfernt. Sie lebte schon viel zu sehr ihre männliche Seite oder ihren Animus. Eine Frau muß bei dem, was sie in der Welt unternimmt, ihr ganzes Wesen einbringen. Sie darf nicht zu weit von ihren subjektiven Bedürfnissen abweichen, wenn sie nicht Gefahr laufen will, vom Animus beherrscht zu werden. Eine Animus-‹Invasion› ruft ein Gefühl der Leere hervor, die die Frau, die sich ihres Bedürfnisses nach Ausdruck und Entwicklung des Weiblichen nicht bewußt ist, meist durch weitere Animus-Leistungen auszufüllen trachtet. Auf diese Weise setzt sich die ‹Invasion› ständig fort.

«Na, jedenfalls macht es mir jetzt Spaß, Bücher über Religion zu lesen», fuhr Sally fort. «Nicht daß ich irgendwie religiös wäre, das Thema interessiert mich einfach, das ist alles.

Und übrigens vielen Dank, daß Sie mir Nancy Wilson Ross' Sammlung von Zen-Schriften vorbeigebracht haben. Die haben mir sehr gefallen. Die Gedanken geben mir ein Gefühl der Ruhe, und ich könnte leicht auf ihnen davonschweben. Aber ich glaube, sie bringen mich zu weit von meiner Familie weg, und ich mag nicht wegdriften. Die Familie braucht mich, und ich möchte bei ihr bleiben.»

«Aber was ist mit Ihnen, Sally, was brauchen Sie?»

«Och, das ist jetzt unwichtig. Ich habe außerdem angefangen, Jung zu lesen. Jim hat mir *Erinnerungen, Träume, Gedanken* und *Seelenprobleme der Gegenwart* aus der Bibliothek mitgebracht. Ich mag seine Werke. Sie sind genauso umfassend wie die von Thomas Mann, und Mann ist einer meiner Lieblingsautoren. Jung spricht so oft davon, daß man sich selbst kennen muß. Ich habe damit meine Schwierigkeiten, obwohl, diese ganze Sache mit den Träumen ist sehr interessant. Von ihnen bekomme ich eine Menge neuer Ideen über mich selbst. Manchmal scheint es mir, als wären Sie und ich gemeinsam mit einer Art kreativer Arbeit befaßt, beinah so, als würden wir zwei ein Theaterstück schreiben. Das gefällt mir. Wahrscheinlich wird es Sie interessieren, einen Traum zu hören, den ich letzte Woche hatte.»

*Ich war in einer hübschen, großen neuen Wohnung. Sie hatte gold- und türkisfarbene Teppiche und weiße Wände. Beth, die erst drei oder vier Jahre alt war, sich aber wie eine Neunjährige benahm, half mir bei den Vorbereitungen für eine große Erwachsenen-Party. Direkt bevor die Gäste ankamen, brachte sie fünf Tigerkätzchen herein, die Cyrano ähnelten. Ich war entzückt darüber, in dieser Wohnung zu sein.*

In eine neue Wohnung zu ziehen bedeutet normalerweise, zu einer neuen Einstellung zu gelangen, aber es kann ebenso eine Todesahnung sein. Ich fragte mich damals, ob ein solcher Traum möglicherweise dadurch konstelliert worden war, daß Sally den Tod akzeptiert hatte, oder aber ob der Traum anzeigte, daß sie unter Umständen genesen würde.

«Sagen Sie mir schnell, was Ihnen dazu einfällt!»

«Die Wohnung war modern, nicht so voller alter und gebrauchter Möbel wie mein Haus. Gold und Türkis sind meine Lieblingsfarben – ach, nein, ich habe auch noch andere; aber ich mag Gold und Türkis wirklich sehr gerne.»

«Bei dem Traum scheint alles etwas Besonderes zu sein: die neue Wohnung mit ihren Gold- und Türkisteppichen, Beth, die von ihrem Benehmen her älter scheint, als sie in Wirklichkeit ist, und dann das Einzugsfest ...»

«Ja, ich hatte ein ganz besonderes Gefühl dabei, Sie haben recht.»

«Gold ist das feinste der Edelmetalle. Weiß bedeutet Licht, im Gegensatz zum Dunkel der Nacht. Diesmal sind es fünf Kätzchen, und das ist eine besondere Zahl. Außerdem sind im Traum die Drei, die Vier und die Neun besondere Zahlen. Der Grund dafür braucht uns jetzt nicht zu interessieren. Dieser Traum ist ein großer Schritt und ein besonders positiver dazu, und da nur weibliche Figuren auftauchen, hat der Traum mit Ihrem Leben als Frau zu tun.»

Ich hoffte, daß Sally die Bedeutung dieser Symbole auf irgendeiner Ebene in sich aufnehmen konnte. Vielleicht tat sie das schon. Aber da sie so sehr betonte, daß ihr Interesse an Religion ein rein intellektuelles sei, sagte ich ihr nicht, wie sehr ich das Gefühl hatte, daß die Symbole eine Verbindung zu ihren eigenen instinktiven religiösen Gefühlen herstellten. Bei diesem Traum tritt das Kätzchen fünffach auf und stützt damit meine früher geäußerte Annahme, daß es Sallys zentralstes weibliches Symbol ist. Die Mayas und Ägypter haben seit Urzeiten der Zahl Fünf das Merkmal der Weisheit zugeschrieben. Die Zahl Neun (neun Leben) wird seit jeher mit Katzen in Verbindung gebracht. Neun (dreimal drei) enthält die Vorstellung der Selbstzeugung. Das Sternzeichen der Jungfrau ist das neunte astrologische Zeichen.

Es sah so aus, als nähme Sally das, was ich sagte, gar nicht auf. Sie schien an etwas anderes zu denken. Als sie dann redete, war ihre Stimme voller Begeisterung.

«Aber warten Sie mal, da war noch ein Traum, der in die gleiche Richtung geht.»

*Ich war mit Marian zusammen, meiner sechzigjährigen katholischen Freundin, der vor einem Jahr ebenfalls eine Brust abgenommen worden ist. Wir hielten in einem neuen Haus Wacht; der Raum, in dem wir uns befanden, war wie eine Kapelle, und er hatte frisch verputzte und geweißte Wände und einen riesigen offenen Kamin. Wir saßen schweigend vor drei Lampen aus wunderschönem, feinem, blaugrünem Glas. Draußen heulte ein Sturm.*

Wie der vorhergehende, so hebt auch dieser Traum die Bedeutung religiöser Gefühle hervor. Doch in diesem Fall ist der religiöse Rahmen persönlicherer Natur – die drei herrlichen Lampen, der kapellenartige Raum, die Freundin, die in der gleichen Lage ist. Der religiöse Zugang ist ein beinahe katholisch-orthodoxer.

Orthodoxe Religionen schützen den einzelnen vor der harten Wirklichkeit, und durch ihre Rituale werden Themen, die zu schwer zu verstehen sind – vor allem solche, die mit dem Tod zusammenhängen –, auf eine symbolische Armeslänge vom Leib gehalten. In einem kapellenartigen Raum mit drei Lampen zu meditieren, bedeutet einen Schutz vor dem Sturm, der draußen wütet. Der Sturm könnte für undifferenzierte Emotionen stehen oder für die Furcht vor dem Tod beziehungsweise für dessen drohende Nähe.

Entfesselte Naturgewalten sind für Sally eine Realität, die sie bedroht, und unbewußt versucht sie, das innere Chaos durch Meditieren zu strukturieren – also durch eine uralte Form des Gebets, die sich an das eigene innere Zentrum richtet. Im vorliegenden Fall besteht die Meditation in der Konzentration auf drei Lampen. Diese erinnern an die Dreifaltigkeit im Christentum, die für gläubige Christen das Selbst ist.

Vielleicht ist die Botschaft des Traumes für Sally, den Tod so zu betrachten, wie sie den Sturm betrachten würde, nämlich als Naturerscheinung, statt in ihrer nihilistischen «Ich-will-da-raus»-Art. In diesem Sinne muß sie noch mehr lernen, und sie muß trotz der großen Schwierigkeiten, die die Aufgabe mit sich bringt, ihren Weg gehen. Vielleicht bittet sie der Traum auch darum, sich dem Tod auf religiöse Art und Weise zu nähern – eine Zugangsweise, die mit der katholischen gemeinsame Wurzeln hat, dabei aber doch Sallys eigener instinktiver religiöser Weg wäre. Der kapellenartige Raum in einem Neubau, der riesige offene Kamin und Lampen, die heller als Kerzen leuchten, weisen alle auf den Unterschied hin.

Gold und Türkis können religiöse Farben sein. Gold hat den höchsten Farbwert und wird mit der Sonne verglichen. Weiß bezieht sich auf das Bewußtsein. Die Symbole in diesem und im vorhergehenden Traum lassen einen enormen Fortschritt erkennen.

«Erinnert Sie dieser Traum an irgend etwas?»

«Ja, mir fällt gerade ein, daß es mich irgendwie aufgewühlt hat, als ich das Kapitel über das Leben nach dem Tode in Jungs *Erinnerungen, Träume, Gedanken* gelesen habe. Ich weiß nicht, warum.»

«Darüber wollen wir lieber später reden, Sally, denn Ihr Unbewußtes wird das Problem in einem Traum zur Sprache bringen, und wenn das der Fall ist, werden wir es leichter haben. Dieser Traum gefällt mir. Er scheint mir positiv zu sein, aber auch das wollen wir lieber später besprechen. Außerdem muß ich selbst erst mehr darüber nachdenken.»

Bei diesem Gespräch hatten Sally und ich das heikle Thema ihrer religiösen Gefühle berührt, das sowohl beim Traum von der Kapelle als auch bei ihrer Reaktion auf Jungs Äußerungen zum Leben nach dem Tode aufgekommen war. Ich wollte sie nicht durch weitere Ausführungen, die ihr unter Umständen befremdlich geklungen hätten, beirren. Ich wollte nicht mit ihrer bewußten Ablehnung religiöser Gefühle aneinandergeraten, wo ihr Unbewußtes daran doch gerade soviel Interesse zeigte. Sonst käme uns nur ihr Nihilismus in die Quere. Ich hoffte, daß zukünftige Träume sie direkter zu religiösen Themen hinführen und uns beiden dadurch weitere Diskussionen erleichtern würden.

Sally schien es zu akzeptieren, daß ich erst später über diese Themen reden wollte.

«Okay. Ich weiß nicht, warum Sie das sagen, aber was ich weiß, ist, daß es mir jetzt besser geht als vorhin, wo Sie gekommen sind – woran das auch immer liegen mag. Und ich habe das Gefühl, daß wir vorankommen.»

Diese Bemerkung rührte und ermutigte mich ganz besonders, denn sie kam von einer Frau, die für gewöhnlich eher unter- als übertrieb, wenn sie etwas sagte, und die keine Hoffnung zu haben wagte. Vielleicht waren wir tatsächlich auf dem richtigen Weg.

# KAPITEL FÜNF

Inzwischen war es Ende Juli, und meine die Familie betreffenden Pläne standen endlich fest. Heute würde ich Sally mitteilen, daß ich Ende August für sechs Wochen verreisen würde. Ich hatte einen Kollegen gefragt, ob er es einrichten könne, sie während meiner Abwesenheit einmal pro Woche zu besuchen, und er hatte zugesagt; aber ich machte mir Gedanken darüber, ob Sally diese Absprache akzeptieren würde. Ich spürte, wie wichtig meine Besuche für sie geworden waren, und ich machte mir Sorgen. Wie würde das für sie sein, wenn ich so bald nach Beginn unserer Arbeit verreiste? Nach unserer letzten Sitzung hatte sie sich optimistisch über ihren Fortschritt geäußert. Würde ihr Optimismus von meiner Anwesenheit abhängig sein? Und dann bestand auch die Gefahr, daß der Fluß wichtiger Träume unterbrochen würde. Ich hatte Angst, sie würde sich von neuem hohl und leer fühlen, wenn dieser Fluß des unbewußten Materials versiegte. Außerdem war mir die Theorie bekannt, daß Krebs mit Verlust- und Verlassenheitsgefühlen zusammenhängt. Würde meine Abreise das wieder zerstören, was wir gerade aufgebaut hatten? Heute würde ich vorsichtig sein müssen, um sie nicht mit meinen eigenen Sorgen zu belasten.

Die Tür war angelehnt, und ich ging hinein. Aus einem Lautsprecher in der Ecke erklang sanft und klar ein Schubert-Impromptu für Klavier. Sally saß still da und las. Heute sah sie besonders müde und abgespannt aus.

«Hallo, Sally, wie geht's Ihnen heute?»

«Fürchterlich. Aber jetzt fange ich wieder davon an, und Sie werden sicher schon genug davon haben. Aber so geht es mir nun mal die ganze Zeit. Die letzte Nacht war wieder gräßlich. Es war schlimm – die Schmerzen waren sehr schlimm, und es dauerte so furchtbar lange, bis es endlich hell wurde. Der Krebs ist nun in meinem Kopf, und das macht einen Druck, als ob man mir ein eisernes Band um den Kopf gelegt hätte. Manchmal ist der Druck so stark, daß ich brechen muß. Und bei heißem Wetter wird es noch schlimmer. Das beunruhigt mich, denn letzten Sommer hatte ich einen so schlimmen Brechanfall, daß ich ins Krankenhaus mußte.»

«Das muß für Sie sehr schwer sein, Sally. Wollen Sie heute wirklich mit mir reden? Ich kann morgen wiederkommen, wenn Sie das möchten.»

«Nein, nein, ich bin richtig froh, daß Sie gekommen sind. So schlecht es mir auch geht – Sie bringen mich auf andere Gedanken. Ich will mit Ihnen schon die ganze Zeit über Jungs Psychologie reden. Ich habe *Seelenprobleme der Gegenwart* und *Erinnerungen, Träume, Gedanken* vor ein paar Tagen ausgelesen.»

«Da haben Sie in der kurzen Zeit aber ganz schön viel gelesen und aufgenommen. Ich hoffe, es hat nicht zu Ihren Verdauungsstörungen beigetragen!»

Sie lächelte mühsam.

«Nein, keine Angst. Mit den Stellen, die ich nicht verstanden habe, habe ich keine großen Umstände gemacht. Ich habe einfach über sie hinweggelesen, weil ich nicht steckenbleiben wollte. Ich lese immer so. Aber, wissen Sie, vieles kommt mir wie eine Fremdsprache vor.»

«Ja, sehen Sie, in der Psychologie hat jede Schule ihre eigene Sprache. Und auch die Schüler entwickeln wiederum ihre eigene Sprache – das heißt, falls sie von den etablierten Klischees nicht zu sehr beeindruckt sind.»

«Das glaube ich gerne, aber Jungs Sprache interessiert mich. Sein Kapitel über Mandalas* hat mich gefesselt, und ich habe dann beschlossen, selbst welche zu malen, um zu sehen, was geschieht. Und es ist etwas geschehen. Ich habe zwar nicht das erhoffte mystische Erlebnis gehabt, dafür aber ein Gefühl der Ruhe, das mich wohl mehrere Stunden lang stabilisiert hat. Seither male ich täglich ein oder zwei. Das hilft.»

«Das ist schön. Sie wissen sicher, daß das Mandala eines der ältesten religiösen Symbole ist. Es findet sich überall in der Welt – von den hochentwickelten östlichen Kulturen bis zu den primitivsten

Dschungelstämmen. Beim Malen eines Mandalas hat man nicht automatisch ein mystisches Erlebnis, aber an Wendepunkten im Leben – wenn die Spannung am größten ist oder nach beeindrukkenden Ereignissen – kann Ihnen das Mandala-Malen irgendwie ein Gefühl Ihrer ganzen Persönlichkeit vermitteln. Vor allem wenn Sie Figuren aus Ihren Träumen oder Phantasien mit hineinbringen. Dann wird das Unbewußte in Ihnen angerührt.»

«Na, das hört sich für mich ein bißchen übertrieben an.»

«Selbst eine völlig bewußt gemalte Figur enthüllt etwas vom Unbewußten. Die Hauptsache ist, daß man losläßt und so frei wie möglich arbeitet.»

«Genau das versuche ich die ganze Zeit.»

«Sie sind da für sich auf eine wichtige Sache gestoßen, das steht fest. Eigentlich sind Sie mir zuvorgekommen. Ich hätte Sie schon längst mit Mandalas vertraut machen sollen, aber nun, da Sie von ganz allein darauf gekommen sind, ist ihre Entdeckung um so realer. Darf ich die Mandalas sehen?»

Sallys Malerei beunruhigte mich sehr, denn ein Mandala kann, wenn es eine plötzliche Vision oder Teil eines Traumes ist, Vollendung bedeuten.

Sie nahm einen kleinen Zeichenblock, der vor ihr auf dem Tisch lag, öffnete ihn und reichte ihn mir. Ich sah, daß sie kräftige, wohlausgewogene Mandalas gemalt hatte.

«Die sind großartig. Man sieht sofort, daß Sie nicht zum ersten Mal mit Farben umgehen.»

«Oh ja, ich habe alle möglichen Ausdrucksmittel ausprobiert. Jim hat immer gesagt, daß ich bei allen ein bißchen Talent zeigen würde, aber nicht genug, um irgend etwas Bedeutendes hervorzubringen, und ich denke, er hat recht. Aber ich probiere viele neue Sachen aus; das ist schon immer so gewesen. Ich glaube, ich verstehe, was Sie damit meinen, das Mandala würde einem für einen Augenblick ein Gefühl seiner selbst geben, aber Jung spricht davon, daß es auch die Ganzheit des Selbst bedeuten würde. Was meint er damit? Und was bedeutet das Ganze mit den psychologischen Typen? Mir ist nicht klar, wo ich hineinpasse. Es fällt mir so schwer, in mich hineinzusehen. Was ist an diesen Dingen dran? Können wir uns darüber unterhalten? Werden Sie's mir erklären?»

Sie nahm eine Zigarette aus der Schachtel auf dem Tisch und zündete sie an. Dann rutschte sie auf der Couch näher zu mir heran und runzelte die Stirn. Schließlich fragte sie zögernd: «Bringe ich

Sie damit in Verlegenheit, wenn ich Sie so einfach bitte, mir das zu erklären? Normalerweise tut man das nicht, oder? Freunde von mir, die eine Analyse machen, haben mir erzählt, daß ihre Analytiker auf Fragen von ihnen nur mit anderen Fragen antworten. Aber tun Sie mir das bitte nicht an! Ich brauche Erklärungen. Ich muß Bescheid wissen.»

«Ich mache Ihnen keinen Vorwurf, wenn Sie Bescheid wissen wollen. Eine Krankheit wie Ihre muß eine intellektuelle Wüste entstehen lassen, und Ihre Freunde und Ihre Familie haben Ihnen in dieser Hinsicht bisher nicht geholfen – vielleicht, weil sie selbst zu sehr in ihrer äußeren Welt stecken. Erinnern Sie sich an das Buch in Ihrem ersten Traum? Das hat mich sofort darauf gebracht, daß Sie ein intellektuelles und spirituelles Betätigungsfeld brauchen. Das ist doch das, was Sie jetzt sagen, nicht wahr, daß der Traum recht hatte?»

«Ja. Und nun brauche ich etwas, um der schrecklichen Langeweile in meinem Leben entgegenzuwirken.»

«Okay, Sally, wir wollen sehen, was sich machen läßt. Zuerst mal das Selbst. Das Selbst ist schwer zu fassen, weil man drum herum reden muß. Es ist da, aber man kann nur sehr wenig darüber in Erfahrung bringen. Übrigens, als Sie mir Ihren ersten Traum erzählt haben, war ich der Meinung, daß er vom Selbst handelte. Ich hätte das damals gleich angesprochen, wenn Sie sich nicht schon an soviel anderes hätten gewöhnen müssen. Außerdem dachte ich mir, daß Ihr Wissensdurst Sie früher oder später dazu bringen würde, nachzufragen.»

«Wie kann man etwas über das Selbst wissen, wenn man darüber nichts in Erfahrung bringen kann?»

Ihr Gesicht hatte jetzt etwas Farbe bekommen. Sie sah merklich weniger müde und abgespannt aus.

«Ich werde versuchen, das zu erklären. Stellen Sie sich das Selbst als eine Kugel vor, die nicht nur die Kugel selbst, sondern gleichzeitig auch ihr Mittelpunkt ist, das Zentrum des ganzen eigenen Wesens, das paradoxerweise auch die gesamte Psyche einschließt, den bekannten und den unbekannten Teil. Es ist ebenfalls die Quelle der Traumbilder, die die Aufgabe haben, unser psychisches System zu regulieren, und die ein Bild von den an dem Prozeß beteiligten Kräften vermitteln. Und genau das ist an Ihrem ersten Traum so aufregend gewesen, Sally. Da war der Turm, auf den Sie gestiegen sind, und unten die Stadt. Beide bezogen sich auf das

Selbst: Der Turm war der Mittelpunkt, die Stadt war die Kugel. Oder wenn Sie an die vier Himmelsrichtungen einer Stadt denken – Norden, Süden, Osten, Westen –, so ist die Stadt auch ein Quadrat. Man könnte sagen – wie Sie es schon einmal getan haben –, daß der Turm männlich ist – Sie nannten es phallisch. Und nun denken Sie sich die Stadt als weiblich, vor allem, weil sie ein Quadrat ist. Die Bibel ist voll von dieser Symbolik. Sehen Sie, das Selbst ist nicht nur allumfassend, es besteht auch aus Gegensätzen.»

«Oh je, das ist ein bißchen viel auf einmal. Immerhin habe ich auf den Traum stark reagiert. Ich war beeindruckt, das stimmt, aber ich hatte auch Angst.»

«Ja, das haben Sie mir erzählt. Und meiner Erfahrung nach setzt ein sehr schmerzhafter und schwieriger Prozeß ein, wenn erst einmal das Bedürfnis besteht, sich mit dem Selbst zu verbinden. Das kann einem schon Angst machen. Das Selbst strebt nach einer Neubewertung und Veränderung, das Ego klammert sich an das Althergebrachte, und Sie sind innerlich zerrissen. Erst wenn man mit Hilfe der Botschaften, die man durch die Träume erhält, mit dem Selbst einen Dialog beginnt, kann man die Kluft überbrücken und seinem Leben einen Sinn geben. Vertraut man seinem eigenen Zentrum, dann sucht man im übrigen nicht draußen nach jemandem, der alle Antworten weiß. Man weiß, daß die Antworten in einem selbst liegen, und das verleiht einem wahre Unabhängigkeit. Es vermag vielleicht sogar den nötigen Heilungsprozeß zu fördern. Alte Leute, die voll und ganz gelebt haben, wissen das alles. Aber ich meine, auch jüngere Leute könnten es wissen, wenn die Notwendigkeit dazu besteht.»

«Ich wollte wohl etwas Bestimmtes wissen, als ich anfing, Mandalas zu malen.»

Ich nahm zwei der Mandalas, die ich auf meinen Schoß gelegt hatte, in die Hand.

«Schauen Sie, Sally, diese Mandalas sind im wesentlichen kreisförmig. Ein Kreis führt alles zusammen. Er ist allumfassend, ein Zustand der Einheit. Der Kreis ist zweifellos ein Ganzes, und er steht für die Göttlichkeit im Menschen. Nehmen Sie zum Beispiel den Heiligenschein in der christlichen Kunst. Der Kreis ist unser höchstes Symbol. Und in ihren Mandalas gibt es auch Quadrate – Quadrate und Kreise, die niemals verschmelzen können. Sie sind Gegensätze – zwei gegensätzliche Arten, das Ganze auszudrücken –, genauso wie die ganze Frau und der ganze Mann Gegensätze sind.

Das ist überhaupt das umfassendste Symbol, das einem zuteil werden kann. Und sie haben es aus sich heraus gezeichnet. Kurz gesagt, haben Sie Ihre Vorstellung von Gott in diesen Mandalas zum Ausdruck gebracht.»

Ich ging ein ziemliches Risiko ein, als ich ihr das erzählte; aber immerhin kamen so durch das, was sie selbst geschaffen hatte, ihre religiösen Gefühle zur Sprache. Ein Thema, das sie bis dahin willentlich unterdrückt hatte.

Meine Worte schienen sie aufzurütteln, doch dann hatte sie sich schnell wieder in der Hand und entgegnete geringschätzig: «Ach was! Die hier sind so simpel. Wie können Sie nur sagen, daß Sie in so was Gewöhnlichem Gott sehen? Ich glaube sowieso nicht mehr an Gott. Wie oft soll ich Ihnen das noch sagen?»

«Okay. Vielleicht sollten wir das Thema für den Augenblick fallenlassen. Vielleicht schickt Ihre Freundin, das Unbewußte, einen Traum hoch, der Ihnen das Ganze glaubhafter macht.»

Ich war weit genug gegangen. In vielen Praxisjahren hatte ich das gelernt, was auch Jung oft gesagt hatte: «Das Individuum gelangt nicht zum vollen Verständnis seiner selbst, bevor es seine religiösen Gefühle akzeptiert hat.» Obwohl ich der gleichen Meinung war, wollte ich das Thema nicht um jeden Preis weiterverfolgen, um Sally nicht dazu zu bringen, sich zu verschließen.

Sie wischte meine Bemerkung mit einer Handbewegung fort.

«Können wir uns jetzt über die Typen unterhalten? Die Typen scheinen meinem Verständnisniveau mehr zu entsprechen als dieses andere Thema. Ich meine, da habe ich zumindest eine Chance, was zu verstehen.»

«Okay, Sally, ich werde versuchen, die Typen in normalen Worten zu erklären. Das ist für mich übrigens eine gute Übung. Ich bin gezwungen, zu überdenken, was ich zu wissen glaube. Das bewahrt mich davor, zu ungestüm zu sein und den eigentlichen Stoff zu übergehen. Aber denken Sie bitte daran, daß niemand völlig mit dem einen oder anderen Typus übereinstimmt! Jeder Mensch ist ein bißchen von allem. Es kommt nur auf die Betonung an.»

«Ja, aber warum überhaupt Typen?»

«Nun, mit ihrer Hilfe erfahren Sie, was Sie von anderen und auch von sich selbst erwarten können und was nicht. Mir haben sie am meisten in der Ehe geholfen, als zweites bei unseren Kindern und dann auch im Beruf. Mein Mann und ich wären wohl immer noch nicht verheiratet, wenn wir keine Ahnung von Jungs Typen gehabt hätten; auch unsere Kinder und Enkelkinder hätten wir dann nicht bekommen. Vielleicht würde ich gar nicht hier sitzen und mich mit Ihnen unterhalten. Daran können Sie sehen, wie wichtig diese ganze Sache mit den Typen bis heute für mich ist. Mit seiner Typologie hat Jung einige fundamentale Unterschiede zwischen den Menschen herausgestellt, dabei hatte er aber nicht die Absicht, die Menschen in Schubladen zu stecken oder etwa ihre Unzulänglichkeiten zu entschuldigen. In Wirklichkeit sollten die Menschen gerade dadurch aus den Schubladenkategorien herausgeholt werden.»

«Wie meinen Sie das? Wie kann ein System, das sagt, manche Menschen seien von Natur aus so und andere seien anders, die Menschen vom Schubladendenken wegholen?»

«Indem es uns bewußt macht, wie sehr wir dazu neigen, andere Menschen in unsere eigenen Vorurteile einzusperren; wie sehr wir dazu neigen, von uns auf andere zu schließen, und, was manchmal noch schlimmer ist, von anderen auf uns zu schließen. Anstatt also zu sagen: ‹Du bist nicht so wie ich, du Idiot!› könnte man sagen: ‹Du bist nicht so wie ich, du bist anders. Und deshalb kann ich von dir nicht erwarten, daß du die Dinge genauso siehst wie ich. Du könntest es allerdings versuchen.› Doch lassen Sie mich nun versuchen, Ihnen ein paar – allerdings sehr skizzenhafte – Anhaltspunkte zu geben.»

«Nur zu. Ich finde das spannend. Und ich werde Sie unterbrechen, wenn mir Ihr Vortrag zu kompliziert wird.»

Das gefiel mir. Sie würde ein Auge darauf haben, daß ich mich von meiner Lehrerinnenrolle nicht fortreißen ließ. Sie würde mir sagen, wo ich stand.

«Nun, zuerst einmal werden die Menschen bei diesem Typensystem in zwei Gruppen mit zwei verschiedenen Einstellungen* zum Leben eingeteilt: Extravertiertheit und Introvertiertheit. Sicher sind Sie sich dieser Unterschiede schon bewußt. Nehmen Sie beispielsweise sich selbst: Sie haben mir erzählt, daß Sie vor Ihrer Krankheit eine unternehmungslustige, erfinderische und gesellige Person waren. Und da ist auf der anderen Seite Ihr Mann, der, wie Sie sagen, vieles in sich zurückhält.»

«Danach wäre ich extravertiert und er introvertiert?»

«So klingt es zweifellos, obwohl noch mehr zu berücksichtigen wäre. Dann gibt es noch vier Untergruppen, die sich viel schwerer mit normalen Worten beschreiben lassen.»

«Versuchen Sie es einfach!»

«Gut, probieren wir's. Innerhalb jeder der zwei Einstellungen gibt es vier Funktionen*, die vier verschiedene Arten, mit dem Leben zurechtzukommen, erklären. Sie werden als Empfinden, Denken, Fühlen und Intuieren bezeichnet und zu zwei verschiedenen Unterstützungs- und Gegensatzpaaren zusammengefaßt. Denken und Fühlen bilden das eine Gegensatzpaar, Intuieren und Empfinden das andere. Wieviel sind es also insgesamt?»

«Das müssen Sie mir schon sagen. Es hört sich kompliziert an, und mein Kopf schafft einfach nichts Kompliziertes mehr.»

«Aber es gibt einen Grund, warum ich so vorgehe. Machen wir es Schritt für Schritt! Wir haben also die zwei Einstellungen – Introvertiertheit und Extravertiertheit –, und jede der beiden enthält dieselben vier Funktionen. Das ergibt zusammen acht Möglichkeiten. Dann multiplizieren wir die zwei Varianten der Funktionspaare damit und erhalten sechzehn. Und damit haben wir's: Es gibt sechzehn verschiedene Arten von Menschen. Und das ist ein ernüchternder Gedanke. Dadurch ist mir schon vor langer Zeit klargeworden, daß ich niemals mit absoluter Sicherheit behaupten könnte, ich wüßte, was mit den Menschen los ist.»

«Das glaube ich Ihnen. Aber Sie haben bis jetzt nur die zwei Hauptgruppen beschrieben.»

«Stimmt, und ich habe eine Art gefunden, das Ganze kurz und bündig zu erklären, die bisher immer gut verstanden worden ist, und zwar folgendermaßen: Das Empfinden sagt mir, daß ein Ding existiert, das Denken gibt mir dafür einen Namen, das Fühlen sagt mir, was es wert ist, und das Intuieren sagt mir, was man damit anfangen kann.»

«Klingt gut, aber wo stehe ich da?»

«Ich habe den Eindruck, daß Sie in erster Linie denken. Als nächstes kommt dann bei Ihnen das Empfinden und als letztes das Intuieren und das Fühlen. Wir sind einander ähnlich, nur daß bei mir das Empfinden zuerst kommt und das Denken als zweites. Dieser Unterschied zwischen Ihnen und mir kann übrigens mit unserer unterschiedlichen Herkunft zu tun haben: Bei mir stand auf der Ranch das Körperliche im Vordergrund, und bei Ihnen war es das Intellektuelle. Die letzten zwei, Intuieren und Fühlen, sind bei Ihnen genau wie bei mir kaum der Rede wert. Ihr Mann ist vielleicht genau ihr Gegenstück. Bei meinem Mann und mir ist das so. Eigentlich scheinen bei den meisten Ehepaaren Mann und Frau gegensätzlich zu sein, zumindest in Ihrer und meiner Generation. Wir sind gezwungen, unsere Männer auf gut Glück zu wählen und sie dann nach und nach kennenzulernen, indem wir versuchen, uns mit den jeweils entgegengesetzten Funktionen in uns selbst vertraut zu machen.»

«Ich frage mich, ob sich das überhaupt lohnt.»

«Nun, da wir anscheinend für uns selbst um diese Aufgabe nicht herumkommen, können wir eigentlich auch gleich die Ehe aufrechterhalten, während wir daran arbeiten. In solch einer Situation können zwei Menschen einander enorm helfen, wenn sie wollen. Natürlich können sie sich gegenseitig auch ganz schön fertigmachen.»

«Erzählen Sie mir mehr über die vier Arten, dem Leben zu begegnen, und warum die Gegensatzpaare gebildet werden.»

«Das ist nicht so einfach. Es scheint, als ob die Natur die Menschen, die sich zueinander hingezogen fühlen, häufig zu diesen Gegensatzpaaren zusammenfügt. Hier haben Sie ein Diagramm von dem, was ich meine.»

Ich stand auf, setzte mich neben sie auf die Couch und schrieb auf einem der Zeichenblätter in eine Ecke:

| | | |
|---|---|---|
| Sally: | Denken | Empfinden |
| Jim: | Fühlen | Intuieren |

«Das hier ist Ihre und Jims Konstellation in bezug auf Ihre Stärken, soweit ich das beurteilen kann. Für Ihre Schwächen gäbe das ein ähnliches Bild, und auch das wäre übrigens wichtig, denn die eigenen Schwächen sind es, die einen überhaupt erst dazu bringen, zu heiraten. Außerdem steckt unser Potential in diesen Schwächen. Zwei Menschen mit gegensätzlichen Typen können ungeheuer viel für einander tun: sie können zwei Welten zusammenbringen, statt eine in zwei sich bekriegende Hälften zu spalten.»

«Hmm. Das ist interessant. Habe ich Jim geheiratet, weil es mir an Gefühl, Intuition und Introvertiertheit fehlt? Sind wir dabei, unsere eine Welt aufzuspalten? Das ist ein ganz neuer Gedanke. Aber es ist genug, ich bin müde. Vielleicht können Sie mir das später näher erklären.»

«Ja, später. Wir können uns über die Funktionen unterhalten, wenn sie auftauchen, und das werden sie. Dann kann ich diese Theorien am konkreten Beispiel festmachen. Übrigens ist es für praktisch veranlagte Empfindungstypen wie uns typisch, daß sie immer alles genau einordnen wollen.»

Ich ging zu meinem Stuhl zurück, setzte mich und betrachtete Sally, während sie an mir und an den Redwoodbäumen vor dem Fenster vorbeisah und ihren eigenen Gedanken nachhing. Nach einer langen Pause ergriff sie wieder das Wort und sagte langsam: «Ich habe eben gedacht, es ist wirklich ein Wunder, daß sich zwei gegensätzliche Menschen auch nur für einen Augenblick ertragen können. Und doch weiß ich, daß der alte Spruch ‹Gegensätze ziehen sich an› tatsächlich zutrifft.»

«Ja, und da liegt der Hase im Pfeffer, zumindest was Ihre und meine Generation betrifft. In einer Liebesbeziehung neigen wir dazu, uns zu dem Menschen hingezogen zu fühlen, der da stark ist, wo wir schwach sind. Der Betreffende rundet uns ab, vervollständigt uns. Das geht normalerweise eine Zeitlang gut, aber irgendwann beginnt man auf einmal Geringschätzung für die Art des anderen zu empfinden, und man wirft ihm vielleicht vor, stur, unsensibel, abweisend, ungeschickt oder was auch immer zu sein. Doch die Wahrheit ist, daß uns niemand die eigene Vervollkommnung abnehmen kann. Begreift man das nicht, kann es sein, daß man vom anderen schrecklich enttäuscht ist, von dem man ja erwartet hat, daß er es für einen tut.»

Sally seufzte, nahm eine Muschel vom Tisch und strich mit der Hand über deren glatte Oberfläche.

«Ich bin mir nicht sicher, ob ich genau verstehe, wovon Sie reden, aber was Sie sagen, erinnert mich an ein Gespräch, das ich mit einer Freundin hatte, die mich gestern besuchen kam. Sie ist eine von mehreren Freundinnen, deretwegen ich mir im Moment ziemliche Sorgen mache. Für so viele meiner Freunde scheint das jetzt eine ganz schlimme Zeit zu sein – Eheprobleme, Schwierigkeiten mit den Kindern, die Drogen nehmen und von zu Hause weglaufen. Es ist einfach schrecklich. Die Freundin, die gestern da war, hat sich gerade nach achtzehn Ehejahren von ihrem Mann getrennt. Ganz traurig hat sie mir erzählt, wie sehr sie sich am Anfang geliebt und gegenseitig bewundert haben. Sie waren noch sehr jung, als sie geheiratet haben, genau wie Jim und ich. Er ist ein intelligenter Tatmensch, ein erfolgreicher Anwalt; sie ist vorsichtig und schüchtern und unterscheidet sich auch in vielen anderen Bereichen von ihm. Sie versuchte, eine Erklärung zu finden, wie es gekommen war, daß sich ihre Gefühle füreinander im Laufe der Jahre kaum merklich verändert hatten. Sie sagte, eine der Eigenschaften, die sie an ihrem Mann anfangs besonders anziehend gefunden hätte, nämlich seine Zielstrebigkeit, halte sie jetzt für einen Charakterfehler, mit dessen Hilfe sie und die Kinder dominiert und kontrolliert würden. Sie konnte sich nicht entsinnen, wann sich dieser Wandel in ihrer Ehe genau vollzogen hatte oder warum, und sie konnte es einfach nicht begreifen. Auch mir war es ein Rätsel.»

«Es ist ein rätselhaftes Phänomen, Sally. Etwas Derartiges ereignet sich im Laufe der Jahre bei vielen Ehepaaren, und wenn es passiert, ist in keinem Fall eine einfache Lösung möglich. Es geht ja darum, in sich selbst das zu entdecken und dann zu stärken, was man bisher vom anderen am meisten gebraucht hat. Und oft ist es so, daß einer der beiden Ehepartner kein Interesse an einer solchen Entwicklung hat und lieber so weitermachen möchte wie bisher, oder er zieht vor, das Ganze aufzugeben und mit jemand anders von neuem anzufangen. Viele junge Leute werden aus diesem Grunde vielleicht gar nicht mehr heiraten. Ganz zu werden, ganz für sein eigenes Selbst aufzukommen, ist eine schwierige Aufgabe, vor allem dann, wenn man mit jemand zusammenlebt, der so völlig anders ist. Es ist eine Lebensaufgabe. Das weiß ich aus eigener Erfahrung. Jung hat diese Ganzheit als Individuation bezeichnet, obwohl sie eigentlich eher ein dynamischer Prozeß als etwas Statisches ist. Es gibt dafür auch noch andere Namen: Bewußtsein, Einssein.»

«Wie Satori im Zen-Buddhismus?»

«Ja.»

«Ich glaube, mir gefällt diese Sache mit den Typen. Vielleicht hilft mir das bei meiner Familie, vor allem bei den Kindern. Auf jeden Fall gibt es mir etwas, woran ich mich halten kann. Jungs Psychologie entgleitet einem so leicht.»

«Ja, er war ein intuitiver Mensch, und er hat nie vorgehabt, seine Ideen festzuschreiben. Er hat sie absichtlich in Fluß gehalten, aber sein brillantes Denken hat seinen Ideen eine große Stabilität verliehen. Vielleicht interessiert es Sie zu hören, daß Jungs Typensystem entstanden ist, weil er Klarheit darüber gewinnen wollte, warum er und Freud ihre Meinungsverschiedenheiten einfach nicht beilegen konnten. Empfindungsmenschen wie Sie und ich finden Jungs Typen besonders interessant und hilfreich, weil wir ein Bedürfnis nach konkreten Erklärungen haben. Menschen, die nicht in ihre Umgebung passen, möchten häufig wissen, warum das so ist, und sind dann beruhigt, wenn sie entdecken, daß es für ihre Schwierigkeiten Gründe gibt, die außerhalb ihrer selbst liegen. Menschen, die ihren Partner beziehungsweise ihre Partnerin nicht verlieren möchten, es in ihrer Beziehung aber schwerhaben, oder solche, die von einer Beziehung enttäuscht worden sind und wissen wollen, was falsch gelaufen ist, werden sich darum bemühen, die Jungsche Typologie zu verstehen. Aber davon später mehr.»

Sie bestand jedoch darauf, daß wir uns weiter über die Psychologie von Jung unterhielten. Sie erzählte, sie sei Kunstlehrerin in einem Seniorenzentrum gewesen, und jetzt, nachdem sie über die Individuation gelesen habe, könne sie in etwa verstehen, warum die alten Leute eine – wie sie meinte – so gleichgültige und das Schicksal akzeptierende Haltung an den Tag gelegt hätten. Sie sagte, Jungs Konzept der Synchronizität sei für sie schwer zu begreifen, schilderte aber als nächstes aus eigener Erfahrung ein hervorragendes Beispiel dafür. Als sie das erste Mal einen kleinen Knoten in ihrer Brust entdeckt habe, sei sie beunruhigt gewesen, habe niemandem davon erzählt und sich bei einem Arzt einen Termin geben lassen. Ein paar Tage vor dem Termin seien sie und Jim auf einer Neujahrsparty gewesen, auf der die Gäste von einer Zigeunerin unterhalten worden seien, die ihnen aus Karten ihr Schicksal las. Nachdem zweimal hintereinander die Pikkönigin (die Todeskarte) aufgedeckt worden sei, sei die Frau blaß geworden und habe sich geweigert, weiterzumachen.

Es schien, als mache Sally plötzlich einen Gedankensprung. «Ich glaube, ich werde Jung für die nächste Zeit beiseite legen. Ich habe da ein Buch von Suzuki über Zen-Buddhismus, das mich sowieso mehr reizt.»

Sally fühlte sich also zum Zen-Buddhismus hingezogen. Mir kam der Gedanke, daß auch dies möglicherweise ein Anzeichen dafür war, daß das Empfinden eine ihrer stärkeren Funktionen bildete. Zen ist eine praktische Religion, bei der das Körperliche genauso wichtig ist wie das Spirituelle, und diese Religion findet leicht bei ähnlichen Menschen wie Sally Anklang, weil sie sich auf den Alltag übertragen läßt. Solche Menschen lassen sich instinktiv von den alltäglichen Aspekten des Lebens beeindrucken und gehen gelassener mit lästigen Pflichten und immer wiederkehrenden Arbeiten um als andere. Die Hingabe, mit der sie das alltägliche Leben meistern, hängt bei ihnen mit den tiefsten psychischen Bereichen ihres Lebens zusammen. Schon durch die ganz banalen Ereignisse im Leben kommen sie mit den Archetypen in Berührung, auch wenn sie diese vielleicht erst im Alter als solche erkennen können. Solche Menschen grübeln in der Analyse über fast jeden Traum lange nach, so als ob dieser ihnen nachgehe und sie fasziniere. Genauso machen sie es mit Ereignissen im Leben. Bei ihnen (im Gegensatz zu den intuitiven Menschen, die sich gleich darauf konzentrieren, was als nächstes kommt) bewirkt die Konzentration Veränderungen, die sie selbst sehen und die auch der Analytiker an ihrem Verhalten und ihren Träumen feststellt, obwohl sie sich selbst gar nicht erklären können, wie oder warum es zu diesen Veränderungen gekommen ist. Als Empfindungstypus brauchte Sally nach meiner Ansicht den Rahmen ihrer Kleinfamilie, um mehr über sich selbst herauszufinden.

Ich verspürte das Bedürfnis, diese Diskussion über Jungs Psychologie und den Zen-Buddhismus abzubrechen. Ich mußte immer wieder daran denken, daß ich Sally bald verlassen würde, und dieser Gedanke fegte alles andere beiseite. Ich mußte es ihr sagen, nicht nur um ihret-, sondern auch um meinetwillen.

«Sally, ich muß Ihnen mitteilen, daß ich Ende nächsten Monats für sechs Wochen verreisen werde. Das habe ich Ihnen damals gleich am Anfang ja schon angedeutet.»

Sie setzte sich etwas aufrechter hin und lächelte.

«Ja, das haben Sie. Ich habe es damals verstanden und verstehe es auch jetzt. Wo fahren Sie hin?»

Ich beobachtete sie genau, um zu sehen, ob sich in ihrem Gesicht Anzeichen für die Verzweiflung zeigten, die sie empfinden mußte, und horchte auf Nuancen in ihrem Tonfall, die vielleicht auf Wut oder Jammern hindeuteten. Es gab keine. Sie schien sich einfach nur für meine Reise zu interessieren. Ihre Tapferkeit machte mich traurig. War dieses Verheimlichen von Gefühlen ein Selbstschutz?

«Nach Europa. In erster Linie nach Zürich und dann nach London.»

Meine Antwort war so sachlich-nüchtern wie ihre Frage. Doch ich machte ihr auch nichts vor. Genauso wie ich um ihre Verzweiflung wußte, muß sie gewußt haben, wieviel mir unsere Trennung ausmachte.

«Ich habe einen Kollegen gebeten, Sie einmal die Woche zu besuchen, wenn ich fort bin – falls Sie damit einverstanden sind. Ich glaube, Sie werden ihn mögen, und Sie werden sich während meiner Abwesenheit weniger allein fühlen, wenn Sie jemanden haben, mit dem Sie reden können. Im übrigen denke ich, daß es sehr wichtig für Sie ist, das, was Sie begonnen haben, fortzusetzen.»

Es tat mir weh, mitanzusehen, wie ihr schutzloser Körper sich verkrampfte.

«Sie haben sicher gemerkt, daß ich mir nicht vorstellen kann, wie eine Therapie es schaffen soll, die Krebswucherung zu verhindern. Aber ich bin froh, daß Sie mit Ihrem Kollegen ausgemacht haben, daß er zu mir kommt. Es hilft tatsächlich, wenn man mit jemandem reden kann.»

«Ich werde Ihnen von unterwegs schreiben, Sally. Bei anderen Leuten mache ich das normalerweise nicht, weil mir das so schwerfällt, aber ich möchte unbedingt mit Ihnen in Verbindung bleiben. Ich hoffe, Sie schreiben mir auch und erzählen mir von Ihren Träumen und wie es Ihnen geht.»

Sie sah mir einen Moment lang mit dem für sie typischen steten, haselnußbraunen Blick offen in die Augen. Dann ließ sie sich in die Kissen zurücksinken und entspannte sich. Sie bekam einen verletzlichen und traurigen Gesichtsausdruck.

«Ja, das mach' ich. Und jetzt möchte ich mit Ihnen über ein paar merkwürdige Träume reden, die ich seit dem letzten Mal gehabt habe. Hören Sie sich diesen hier an!»

*Ich saß im Gefängnis, aber ich bekam einen Strauß roter und weißer Nelken, und das bedeutete meine Freilassung.*

Ich hatte das Gefühl, daß sie das Thema meiner Abreise von sich wegschob, aber es hatte keinen Zweck, sie aus ihrer stoischen Ruhe zu reißen, die für sie zu einem Kennzeichen ihrer Selbstachtung geworden war.

«War das der ganze Traum?»

«Ja.»

«Was denken Sie darüber?»

«Rot und Weiß bedeuten für mich etwas Positives.»

«Und Gefängnis?»

«Dazu fällt mir nichts ein.»

Die roten und weißen Nelken, die auf die Gegensätze verweisen, können mit einer positiven Einstellung zum Tod zu tun haben – dem Zeitpunkt, an dem die Gegensätze zusammenkommen –, aber ich war nicht bereit, sie so zu interpretieren. Ich hoffte damals, daß sie auf eine Heilung hindeuteten, die durch Tod und Wiedergeburt auf der psychischen Ebene zustande käme. Sallys positive Assoziation war ein Anzeichen dafür, daß – falls der Strauß Tod bedeutete – sie vor die Aufgabe gestellt war, im Tod einen positiven Aspekt zu finden, der möglicherweise in ihrer Individuation bestand. Etwas Positives hatte sie am Tod schon entdeckt: er könnte für sie ein Weg aus ihrem Elend sein. Doch spürte sie noch längst nicht, daß der Tod auch der Höhepunkt ihres Lebens sein könnte, ihr Krönungserlebnis.

«Das will ich Ihnen sagen, Sally, von meiner Erfahrung mit Träumen her glaube ich, daß der hier ein wichtiger Meilenstein ist.»

«Wieso denn?»

«Sie haben gesagt, der Strauß bedeute Ihre Freilassung, also muß er auf eine Lösung des Ganzen hindeuten.»

«Wie soll das möglich sein? Im realen Leben geht es mir genauso schlecht wie immer. Ich spüre keine Lösung, keine Erleichterung.»

«Ich will Ihnen erklären, warum ich das so sehe. Laut Jung symbolisiert seit Tausenden von Jahren Rot das Männliche und Weiß das Weibliche. Können wir da nicht sagen, dieser Strauß aus roten und weißen Blumen bedeutet, daß die Hochzeit jetzt stattfinden kann – zumindest in dem Sinne, daß Sie Ihre Beziehung zu Jim vertiefen?»

«Ich sehe keinen Zusammenhang. Sie haben mir mal gesagt, ich solle Ihnen Bescheid sagen, wenn mir der Zusammenhang fehlt, erinnern Sie sich?»

«Stimmt. Ich werde es anders versuchen. Vor nicht allzu langer Zeit haben Sie von einem Hilfssheriff geträumt, der mit einer Vorladung eintraf und Ihre Hochzeit verhinderte, weil Sie sich vor Gericht verantworten sollten – mit anderen Worten: weil Sie sich selbst ins Auge sehen und Ihren eigenen innersten Weg gehen sollten. Und nun kommt dieser Traum mit Ihnen im Gefängnis. Sie müssen also verurteilt worden sein. Gefangensein bedeutet, daß Sie gegen Ihre eigene natürliche Neigung gezwungen werden, sich ganz auf sich selbst zu konzentrieren, und das ist auf Ihrem Weg ein weiterer Schritt nach vorn. Und noch ein weiterer: Sie werden freigelassen. Könnten wir da nicht sagen, daß die psychische Hochzeit jetzt stattfinden kann? Erinnern Sie sich an Ihren ersten Traum?»

«Ich sehe, worauf Sie hinauswollen, aber ich habe mir diese Gefangenschaft nicht ausgesucht. Sie ist mir aufgezwungen worden, und das ist etwas anderes.»

«Stimmt, aber Sie sind der ganze Traum. Die Idee, Sie einzusperren, stammt von Ihrem eigenen Zentrum. Es hat Ihnen also irgendwo im Innern ein Teil von Ihnen gesagt, Sie müßten sich selbst erkennen und sich voll und ganz als einen Menschen akzeptieren, der einzigartig ist und anders als alle anderen Menschen auf der Welt. Könnten Sie doch nur Ihre Einstellung ändern und das Gefangensein als eine nicht zu umgehende Verpflichtung ansehen, die Sie gegenüber etwas in Ihrem Innern haben, das größer ist als Sie! Die einzige Aufgabe, die man im Leben hat, ist, sich selbst ins Auge zu sehen, Sally; das gilt für Sie genauso wie für mich. Ob wir sehr alt werden oder jung sterben, ob wir im Leben Erfolg haben oder nicht, ob wir viel oder gar nichts erreichen – das ist alles unwichtig. Allein auf das Bewußtsein, das wir im Leben entwickeln, kommt es an. Jung sagt, daß das Bewußtsein der Sinn des Daseins sei. Je älter ich werde, desto mehr komme auch ich zu dieser Überzeugung. Dieses Gefangensein, diese selbstauferlegte Hingabe könnte bei Ihnen für Ihre wahre religiöse Einstellung stehen.»

«Ach, ich weiß nicht.»

«Versuchen Sie das Gefangensein nicht nur als Ihre Krankheit, sondern als Ihr Schicksal anzusehen, als Ihre einzigartige psychische Konstellation, die Sie zwingt, Ihr Leben zu komprimieren, damit Sie sich selbst finden, damit Ihre Individuation gelingt. Dieser Prozeß könnte innerlich auf die heilige Hochzeit hinauslaufen, eine Art Selbstvollendung, die dem entspricht, was eine junge Braut erlebt, wenn sie den Mann, den sie liebt, heiratet. Irgendwo innerlich erleben Sie gerade diese Hochzeit. Da Sie freigelassen worden sind, ist es nun an Ihnen, diese Hochzeit zu verwirklichen.»

«Darüber muß ich nachdenken. Lassen Sie mir Zeit! Ich möchte das, was Sie gesagt haben, nicht einfach abtun, nachdem Sie sich soviel Mühe gegeben haben, mir alles zu erklären. Aber ich brauche Zeit, um Ihre Worte, so gut es geht, aufzunehmen und zu begreifen. Ich kann nicht einfach so ohne weiteres mit Ihnen einer Meinung sein. In der Zwischenzeit muß ich Ihnen noch einen anderen Traum erzählen, der leichter zu verstehen ist.»

*Ich befand mich zusammen mit meiner Mutter in einem Wochenendhäuschen am Strand. Ich war dabei, zu erblinden. Man hatte mir das rechte Auge herausgenommen. Aber als ich mein rechtes Augenlid hochschob, merkte ich, daß ich Licht sehen konnte und daß mein Sehvermögen langsam wiederkehrte. Dann hielt mir meine Mutter eine diamantförmige Brosche mit vierundzwanzig einkarätigen Diamanten vor die Augen, um meine Sehkraft zu testen. Währenddessen spielte draußen vor dem Haus eine rötliche Katze verrückt.*

«Dieser Traum ist ein Geschenk der Götter, Sally! Genauso hat Jung einmal eine Darstellung des Selbstbildes beschrieben: Mutter, Tochter und Symbol – Sie, Ihre Mutter und der Diamant. Wieder ein Traum vom weiblichen Aspekt des Selbst. In diesem Traum ist Ihre Mutter nicht autoritär; sie lehrt durch ihr eigenes Beispiel und nicht mit Hilfe einer Anordnung, wie das in Ihrem Traum von der Hochzeit und der Vaterfigur der Fall war. Aber was denken Sie selbst darüber?»

«Ich sehe nicht, was die ganze Begeisterung soll. Sagen Sie mir, warum bedeutet der Traum nicht einfach das, was er besagt, nämlich daß ich Angst davor habe, mein Augenlicht zu verlieren? Das ist eine wirkliche und verständliche Sorge. Die Ärzte haben mir gesagt, daß ich durch den Krebs erblinden könnte.»

«Was die unmittelbare, äußere Situation betrifft, haben Sie sicher recht. Aber ein Großteil unseres bewußten Lebens hat tiefreichende Wurzeln, die zum Unbewußten und manchmal – wie bei diesem Traum – auch zum Selbst führen – zum inneren Heiligtum des eigenen Wesens.»

«Jetzt sind Sie schon wieder bei dieser inneren Geschichte. Und ich brauche Zeit, um darüber nachzudenken. Ach, ich weiß nicht.»

«Schön, gehen wir Schritt für Schritt vor und versuchen, die dahinterliegende Logik zu finden. Da Sie bereits Angst haben vor der Möglichkeit, blind zu werden, muß der Traum noch etwas anderes bedeuten. Die Träume erzählen uns, was wir nicht wissen oder was wir nicht ernst genug nehmen. Tatsächlich sagt dieser Traum, daß Sie schon lange blind sind, vielleicht von Geburt an, und daß Sie jetzt anfangen, etwas zu sehen. Sie sehen Licht, sehen klarer. In die Alltagssprache übersetzt, könnte das bedeuten, Sie sind auf dem Wege, sich selbst besser zu verstehen. Vielleicht macht der Traum also deutlich, daß es zwei Arten des Sehens gibt: das körperliche und das magische, psychische. Hätten Sie das Gefühl, durch das Blindwerden zu einer anderen Art des Sehens gelangen zu können, würden Sie sich vielleicht nicht mehr so fürchterlich beschnitten vorkommen, wenn es tatsächlich dazu kommen sollte. Das heißt nicht, daß ich solch einem tragischen Ereignis mitleidlos gegenüberstehen würde. Es ist nur so, daß eine veränderte Einstellung zu dieser Möglichkeit Ihnen vielleicht helfen könnte. Auf jeden Fall sagt der Traum, daß Sie das Licht zu sehen beginnen. Aber was noch wichtiger ist: es ist Ihre Mutter, die Ihre Sehkraft testet.»

«Hmm. Ich sehe, aber ...»

«Sie hält die Diamantbrosche hoch, um zu testen, ob Sie sehen können, und Sie stellen fest, daß Ihre Sehkraft tatsächlich wiederkehrt. Wir können also sagen, daß Sie ab jetzt an Ihrem Verhältnis zu Ihrer Mutter ablesen können, wie gut oder schlecht Sie sich weiterentwickeln. Je mehr Ihnen klar wird, was das ist, was Ihre Mutter hat und was Sie brauchen, desto mehr wird es Ihnen gelingen, sie zu respektieren und mit ihr auszukommen.»

«Nun, ich muß zugeben, daß unser Verhältnis in den letzten Tagen besser geworden ist. Und merkwürdigerweise hat sie in der Zeit auch kaum etwas getrunken. Aber mir fällt es schwer, meine Mutter für so wichtig zu halten, und obwohl wir ein besseres Verhältnis zueinander haben, fällt mir, wenn ich an sie denke, kaum etwas anderes als eine Null ein. Wissen Sie, wir sind so verschieden. Sie hat in ihrem Leben nie, bei nichts gewußt, was sie machen sollte. Ich habe Schwierigkeiten, mir vorzustellen, daß sie irgendeine Bedeutung für mich haben soll.»

«Vielleicht könnten Sie sie besser verstehen, Sally, wenn Sie sich mit Jungs Typen beschäftigen würden. Ich vermute, daß Ihre Mutter nicht nur anders ist als Sie, sondern daß sie sich von Ihnen um 180 Grad unterscheidet – falls ich damit recht habe, daß Sie ein extravertierter Denkertypus sind. Ihre Mutter ist wahrscheinlich introvertiert und fühlt hauptsächlich, und bei Ihnen ist das Fühlen die vierte Funktion, also die Funktion, die Ihnen am wenigsten zur Verfügung steht. Aber genau die ist es, die paradoxerweise Ihre Rettungsleine ist. Sie können es sich nicht leisten, den Kontakt zu ihr zu verlieren. Und dafür brauchen Sie Ihre Mutter.»

«Ich kann mir nicht vorstellen, daß es irgendwie gut für mich wäre, wenn ich mehr so würde wie sie. Die meiste Zeit sitzt sie bloß rum und sieht mich mit diesem jammervollen Blick an. Und sie ist sogar noch unfähiger als Jim.»

«Wir sollten vielleicht nach dem Grund für ihre Unfähigkeit forschen. Auch mir fällt es schwer, introvertierte Gefühlsmenschen zu verstehen, aber ich habe eine Freundin, die so ist, und die erzählt mir, wie das für diesen Typus ist. Sie sagt, solche Menschen seien in der Lage, jede Gefühlsnuance zu erleben, die ganze Bandbreite, und ich glaube ihr. Aber sie meint, der Haken ist, daß diese Menschen nicht anders könnten, als die Gefühlslast der ihnen nahestehenden Menschen mitzutragen, und sie würden sich dabei ausgenutzt vorkommen. Da sie sich nicht losmachen können, leiden sie unter den Gefühlen der anderen, als ob es ihre eigenen wären. Die Last wird für sie unter Umständen so unerträglich, daß sie sich zurückziehen müssen, häufig mit einem letzten großen Ausbruch, den der andere nicht begreifen kann. Oder sie fühlen sich unzulänglich, weil es ihnen nicht gelingt, das Leid des anderen zu mindern; so geht es wahrscheinlich Ihrer Mutter. Aufgrund der Introvertiertheit wird nichts davon ausgesprochen, und das Beste, was solchen Menschen einfällt, sind häufig stümperhafte, unpassende Versuche zu helfen oder jammervolle Blicke. Wenn dann der ihnen nahestehende Mensch – meist ein Denkertypus – aggressiv und ungeduldig wird, haben sie das Gefühl, man würde sie nicht schätzen – was in dem Moment natürlich stimmt, weil der Denkertypus nicht versteht, was mit ihnen los ist. Das macht alles nur noch schlimmer, denn für den gefühlsbetonten Typus ist es äußerst wichtig, geschätzt zu werden. Und übrigens erwarten meiner Erfahrung nach introvertierte Gefühlsmenschen von einem, daß man versteht, was in ihnen vorgeht, und sie sind schrecklich enttäuscht, wenn man das nicht tut.»

«Aber genau so, wie Sie's beschreiben, ist es auch bei Jim! Und ich habe immer gedacht, wir hätten Schwierigkeiten miteinander, weil wir so gleich wären. Noch etwas, worüber ich nachdenken muß – und was für ein Vortrag! Doch zuerst einmal: Worin liegt der magische Wert, den meine unbeholfene Mutter für mich im realen Leben angeblich besitzt?»

«Ob Sie's glauben oder nicht, auf diesen Punkt wollte ich gerade zu sprechen kommen. Schön, Ihre Mutter erscheint Ihnen unbeholfen, aber ich frage mich, ob es bei ihr nicht gerade das tiefe Mitgefühl für Sie ist, das völlige Erfassen Ihrer Tragödie, durch das sie so lahmgelegt wird. Würden Sie Ihre Gefühle herauslassen, sie ausleben und zum Ausdruck bringen, könnten Sie für sich das tun, was ihre Mutter für Sie zu tun versucht. Sie könnten sogar eine neue Energiequelle in sich entdecken. Dadurch würde auch Ihre Mutter von ihrer Last befreit. Ich kann Ihnen da nicht helfen.

Meine eigenen inneren Gefühle sind mir nicht so leicht zugänglich. Der Schlüssel zu Ihrem Leben ist Ihre Mutter. Das beweist der Diamant. Akzeptieren Sie für den Anfang vielleicht einmal die Möglichkeit, daß Ihre Mutter etwas Entscheidendes und Wichtiges für Sie an sich haben könnte, und wenn Sie ihr gegenüber offen bleiben, finden Sie es vielleicht heraus. Aber erwarten Sie nicht von ihr, daß sie irgendwelche Gedanken beisteuert! Sie selbst haben genug für zwei! Irgendwie, denke ich, ist auch Jim an all dem beteiligt. Zu ihm sind mir noch keine speziellen Ideen gekommen, aber vielleicht später. Als Sie mir von Ihrem Hochzeitstraum erzählt haben, kam mir der Gedanke, daß auch Jim eine Rolle darin spielt. Sie meinten, er wäre wohl der Bräutigam, ich habe Ihnen zugestimmt, aber ich dachte außerdem, daß er auf einer tieferliegenden Ebene auch der Bote sein könnte. In Ihrem Traum war er immerhin das Bindeglied zu Ihrem herrschenden, ordnenden Zentrum. Ich habe den Eindruck, daß Jim gefühlsmäßig in der Lage ist, Ihre verzweifelte Situation zu erfassen, und deshalb brauchen Sie ihn so sehr. Er rührt bei Ihnen möglicherweise an Gefühle, die in Ihrem Zentrum verschüttet liegen und Ihnen Heilenergie liefern könnten. Aber falls er der gleiche Typus wie Ihre Mutter ist, erwarten Sie besser nicht von ihm, daß er sich klar und deutlich zu Ihrer Beziehung äußert! Wenn er sich mit Ihnen wieder aussöhnen will, wird er seine Gefühle nur durch ein einfaches Wort oder eine simple Geste zum Ausdruck bringen und nicht durch eine lange, wortreiche Erklärung.»

Ich hatte die Vermutung, daß seine Gefühle eine emotionale Reaktion bei ihr auslösten, wodurch sie dann bei ihm ihr unzuverlässiges, explosives Selbst sein konnte. Er gab ihr eine Sicherheit, die sie bei mir nicht spürte.

«Es ist seltsam. Aber wie schon gesagt, ich muß darüber nachdenken. Und auch darüber, daß meine Mutter für mich so wichtig sein soll. Sie sagen, der Diamant würde es beweisen ...»

«Dem Diamanten kommt in unserer Gesellschaft ein sehr hoher Wert zu. Und es ist Ihre Mutter, die ihn hochhält – zu Ihrem Nutzen; und nicht nur *einen* Diamanten, sondern viele, die zu einer Brosche zusammengefaßt sind, und diese hat wiederum die Form eines Diamanten. Diese besondere Hervorhebung ist bezeichnend. Der Diamant ist in Mythen und Legenden schon immer ein zentrales Thema gewesen, und jetzt taucht er hier in diesem modernen Traum auf, in Ihrem Traum, als Symbol des Selbst. Der Diamant wird auch als Symbol für die Ehe verwandt. Die Verlobung wird durch einen Diamantring besiegelt; und der Goldkreis, der Goldring, wird bei der Hochzeitszeremonie angesteckt. Beide werden, wenn die Ehe hält, ein Leben lang getragen, und beide werden auf den Ringfinger der linken Hand gesteckt[1] – sozusagen ins ‹Abseits›, auf die unbewußte Seite, die Seite, die unsere Wurzeln betrifft. Das ist ein Ritual, das sich seit Urzeiten aus einer tiefen symbolischen Erfahrung heraus entwickelt hat.

Wir kommen nicht um die Bedeutung des Hochzeitsthemas in Ihren Träumen herum, Sally. Diesmal wird die Hochzeit durch den Diamanten aufregenderweise mit dem Symbol des Selbst verknüpft. Die Hochzeit ist schon in Ihrem ersten Traum als ein heiliges Ereignis zur Sprache gekommen, und sie ist bei Ihnen auch noch in einigen anderen Träumen angesprochen worden – wenn nicht wörtlich, dann immerhin indirekt. Ja, ich glaube, wir sind auf dem richtigen Weg, und Ihre Bemühungen um Jim und Ihre Mutter gehen in dieselbe Richtung.»

Es ist interessant, daß Jim bei der unpersönlichen Hochzeit nur implizit dabei war. Dieser Traum hier handelt von ihrer leiblichen Mutter. Beides sind Träume vom Selbst, aber mir schien, daß es der weibliche – und nicht der männliche – Aspekt des Selbst war, der in ihrem Familienleben seinen Ausdruck fand.

«Da ist noch ein bedeutungsvoller Punkt in Ihrem Traum, und zwar eine Art umgekehrtes Ödipusthema. Ödipus wurde durch die Brosche seiner Mutter blind, Sie hingegen gewinnen in Ihrem Traum mit Hilfe der Brosche Ihrer Mutter Ihr Augenlicht wieder. Die Mutter, die den Sohn in die Unbewußtheit treibt, verhilft der Tochter zur Bewußtheit.»

«Das ist interessant. Das könnte wirklich stimmen. Ja, aber was ist mit der roten Katze, die verrückt spielt?»

«Ach ja, den Teil habe ich ganz vergessen. Es ist möglich, daß die überwältigend positive Wirkung Ihres Traumes eine Gegenreaktion ausgelöst hat. In Ihrem Traum geht es um eine enorme spirituelle Anstrengung, durch die Ihnen die Augen geöffnet werden. Bei dieser Anstrengung muß Ihr weiblicher – oder animalischer – Instinkt geopfert werden. Sie sind schließlich in einem Alter, in dem die biologischen Instinkte eigentlich noch ihr Recht fordern. Und

[1] Anders als im deutschsprachigen Raum, wo der Ehering am rechten Ringfinger getragen wird. – d. Ü.

wenn Sie in Ihrem Alter zu psychischen Einsichten von einem solchen Ausmaß gelangen, müssen Sie dafür wohl Ihre heißblütige, junge Seite opfern. Warum sollte also die rote Katze nicht verrückt spielen? Vielleicht drängen Ihre aufgestauten, ungebändigten Emotionen nach außen.»

«All das braucht Zeit, um verdaut zu werden. Ich muß es auf meine eigene Art begreifen, und das braucht so viel Zeit. Lassen Sie es nun gut sein!»

Bis zu diesem Zeitpunkt war sie mit ihrer ganzen Aufmerksamkeit dabeigewesen, aber nun schien sie alles, worüber wir geredet hatten, schnell beiseite schieben zu wollen. Ich wußte, daß sie als empfindungsbestimmter Typus über die angesprochenen Punkte so lange nachdenken würde, bis sie sie verstanden hatte.

«Aber wenn ich's mir recht überlege, ist da doch noch etwas. Warum sollte ausgerechnet die Hochzeit symbolisch so stark durch Diamanten, Goldringe, die Zikkurat und die Gerichtsvorladung hervorgehoben werden?»

«Dazu kann ich nur Vermutungen anstellen. Als die Hochzeit erfunden worden ist, muß sie als wichtiger Schritt auf dem Weg zur Reife gegolten haben, auf dem Weg zur charakterlichen Entwicklung, der automatisch vieles von dem bewußt macht, was unbewußt in uns steckt. Immerhin folgt die Hochzeit einem universellen Muster: Sie führt die Gegensätze zusammen – macht das Unmögliche auf magische Weise möglich. Wir wissen alle, daß eine Ehe etwas Schwieriges ist und daß sie außer Liebe auch sehr viel Verständnis, Bemühen, Vertrauen und Auseinandersetzungen erfordert. Das gilt für jede ernsthafte Beziehung zwischen Mann und Frau. Für eine Frau ist das vielleicht die größte Chance, die sich ihr bietet, um zu wachsen – wenn wir einmal von etwaigen Anstrengungen im Berufsleben absehen. Auch für den Mann ist das wichtig – falls er durch eine ernsthafte Beziehung bewußter werden möchte –, aber in erster Linie möchte der Mann sein Bewußtsein mit Hilfe seines Berufslebens vergrößern. Ich glaube, die Häufigkeit gescheiterter Ehen beweist nur, wie schwer es ist, diese Lebensprobe zu bestehen und welch enorme Leistung es bedeutet, wenn eine Ehe funktioniert. Das mag ein guter Grund dafür sein, daß so viele junge Leute lieber nur kurzfristige Beziehungen eingehen.»

«Ja, ich weiß, ich habe mit Jim und auch mit meiner Mutter einen weiten Weg vor mir. Etwas macht es mir bei meiner Mutter noch besonders schwer: Sie will, daß ich ihr helfe, mit meiner Krankheit klarzukommen. Und ich habe damit doch selbst Schwierigkeiten genug.»

«Natürlich können Sie ihr dabei nicht helfen. Aber es wäre vielleicht gut, wenn Sie die Beziehung zu Ihrer Mutter in einem anderen Licht sehen könnten. Ich denke, daß Sie einen verachteten Teil von sich selbst, von dessen Existenz Sie gar keine Ahnung haben, auf Ihre Mutter schieben. Das tun wir alle. Es kommt sehr häufig vor, daß wir bei anderen Dinge sehen – ob gut oder schlecht –, die wir an uns selbst ablehnen, und auch solche, deren wir uns schämen. Dazu gehören auch die Teile von uns, die uns minderwertig vorkommen und die sich nie zum Besseren hin verändern werden – so wie ein häßliches Gesicht, das man geerbt hat. Teile unserer alten Persönlichkeit werden ebenfalls auf andere Leute abgeschoben – Phasen, aus denen wir herausgewachsen sind, die aber trotzdem noch zu uns gehören, wie ein langer Schwanz, den man hinter sich herzieht. Das ist eine ziemlich stark vereinfachte Version von dem, was Jung den Schatten genannt hat. Nun, für unsere Zwecke hier soll es reichen. Sonst werfen Sie mir noch vor, daß ich mich schon wieder in eine Rede hineingesteigert hätte!»

«Aber wieso heißt es ‹Schatten›? Dieser Ausdruck ist mir schon beim Lesen aufgefallen. Nennt man es so, weil es etwas Dubioses an sich hat?»

Ich hatte den Eindruck, daß sie jetzt ständig auf Klärung drängte. Es war wirklich ein Wunder, wie beharrlich sie trotz ihrer Schmerzen sein konnte. Mir machte es immer mehr zu schaffen, daß ich sie bald an diesem entscheidenden Wendepunkt in ihrem Leben alleine lassen müßte. Ich hatte Angst, meine Abwesenheit könnte bei ihr wieder eine ihrer alten Reaktionen auslösen und sie in eine Depression stürzen. Deshalb war ich besonders bestrebt, ihre Fragen weiter zu beantworten. Ich hoffte, meine Antworten würden sie bis zu meiner Rückkehr beschäftigen können.

«Nicht immer. Manchmal steckt im Schatten unser größtes Potential, das noch nicht zum Vorschein gekommen ist, weil es in dunklen Tiefen ruht – im Dunkel des Schattens. Jeder von uns hat einen. Wenn Sie einmal den Schatten betrachten, wie er in der Natur vorkommt, werden Sie verstehen, worum es geht. Dann sehen Sie, wie unparteiisch er ist, auch wenn wir unsere moralische Abneigung auf ihn projizieren. Was im Licht steht, wirft immer einen Schatten; und je größer der Gegenstand ist, der im Licht steht, desto größer und schwärzer ist auch der Schatten. Je mehr wir sehen, desto weniger sehen wir. Das reicht, um einen in seinen Bemühungen zu entmutigen. Aber es ist nicht gar so schlimm, wie es klingt.»

«Hätte der Schatten dann nicht etwas mit der Partnerwahl zu tun? Haben Sie nicht gesagt, daß wir von Natur aus abgerundet werden müssen und daß wir deshalb den uns entgegengesetzten Menschen wählen? Könnte es nicht sein, daß auch der Schatten in diese Richtung geht?»

«Nun, Jung zufolge wird der Schatten nicht durch jemanden vom anderen Geschlecht verkörpert. Für Sie und mich muß der Schatten eine Frau sein. Für Sie könnte das Ihre Mutter sein, die Ihnen vom Typus her entgegengesetzt ist. Aber Sie haben insofern recht, als wir, um abgerundet zu werden, mit dem Schatten in Kontakt kommen müssen. Er verleiht uns Tiefe und verhindert, daß wir unsern Weg als den einzig richtigen ansehen. Er macht uns bescheiden und gibt unserm Leben manchmal auch Würze. Denken Sie daran, wie zweidimensional ein Gemälde ist, auf dem es keinen Schatten gibt!»

«Aber könnte das nicht auch in etwa erklären, warum völlig verschiedene Menschen einander heiraten?»

«Ja, vermutlich könnte man das so sagen, obwohl die Ehe genaugenommen bei der Frau damit verbunden ist, daß sie ihre potentielle Männlichkeit auf ihren Mann projiziert. Und umgekehrt projiziert der Mann seine Weiblichkeit auf seine Frau. Doch auch der Schatten spielt in der Ehe zweifellos eine Rolle, wenn die Menschen unbewußt handeln. Und es ist auch wahr, daß im Ehealltag statt unseres positiven Potentials viele unserer minderwertigen oder inferioren Seiten zum Vorschein kommen. Wenn wir diese Seiten an uns nicht kennen, schieben wir sie unzutreffenderweise auf unseren Ehepartner. So wird also die Ehe häufig zu einer Institution, die ein mangelndes Bewußtsein noch fördert, obwohl sie dafür bestimmt ist, das Gegenteil zu erreichen. Zweifellos ist der Schatten daran beteiligt. Und so wie ich es sehe, ist das auch bei den Schwierigkeiten, die Sie mit Ihrer Mutter haben, der Fall.»

«Sagen Sie mir mal ganz genau, was ich auf meine Mutter schiebe!»

«Nun, das sind die Eigenschaften, die Sie an Ihrer Mutter als ‹Schwäche› verachten. Mir scheint, daß Sie einige dieser weiblichen Eigenschaften – wie Weichheit und Abhängigkeit – für sich entdecken müssen, die bei Ihrer Mutter allerdings übermäßig entwickelt sind. Wahre Abhängigkeit muß keine Schwäche sein, auch wenn Sie das im Moment so sehen. Meiner Erfahrung nach muß man oftmals stark sein, um seine Schwächen zugeben zu können. Und das wiederum ist eine Stärke.»

Sie seufzte. Die Lebendigkeit, mit der sie die meiste Zeit bei unserer Unterhaltung dabeigewesen war, war aus ihr verschwunden. Sie schien abgespannt, in Gedanken versunken und sehr traurig zu sein. Vielleicht kamen durch das ganze Reden ihre Gefühle etwas mehr an die Oberfläche.

«Früher bin ich meiner Mutter recht nah gewesen. Sie hat mich sehr unterstützt und war für mich da. Sie hat mir Nähen, Kochen und all die Sachen beigebracht, die man im Haushalt können muß. Mir hat das alles großen Spaß gemacht, genauso wie jetzt meinen Kindern. Aber so, wie sie sich dann verhalten hat, als mein Vater diese Beziehung hatte, konnte ich sie nicht mehr bewundern. Da mußte ich mich gegen sie wenden.»

‹Es muß noch mehr dahintergesteckt haben›, dachte ich. Daß sie ihre Mutter aus diesem Grund ablehnen mußte, hatte schon beim ersten Mal, als sie die Affäre erwähnte, nicht ganz wahr geklungen. Aber ich hakte nicht weiter nach. Sie seufzte von neuem und schwieg dann eine Zeitlang.

«Was ist mit Ihnen, Sally?»

«Ich habe bloß nachgedacht. Wissen Sie, manchmal, wenn ich gerade wach werde und noch im Halbschlaf daliege – so in einem halb wirklichen und halb unwirklichen Zustand, dann höre ich mich selbst ‹Mama, Mama!› rufen.»

Ihre Lippen verloren an Farbe, ihr abgezehrtes Gesicht sah blaß und verbraucht aus.

In *Shadow, Animus, Anima* schreibt Jung, daß die Hochzeitsvierfaltigkeit für die Frau aus Frau, Mann, Animus und chthonischer Mutter besteht. Die transzendente Vierfaltigkeit ähnelt dem Selbst. Ohne es zu wissen, war Sally dabei, nach dem zu suchen, was ihr fehlte. Sie hatte einen Mann, und sie wußte um ihre eigene Männlichkeit. Zählte man sie selbst noch hinzu, so ergab das drei Dimensionen in ihrem Leben. Doch die vierte, die Mutter, fehlte, einmal wegen des schlechten Verhältnisses, das Sally zu ihrer tatsächlichen Mutter hatte, zum anderen wegen der schlechten Meinung der Mutter über sich selbst. Bisher ist die chthonische Mutter im allgemeinen von der Gesellschaft verdrängt worden. Bei den aufgeklärteren unter den Frauen der jüngeren Generation, die Sex und alles, was damit zusammenhängt, interessiert, taucht dieser Archetyp seit kurzem in einer positiveren Art und Weise auf. Es finden sich Anhaltspunkte dafür, daß der Archetyp mit dem in der Psyche der Frau existierenden Selbst in Verbindung gebracht wird.

Ich war überzeugt, daß für Sally als moderne Frau die Mutter von großer Bedeutung war. Heutzutage umfaßt die Mutter nicht nur die chthonische Frau des Patriarchats, sondern auch die spirituelle Frau. Wenn der modernen Frau die eigene Mutter nicht zur Verfügung steht, muß sie sich an eine ältere, weisere und erfahrenere Frau als sie selbst halten. Persephones Verhältnis zu Demeter, das durch die bei Kyrene gefundene Statue veranschaulicht wird, ist ein bedeutsames Beispiel dafür, wie eine enge Beziehung zwischen Mutter und erwachsener Tochter aussehen kann. Die deutlich zur Frau gereifte, aber beinah um die Hälfte kleinere Figur der Persephone sitzt zurückgelehnt auf Demeters Schoß. Zusammen stellen Demeter (mit ihrer beschützenden, alles akzeptierenden Einstellung) und Persephone (mit ihrem Vertrauen) als Ensemble die himmlische Göttin dar. Die Demeter-und-Persephone-Statue von Kyrene, die keine männliche Figur mit einschließt, kann der modernen Frau als Leitbild dienen. Sie kann ihr helfen, das Mutterproblem zu lösen, ehe sie sich einen Mann sucht, und ihr zeigen, wie sie das ganze Leben über mit einer älteren Mutterfigur in Verbindung stehen sollte.

«Sally, haben Sie Angst vor dem Sterben? Sollten wir nicht noch einmal über den Tod reden?»

«Vor dem Sterben habe ich keine Angst, das habe ich Ihnen doch gesagt. Nur vor dem letzten Krankheitsstadium habe ich Angst. Ich habe Patienten im Krankenhaus sterben sehen – es ist schrecklich! Ich will nicht so dahinvegetieren! Mein Gott, das will ich auf gar keinen Fall! Und noch etwas: In Jungs Memoiren gibt's ein Kapitel über das Leben nach dem Tod, und das macht mich ganz fertig. Er erzählt, wie ihm sein toter Vater im Traum erschienen ist, als seine Mutter im Sterben lag, und ihn wegen ihrer Ehe um Rat gefragt hat – als ob der Vater erwartete, daß die Beziehung zu seiner Frau nach deren Tod weitergehen würde. Wie gräßlich! So will ich mir den Tod nicht vorstellen! Ich will, daß der Tod das Ende ist. Ich habe schon genug Überraschungen erlebt. Ich will ausgelöscht werden, mich in Nichts auflösen. Ich will, daß dann alles vorbei ist!»

«Da mache ich Ihnen keinen Vorwurf – Sie haben vom Kämpfen sicher genug.»

Ich reagierte mit keinem Wort auf ihren Wunsch, ausgelöscht zu werden, da ich das damals für eine völlig negative Äußerung hielt, was auch zutreffend gewesen sein mag. Rückblickend bin ich mir jedoch nicht mehr so sicher. Als Therapeutin lernt man ständig hinzu. Dem *Tibetanischen Totenbuch* zufolge bedeutet das Ausgelöschtwerden im Tod, daß das Bewußtsein sich von jeglicher Form, von jeglichem Verhaftetsein an Objekte löst und zu einem zeitlosen Anfangszustand zurückkehrt. Sally mochte vielleicht unbewußt einen Zustand anstreben, der nach östlicher Anschauung ein vollständig vollendetes Leben vor dem Tode voraussetzte. Ich wollte sie dazu bringen, ihr einzigartiges lebendiges Selbst zu sein, auf die Individuation – das Lebensziel des Menschen – hinzuarbeiten. Sie strebte das Gegenteil an, und das bestand vielleicht gar nicht darin, nichts zu sein, sondern ewig und allumfassend. Wäre mir diese Sichtweise bekannt gewesen, als Sally ihre Äußerung tat, hätte ich vielleicht darauf hinweisen können, daß in bestimmten Kulturen eine Einstellung wie die ihre akzeptiert würde, und ihr dadurch geholfen, in ihrer Negativität einen Sinn zu finden.

«Möchten Sie für heute Schluß machen, Sally?»

«Nein, jetzt noch nicht. Mir tut zwar der Kopf weh, aber es geht mir schon ein bißchen besser – wirklich. Ich muß Ihnen noch zwei andere Träume erzählen.»

Sie sah wirklich besser aus. Sie hatte wieder etwas Farbe bekommen. Vielleicht schützte sie nur vor, keine Angst vor dem Tod zu haben. Meines Erachtens mußte sie ihrer Angst – zumindest indirekt – Luft machen. Sie schien so erpicht darauf zu sein, sich mit den Träumen zu befassen, als betrachte sie diese nun als ihr eigenes kreatives Werk.

«Ich habe diese Träume in derselben Nacht gehabt, in der ich aufgewacht bin und ‹Mama› gerufen habe. Die Leute, die im ersten Traum vorkommen, sind Nanny, eine gute Freundin der Familie – eine lustige alte Dame von ungefähr achtzig Jahren, die unverblümt ihre Meinung sagt und früher auf unsere Kinder aufgepaßt hat –, und Aaron, der Sohn von Mark und Susan.»

*Es war am Heiligabend. Jim, Sarah, Beth und ich zogen gerade in ein neues Haus ein, einen modernen Bungalow. Nanny und Aaron waren auch dabei. Nanny stellte schweigend riesige Pokale mit rotem Fruchtsaft auf den Weihnachtstisch.*

*Sie schien streng und ganz anders als sonst zu sein, war dabei aber nicht irgendwie unangenehm oder feindselig. Aaron war ungeduldig, und darum ließ ich ihn rausgehen, damit er herumrennen und spielen konnte.*

Dies ist erneut ein «großer Traum» vom weiblichen Aspekt des Selbst. Darin erscheint Nanny (im Englischen ein Ausdruck für Kindermädchen oder Gouvernante – man denke an die Regulierfunktion des Selbst!) in der Rolle der verallgemeinerten Mutter. Sie ist fruchtbar, beschützend, still, streng und rätselhaft; wahrscheinlich ist sie der Mutterarchetyp. Ihr fortgeschrittenes Alter läßt auf Weisheit schließen; möglicherweise ist sie also auch die weise alte Frau. Sie ist allumfassend, weit mehr als Sallys Mutter. Nannys Bedeutung wird durch den roten – blutähnlichen – Saft noch unterstrichen, dem eine weibliche, erdbezogene Qualität zukommt. Das Bild des Gefäßes ist ein weibliches Symbol, ein Mutterleib, in dem die Figur des Gott-Mannes sich verwandelt und in neuer Gestalt wiedergeboren wird. Dieses Motiv weist einen historischen Bezug zu den gnostischen Religionen und dem Osiris-Mythos auf. Der Grund dafür, daß Frauen mit Blut in Verbindung gebracht werden, liegt im Gebären und Menstruieren. Nanny bedeutet die chthonische Mutter, wie sie von Jung beschrieben wurde. Sie beantwortet Sallys Rufen nach der Mutter.

Sally kannte die Bibel, folglich war ihr die Geschichte von Aaron bekannt. Er besaß die Macht, mit Hilfe seines Stabes sowohl zerstörerisch als auch schöpferisch zu wirken. Das Kind, Aaron, ist archetypisch: Es ist männlich und sehr jung und bildet den Gegenpol zu Nanny, die weiblich und sehr alt ist. In der Realität ist Aaron das Kind von Sallys Hippie-Nachbarn, und diese sind schon einmal in einem Todestraum erschienen, der unter anderem die Allmacht zum Thema hatte. Als Hippies opponieren sie im wirklichen Leben gegen das Rationale und das Traditionelle – Bereiche, in denen Sally bis dahin gefangen gewesen war und die sie hatten starr werden lassen. Diese Starrheit oder Rigidität hat ihrer Krankheit vielleicht noch Vorschub geleistet, denn Rigidität erschöpft den Menschen, da zu ihr notwendigerweise die Unterdrückung der Instinkte gehört. Sallys Potential war für eine dermaßen beherrschte Haltung zu groß.

Nun muß sie einen Blick in das unbekannte Reich des Todes werfen, um dann entweder für das Leben oder den Tod bereit zu sein. Der Umzug in ein neues Haus könnte einen Einstellungswandel bedeuten. Nach Jung – und ich kann das aus meiner Erfahrung bestätigen – sind Träume von Umzügen und Reisen Todesträume, besonders wenn jemand davon träumt, der derart krank ist.

Sally feierte mit Nanny zusammen Weihnachten, ein typisches Ritual der Wiedergeburt – das Ende des Alten und der Beginn des Neuen. Damit könnte entweder eine plötzliche Heilung vorausgesagt werden oder aber der Tod, der zur Wiedergeburt führt – eine Vorstellung, die ihr Unbewußtes zu interessieren schien. Aber leider konnte ich Sally von all dem nichts mitteilen, denn sie hatte gerade gesagt, daß sie sich wünsche, ausgelöscht zu werden, und im Tod keine Überraschungen erleben wolle.

«Was fällt Ihnen zu diesem Traum ein?»

«Nichts, aber ich erinnere mich immerhin, daß ich im Traum nicht das Gefühl hatte, krank zu sein. Ich konnte herumlaufen.»

«Ich spüre, daß dies ein wichtiger Traum ist, Sally. Aber ich glaube nicht, daß wir mit ihm zum jetzigen Zeitpunkt viel anfangen können, außer seine kreativen Implikationen wahrzunehmen und uns über eine derart positive Äußerung zu freuen. Zweifellos handelt er wiederum vom Selbst. Bisher hat es ja kaum einen Traum gegeben, bei dem das nicht der Fall gewesen ist. Nanny und Aaron könnten kaum gegensätzlicher sein – und sie treten als Paar auf. Mit ihnen erscheint das Symbol der Früchte der Erde, und das zusammen ergibt dann ein Symbol des Selbst.»

Ich konnte mich nicht dazu durchringen, offen mit ihr über meine Angst zu reden, daß sie sterben würde. Deshalb überging ich diesen Traum mehr oder weniger. Es ist jedoch bezeichnend, daß Sally mich nicht drängte, ihn vollständig zu analysieren. Sie wird wohl die gleiche Angst gehabt haben. Möglicherweise hätte ich mit ihr offener über den Tod reden können, und vielleicht wäre es besser für sie gewesen, wenn ich es getan hätte. Das ist eine dieser schwierigen Fragen, über die man rückblickend nachgrübelt.

«Erzählen Sie mir nun den anderen Traum!»

*Ich war furchtbar krank und lag im Krankenhaus. Traurig und niedergeschlagen besuchten mich meine Mutter und mein Vater. Dann kamen Sie. Sie verhielten sich nüchtern und rational und trösteten uns nicht im üblichen Sinne. Und doch beruhigten Sie meine Eltern und heiterten sie auf. Sie fütterten die Tigerkatze und erboten sich, auch den Hund zu füttern. Aber mein Vater sagte, wir hätten keinen Hund.*

Dieser Traum legte nahe, daß es für unsere Beziehung von Bedeutung war, daß ich für Sally aktiv wurde, alles zusammenhielt und nüchtern und rational handelte, wodurch sie mit einem guten Gefühl aufwachen konnte. Sally behandelte mich wie eine Schwester und nicht wie eine Mutter. Ich lenkte sie mehr, als daß ich sie bemutterte, und das konnte sie annehmen. Meine relative Objektivität war für sie hilfreich. Im übrigen brauchte sie Jim, mit dem ihre – wenn auch ungebärdigen – Emotionen leben konnten.

«Irgendwelche Assoziationen dazu?»

«Nein, aber als ich aufgewacht bin, ging's mir gut.»

«Es ging Ihnen gut, obwohl Sie davon geträumt hatten, schwerkrank im Krankenhaus zu liegen?»

«Ja, genau so war es.»

«Dann versuchen Sie von diesen Träumen wenigstens so viel zu glauben: Eine gute Beziehung zu der älteren Frau ist für Sie jetzt äußerst wichtig.»

Ich dachte wieder einmal, hätte die heutige Frauenbewegung diesen Rat beherzigt, würden die Frauen nicht mehr, wie sie es jetzt tun, einfach um der Konkurrenz willen mit den Männern konkurrieren, sondern statt dessen für sich den ihnen gemäßen Weg suchen.

«Aber jetzt kann ich die Wahnsinnsschmerzen im Kopf einfach nicht mehr aushalten. Es dröhnt wie Donner.»

Sie nahm einen Schluck aus dem Wasserglas vor ihr auf dem Tisch, dann eine Tablette und noch ein paar Schlucke Wasser.

«Wenn ich's diesmal bloß in Grenzen halten kann! Ich glaube, wir machen besser Schluß.»

Auf dem Nachhauseweg wurde mir klar, daß ich jemanden brauchte, der mir half, die Frage zu klären, wie offen ich zu Sally sein durfte. Wie weit konnte ich ihr gegenüber bei der Besprechung dieser Todesträume gehen? Da kam mir der Gedanke, daß ich mich während meines Aufenthaltes in Zürich vielleicht an Marie-Louise von Franz wenden könnte. Dr. von Franz hatte bei Jung studiert und war mit ihm gut befreundet gewesen. Außerdem war sie selbst eine hervorragende Analytikerin. Ich brauchte ihre Einfälle und ihre Unterstützung. Ich dachte auch, daß es Sally vielleicht helfen würde, wenn ich ihr schriebe, welchen Eindruck Dr. von Franz von ihren Träumen hätte. Wenn sie sah, daß eine so bemerkenswerte Persönlichkeit ihre Träume ernst nahm, würde ihr das vielleicht bestätigen, wie wichtig diese waren, und so während meiner Abwesenheit ihr Interesse an ihnen wach halten. Ich fragte mich, warum bei ihr so viele Träume, die einen Fortschritt erkennen ließen, so kurz vor meiner Abreise auftraten. Ich empfand das als einen deprimierenden Schicksalsschlag. Mir war bewußt, daß die Träume möglicherweise auf dem Abfallhaufen landen würden, weil ich nicht da war, um Sally an ihren Sinn und ihre Wichtigkeit zu erinnern.

# KAPITEL SECHS

An diesem Morgen bemerkte mich niemand, als ich eintrat. Sally trug ein kurzes Baumwollnachthemd und einen Morgenmantel und saß in steifer Haltung auf der Couch. Ihre Hände waren zu Fäusten geballt, und ihre Füße, die in Pantoffeln steckten, verkrampften sich ineinander. Sie starrte über den Kopf einer Frau hinweg, die ihr gegenüber im Sessel saß und in einer Zeitschrift las. Es schien, als wünsche Sally diese Erscheinung fort. Es war Thelma, ihre Schwiegermutter.

Ein zarter Sonnenstrahl, der durch die Bäume vor dem Fenster fiel, brachte den Staub auf dem Tisch zum Leuchten. Die Stille, die in diesem großen Raum herrschte, trat dadurch nur noch deutlicher hervor. Die zwei Frauen saßen zwei Meter voneinander entfernt; sie hätten Fremde sein können. Jede der beiden war von ihrer eigenen isolierten Sphäre umgeben, und jede saß nur deshalb da, weil sie sich Jim gegenüber verpflichtet fühlte.

Ich hatte das Gefühl, unvermittelt auf eine Bühne geraten zu sein. Mein Auftritt war wie das Stichwort für eine neue Handlung, durch die die beiden für eine Weile voneinander erlöst würden.

«Hallo, Mrs. Wheelwright. Ich habe Sie gar nicht kommen hören. Das hier ist Jims Mutter.»

«Freut mich, Sie kennenzulernen. Ich habe schon viel von Ihnen gehört.» Sie legte die Zeitschrift fort. Sie lächelte und lächelte irgendwie doch nicht. Während ich mich hinsetzte, sagte sie zu mir gewandt: «Ich glaube, wenn Sie jetzt ein Weilchen da sind, werde ich in die Stadt fahren und ein paar Einkäufe machen.»

Dann drehte sie sich zu Sally um. «Ist das okay, Sally? Sarah wird vom Reiten sicher nicht vor zwölf zurück sein, und zum Mittagessen ist für euch beide noch genug von dem gegrillten Hähnchen da.»

«Fahr nur, Thelma. Du brauchst wirklich nicht hierbleiben.»

Die Haustür fiel ins Schloß, und Sally entspannte sich.

«Ich halt's einfach nicht aus, diese vulgäre Person um mich zu haben! Sie stört mich. Haben Sie gesehen, wie sie bloß darauf gewartet hat, von hier wegzukommen? Sie konnte gar nicht schnell genug zur Tür hinaus. Was für eine Ironie! Wir haben unter anderem gerade deshalb geheiratet, weil wir von unsern Müttern wegwollten, und jetzt kommen sie wieder angerauscht, eine nach der andern. Gott, wenn ich's nur irgendwie beschleunigen könnte, daß ich entweder sterbe oder es mir wieder besser geht! Ich halte diese Warterei einfach nicht mehr aus. Ich habe ständig Schmerzen. Ich fühle mich wie ein Einmachglas, wo der Deckel mit Klammern festgehalten wird, und an den Seiten platzt es auseinander.»

«Sie sehen heute morgen wirklich recht müde aus, Sally. Was ist passiert?»

«Ich habe fast den ganzen Vormittag damit zugebracht, im Haus ein bißchen Ordnung zu schaffen, um Thelma ein Beispiel zu geben. Sie ist derart schlampig – es ist nicht zu fassen! Nein, nein, das ist nicht nur meine Projektion. Sie ist wirklich eine Schlampe, das kann ich beweisen. Sie hat überhaupt kein Gefühl dafür, was im Garten getan werden muß, und überall, wo sie gewesen ist, hinterläßt sie ein Chaos. Aber was ich am meisten hasse, ist, daß sie mich nicht mit meinen Freunden allein läßt, wenn ich mal Besuch bekomme. Dabei ist so ein Besuch eins von den wenigen Vergnügen, die mir noch geblieben sind, und sie hockt einfach hier bei uns im Zimmer – eine scheußliche, unförmige Erscheinung. Ich schaff' es nicht, ihr was zu sagen, aber innerlich koche ich. Jim hat sie schon oft gebeten, mich mit meinen Freunden allein zu lassen, aber es ist zwecklos. Sie vergißt es eben, sagt sie.»

«Sally, ich würde gern mit Jim darüber reden, ist das okay?»

«Nein, lassen Sie nur, wir kriegen das schon selbst geregelt.»

Irgendwie schien Sally etwas dagegen zu haben, daß ich Jim kennenlernte. Sie hatte wahrscheinlich ihre Gründe dafür, warum sie nicht wollte, daß wir zusammentrafen. Wenn wir uns – «natürlich nur zu ihrem Besten» – träfen, würde sie etwas von ihrer Eigenständigkeit einbüßen, und was ihr davon noch geblieben war, bedeutete ihr sehr viel. Außerdem hatte Jim geäußert, daß er von Psychologie nichts halte.

«Im Moment ist alles fürchterlich. Klar, das muß ja auch so sein, denn Cyrano ist wieder mal verschwunden, und das ist immer ein Zeichen dafür, daß Probleme ins Haus stehen. Vorletzte Nacht bin ich davon wach geworden, daß ich geschrien habe: ‹Die bringen meine Katze um!›»

Für Sally schien zwischen der Katze und ihrem neuerwachten weiblichen psychischen Leben ein Zusammenhang zu bestehen. Vielleicht bezog sich ihr Schrei «Die bringen meine Katze um!» auf die Blindheit oder den Widerstand ihrer Familie in bezug auf die Anstrengungen, die sie unternahm, um eine selbständige Frau zu werden. Katzen besitzen von Natur aus das, was Sally brauchte: sie sind unabhängig und nicht leicht zu beeinflussen.

«Beth ist zu meiner Mutter nach San Diego gefahren und hat noch nicht geschrieben. Sie fehlt mir schrecklich. Und jetzt kommt obendrein noch dazu, daß Jim auf eine seiner Geschäftsreisen geht. Ich kann es nicht leiden, wenn er wegfährt. An meinem Traum werden Sie sehen, wie aufgewühlt ich bin.»

*Ich war ganz allein am Wasser, an einem wunderschönen Strand. Es muß eine Meeresbucht gewesen sein, weil es dort keine Brandung gab. Aus irgendeinem Grund mußte ich diese Bucht auf einem Surfbrett überqueren, das wie ein Floß aussah. Um voranzukommen, mußte ich mit den Händen paddeln, wie das auch die Surfer tun. Es war eine Wahnsinnstortur, eine Riesenanstrengung. Aber irgendwie schaffte ich es, hinüberzukommen. Als ich am gegenüberliegenden Teil des Strandes ankam, war ich erleichtert und freute mich riesig. Jim hatte dort auf mich gewartet, und er sagte mir, daß er das, was ich getan hatte, zu schätzen wisse, aber daß ich aus irgendeinem Grund, der außerhalb seiner Macht läge, wieder zurückmüsse.*

*Es wurde langsam dunkel und neblig, und ich hatte Angst, aber ich war fest entschlossen, die Rücktour zu schaffen. Ich paddelte in den Hafen hinaus und kam an einem Segelboot vorbei, in dem ein hübsches Paar mit seinem vierjährigen Sohn saß. Sie winkten mir zu, als wollten sie mir Mut machen, aber sie boten mir keine Hilfe an. Ich wachte auf, bevor es klar war, ob ich den Rückweg geschafft hatte oder nicht.*

Die Verbindung zu Jim dringt stärker in Sallys Bewußtsein. Die Art dieses Traumes erinnert an ihren früheren Hochzeitstraum. In diesem Fall ist es Jim, der einschreitet und sie zurückschickt, und nicht ein Abgesandter. Jim gehorcht dem Befehl des Selbst. Dessen Forderungen liegen außerhalb seiner Macht. Auf der persönlichen Ebene wird Sally meines Erachtens gesagt, daß sie noch einiges zu bearbeiten habe, ehe sie wahrhaft mit Jim zusammensein könne. Ich frage mich, ob Jim sie zurückschickt – also nicht bereit ist zu versuchen, die Beziehungsprobleme zu lösen –, weil er weiß, daß Sally sterben wird. Ihr Tod liegt außerhalb seiner Macht.

Es ist ebenfalls ein Traum vom männlichen Aspekt des Selbst, vor allem weil Jim hier in der Lage ist, Anordnungen zu treffen. Das hübsche Paar bedeutet, daß der männliche Aspekt des Selbst mit dem weiblichen zusammenkommt. Das Segelboot ist ihr Vereinigungssymbol.

Dies ist der dritte Traum, in dem ein vierjähriger Junge auftaucht. Die zwei anderen Träume – der eine von den Toninstrumenten und der andere von der Weihnachtsfeier mit Nanny – hatten zweifellos den Tod zum Thema. In diesem jüngsten Traum ist Sally offenbar gesund (was bei einem so kranken Menschen ein weiterer Hinweis auf den Tod ist, falls es nicht auf eine wundersame Heilung hindeutet). Als sie die Bucht zum zweiten Mal überquert, herrscht anscheinend eine gespenstische, archetypische Atmosphäre. Es ist neblig und dunkel. Die in dem Segelboot sitzenden Gestalten verhalten sich – genau wie Nanny im vorhergehenden Traum – neutral. Sie sind einfach da. Sally gleitet «hinaus». Da sie eigentlich zurückkehren soll, kann das Hinausgleiten ein Zusammentreffen mit dem Tod bedeuten.

Das Paar und der Junge sind etwas Besonderes, weil sie über den Vorgängen stehen. Sie zeigen sich von Sallys qualvollen Bemühungen und ihrer Enttäuschung unberührt. Sie sind zu dritt – wie die drei Lampen, die wir schon mit der christlichen Dreifaltigkeit in Verbindung gebracht haben. Die Drei könnte auch Tod bedeuten, wenn man an das Bild des zwischen zwei Dieben gekreuzigten Christus denkt. In diesem Traum sind die drei allerdings ganz gewöhnliche Leute, die also nicht mit irgendeiner traditionellen Religion in Zusammenhang zu sehen sind. Jung erwähnt, daß die christliche Dreifaltigkeit möglicherweise von dem ägyptischen Dreiergespann Osiris, Horus und Isis abstammen könnte. Untersuchungen, die sich mit dem Neolithikum befassen, weisen Isis als Abkömmling der ursprünglichen weiblichen Gottheit, der Großen Mutter, aus.

Der vierjährige Junge deutet auf eine Totalität hin, die in die Zukunft hineinreicht – als einer weiteren Phase, der möglicherweise aber der Tod vorausgeht. Der Junge weist deshalb in die Zukunft, weil sein Leben zum größten Teil noch vor ihm liegt.

«Welche Gedanken kommen Ihnen zu diesem Traum?»

«Diesmal muß Jim aus einem unpersönlichen Grund weggehen. Es liegt nicht in seiner Macht, über die Reise zu entscheiden, genausowenig wie er es im Traum in der Hand gehabt hat, als er mich zurückschicken mußte.»

«Und in beiden Fällen – im Traum wie auch in Wirklichkeit – haben Sie vielleicht das Gefühl, daß er von Ihnen zuviel erwartet.»

Wiederum erwähnte ich nicht, daß ich in diesem Traum Anzeichen für ihren Tod zu sehen glaubte. Ich dachte damals (und das hat sich inzwischen als unrichtig erwiesen), daß derartige Spekulationen sie nur unnötig aufgeregt hätten.

«Ganz genau! Er erwartet von mir zu hören, daß ich auch ohne ihn schon zurechtkommen werde. Das ist zuviel verlangt! Er fehlt mir ganz schrecklich, wenn er wegfährt. Er tut so vieles für mich, was seine Mutter nicht tun kann.»

Eine solche Bemerkung ist für eine Frau typisch, die zu verletzlich oder sich ihrer Gefühle zu unbewußt ist, um einem Verlustgefühl Ausdruck zu verleihen. Bei Sally klang es so, als brauche sie Jim nur aus rein praktischen Gründen. In Wirklichkeit hing ihr Schmerz jedoch genau mit diesem Verlustgefühl zusammen und nicht mit irgendeiner äußeren Bedürftigkeit. Wenn sie doch nur vermocht hätte, Jim ihre Gefühle zu zeigen! Das hätte Jim geholfen, ihr zu helfen. Im wirklichen Leben stellte er für sie zweifellos ein potentielles Bindeglied zu ihren Gefühlen dar, nur mußte sie ihm diese Rolle auch zugestehen. Mir gestand sie niemals ein, wie zornig sie Jim gegenüber wirklich wurde. Vielleicht hielt sie ihr Verhalten für zu minderwertig – und das war es ja auch, aber um sich wohl zu fühlen, mußte sie sich nun einmal so verhalten. Irgend jemandem gegenüber mußte sie einfach platzen, und bei mir war das nicht möglich. Mich brauchte sie anscheinend, um ihre Situation durchstehen zu können, und im Laufe der Zeit meinte ich festzustellen, daß das für ihre Freundinnen genauso galt. Auch dadurch wurde ihr geholfen. Sie brauchte uns alle.

«Thelma», fuhr Sally fort, «bekommt Angst, wenn er nicht da ist, und ihre Ängste bringen mich ganz durcheinander. Und wenn das mit dem Brechen noch schlimmer wird, muß ich nach San Francisco ins Krankenhaus und intravenös ernährt werden. Fast alle meine Freunde sind im Urlaub, und Thelma kann nicht fahren, und so weiß ich gar nicht, wie ich im Notfall da hinkommen soll.»

«Sie haben soviel Sorgen! Aber ich werde Sie hinbringen, Sally. Im Notfall helfe ich gerne aus, wenn Jim nicht da ist.»

Sie sah mich nicht an und blieb stumm. Vielleicht weil ihre Hilfsbedürftigkeit mit ihrem Bedürfnis nach Selbständigkeit in Konflikt stand und sie von daher mein Angebot weder annehmen noch zurückweisen konnte. Außerdem bin ich sicher, daß sie aus

Rücksichtnahme keine Forderungen stellen wollte. Sie mußte sich an ihre Selbständigkeit klammern, egal wie isoliert, einsam und ängstlich sie sich dabei auch fühlen mochte. Es wäre ihr niemals in den Sinn gekommen, daß ich es vielleicht begrüßt hätte, wenn ich ihr irgendwie konkret hätte helfen können.

«Außer mit seinen Erwartungen belastet mich Jim auch viel zu sehr mit seinen Sorgen. Ich glaube, er meint, daß ich jetzt mehr vertragen kann, weil ich in der Therapie bin. Also lädt er mir immer noch mehr auf, und je mehr ich vertrage, desto stärker werde ich mit Sorgen überhäuft. Ich habe soviel Sorgen. Damit haben Sie durchaus recht!»

Auch bei diesen Worten sah sie mich nicht an. Doch dann schaute sie mir plötzlich direkt in die Augen.

«Unter anderem mache ich mir Sorgen, weil wir jetzt seit zweieinhalb Jahren nicht mehr miteinander geschlafen haben.»

«Das ist sicherlich hart für Sie, Sally – natürlich. Aber bisher haben Sie nichts geträumt, was sich speziell auf dieses Thema bezogen hätte. Anscheinend ist Sex kein Problem für Sie, zumindest was das Unbewußte anbelangt.»

«Nein, für mich ist das kein Problem mehr – ich spüre weder ein Verlangen danach, noch habe ich die Energie dafür. Aber ich sorge mich um Jim. Ich frage mich, wie er es schafft, damit fertigzuwerden. Er geht oft auf den Sportplatz, um zu laufen und dadurch Spannungen loszuwerden, aber damit ist für ihn doch wohl längst nicht alles in Ordnung. Manchmal wünsche ich mir, er würde sich einfach eine andere Frau fürs Bett nehmen, aber ich glaube nicht, daß er das je tun wird. Er müßte zu einer Frau schon einen emotionalen Bezug haben, um mit ihr schlafen zu können.»

«Haben Sie mit ihm je darüber gesprochen?»

«Nein, nicht direkt, und jetzt ist einfach auch nicht die richtige Zeit dafür. Im übrigen sind die Spannungen nicht nur sexueller Art, wissen Sie. In unserer Ehe hat es immer Spannungen gegeben, wir haben schon immer etwas miteinander auszutragen gehabt. Wir waren gerade siebzehn, als wir uns kennengelernt und ineinander verliebt haben – noch ganz schön jung, nicht wahr?»

«Das kann man wohl sagen! Menschen verändern sich im Laufe der Zeit und ebenso ihre Beziehungen. Doch Sie und Jim haben sich wegen Ihrer Krankheit viel drastischer verändern müssen, als das normalerweise der Fall gewesen wäre. Natürlich gibt es auch ein paar positive Aspekte – wenn Sie sich denen gegenüber nur nicht verschließen würden!»

«Ha, was für positive Aspekte?»

«Nun, schauen Sie, die Krankheit bietet Ihnen eine Gelegenheit, sich Ihre Beziehung näher anzusehen, und sie schafft Probleme, mit denen Sie sich auseinandersetzen müssen. Jim brauchen Sie jetzt in einer Weise, wie Sie ihn noch nie zuvor gebraucht haben. Körperlich ist er stärker als Sie, er ist nicht durch irgendeine Krankheit geschwächt. Das soll nicht heißen, daß er in allem und jedem stärker ist als Sie. Was die Willenskraft anbelangt, sind Sie vermutlich die Stärkere, wenn ich mir etwa ansehe, mit welcher Zähigkeit Sie gegen die Krankheit ankämpfen. So gut wie Sie würden das nur wenige Menschen schaffen, mich selbst nicht ausgenommen – da bin ich ganz sicher. Ich habe bei Ihnen allerdings den Eindruck, daß es sich dabei um eine männliche Stärke handelt. Nach meiner Ansicht sollte als Ausgleich auch Ihre weibliche Stärke zum Tragen kommen. Sie könnten zum Beispiel Jim gegenüber zugeben, daß Sie da, wo Sie hilflos sind, seine Hilfe brauchen. Indem Sie Ihre Hilfsbedürftigkeit anerkennen, würden Sie damit eine echte Abhängigkeit eingestehen, mit der Jim vielleicht etwas anfangen könnte. Es ist ein Teil Ihrer Weiblichkeit, den Sie noch nie zugelassen haben.»

Sie verstand nicht, worauf ich hinauswollte. Vielleicht hatte ich sie mit meinem Vorschlag, doch von ihrer Krankheit zu profitieren und ihre tragische Lage auf eine – wie ihr wohl scheinen mochte – herzlose Art und Weise in einen Vorteil zu verwandeln, verschreckt. Damals meinte ich, ich müßte darauf achten, daß sie immer wieder ihr Bestes versuchte und nicht aufgab. Aber ich muß auch zugeben, daß ich sie vielleicht recht stark gedrängt habe, anstatt in vollem Umfang zu erkennen, wie tragisch es war, daß ich sie so im Stich ließ. Derartiger Gefühle kann man sich nur schwer bewußt werden, wenn einem die Funktion dafür abgeht.

Sie sah mich spöttisch an. «Ach, gehen Sie – ich verachte alle Weiblichkeit. Allein das Wort erweckt in mir Bilder von reizenden, rührseligen Frauen, die ich unerträglich finde. Was meinen Sie überhaupt mit männlicher Stärke?»

«Nun, dafür gibt es einen Fachausdruck. Er heißt ‹Animus›, und auf der unpersönlichen Ebene ist das ein Archetyp. Ein Archetyp ist – einfach ausgedrückt, denn ich will Sie nicht mit diesem äußerst komplizierten Thema überfrachten – eine bei jedem Menschen anzutreffende psychische Grundstruktur. Er manifestiert sich in

Träumen als typische Situation, wie etwa die Heirat, aber nicht eine bestimmte Heirat; oder als eine Figur mit allgemeingültiger Bedeutung wie die Mutter, aber nicht die Mutter von jemand Bestimmtem; und für Sie manifestiert er sich jetzt gerade als der Mann, aber nicht ein bestimmter Mann.»

«Ja, von Archetypen habe ich gelesen, und ich glaube, mein Traum von dem Turm, auf dessen Spitze ich gestanden habe, ist ein archetypischer Traum gewesen. Aber trotzdem bin ich mir nicht sicher, ob das auch tatsächlich stimmt. Manchmal glaube ich, daß ich nur wegen Ihnen in Archetypen träume.»

«Das glaube ich kaum, Sally, aber indem wir Ihre Träume wirklich anerkennen, kommen sie vielleicht besser in Gang. Jedenfalls ist der Animus ein angeborenes männliches Bild, das in der Psyche einer jeden Frau lebendig ist; genauso wie sein Gegenstück, die Anima, in der Psyche eines jeden Mannes zu finden ist. Wenn eine Frau vom Animus negativ beeinflußt wird, ist sie wahrscheinlich herrisch, unflexibel und rechthaberisch. Sie macht anderen unter Umständen Vorschriften und äußert Vermutungen oder fällt Urteile, ohne diese irgendwie zu belegen. Sie kann etwa die Mutter sein, die alles immer am besten weiß. In positivem Sinne gibt der Animus der Frau Mut, gibt ihr den Willen, schwierige Situationen zu durchschauen, gibt ihr Richtung und Ordnung im Leben, Beständigkeit und so weiter. Ohne diesen positiven Animus hätten Sie mit Ihrer Krankheit niemals so zurechtkommen können, wie Sie das bisher geschafft haben. Er gibt Ihnen Kraft und Stärke.»

Mir war klargeworden, daß der – externalisierte – negative Animus sich in dem Ressentiment äußerte, das Sally gegenüber ihren Kindern hegte, dann darin, daß sie eine Berufstätigkeit dem Hausfrauendasein vorzog, und in den kleinlichen Streitereien, die sie häufig mit Jim hatte. Zuweilen manifestierte sich dieser negative Animus als eine Mischung aus konkurrenzhaftem, beziehungslosem, rein sachbezogenem Verhalten, durch welches die häusliche Atmosphäre gestört wurde. Wäre Sally weiterhin einer bezahlten Arbeit nachgegangen, hätte ihr Animus sein ihm angemessenes Betätigungsfeld gefunden. Internalisiert äußerte er sich in Form von Minderwertigkeits- und Wertlosigkeitsgefühlen und in Form einer repressiven Rigidität, die Sally, ohne es zu wissen, innerlich gegen sich selbst kehrte. Meiner Meinung nach steckte er sie in eine psychische Zwangsjacke, die sie müde und für Krankheiten anfällig werden ließ.

Da bei ihr das Denken die am stärksten entwickelte Funktion war, konnte Sally nicht in das patriarchalische Klischee von der Frau, die nicht denkt, passen. Sie lehnte ihre Mutter ab und identifizierte sich mit ihrem Vater, dem sie von ihrer geistigen Konstitution her näherstand. Diese männliche Identifikation – in Verbindung mit ihrem scharfen Verstand – ließ sie stur und rechthaberisch werden, denn anders als das Denken beim Mann ist das Animus-Denken bei der Frau herzlos, so wie bei einem Computer. Auf der anderen Seite konnte sie mit ihrem weiblichen Wahrnehmungsvermögen bis zum Herz oder Kern einer Sache vordringen. Da Sally – anders als die Männer – nicht an feste Verfahrensweisen, Regeln und Verordnungen gebunden war, vermochte sie zuweilen den Lieblingsvorstellungen so mancher Leute auf kreative Weise ihren Nimbus zu nehmen. Manchmal wiederum war sie nur taktlos.

«Erzählen Sie mir mehr über die Animus-Stärke!»

«Es ist das, was Frauen im idealen Mann beziehungsweise im Mann von altem Schrot und Korn suchen: Zielstrebigkeit, Gewissenhaftigkeit, Stehvermögen, Zuverlässigkeit, Mut. Ich glaube, viel davon steckt in Ihnen, Sally.»

«Nun ja, ohne Zweifel bewundere ich so was viel mehr als irgendeine Weiblichkeit.»

«Aber ich glaube, Sie sind nur gegen minderwertige Weiblichkeit. Denken Sie nur daran, wie weiblich Katzen sind! Es dürfte Ihnen nicht schwerfallen, sich diese katzenartige Weiblichkeit vorzustellen, wo Sie sich doch ganz offensichtlich zu Katzen hingezogen fühlen. Katzen sind graziös, elegant, einfallsreich, praktisch veranlagt und weiblich. Sie säugen ihre Jungen, aber sie haben auch nicht im mindesten Angst davor, es ihnen deutlich zu zeigen, wenn sie meinen, ihre Mutterpflichten lange genug erfüllt zu haben. Das ist ihr weiblicher Instinkt. Sie sind liebevoll und zugänglich, aber nur so lange und so weit sie es wollen. Je nach Bedarf können sie selbständig oder abhängig sein, und sie bringen das in beiden Fällen offen und ehrlich zum Ausdruck. Anders als Hunde zeigen sie ein indirektes Verhalten: Sie sind taktvoll und können ihre Meinung für sich behalten. Sie können warten und den rechten Moment abpassen – in dieser Art von Passivität steckt Stärke. Ihre dunkle, wilde Seite haben sie auch. Denken Sie an die gefühlvollen, unheimlichen Laute, die die Katzen manchmal nachts von sich geben! Und denken Sie daran, wie eigenwillig, unabhängig und unerhört sich Cyrano verhält – Angewohnheiten, die er mit allen Katzen gemein hat. Die Katze versinnbildlicht die weibliche Psyche sehr gut, weil sie niemals ganz gezähmt ist. Genau wie die Katzen bewahren sich auch die Frauen Wurzeln, die sie mit der Wildnis verbinden; irgendwie stehen sie der Natur näher als die Männer. Nun, Sally, jedenfalls habe ich Ihnen damit beschrieben, was ich unter wahrer Weiblichkeit verstehe. Verachten Sie auch die?»

«Nein, natürlich nicht! So habe ich das noch gar nicht betrachtet. Aber sehen Sie, mein Cyrano ist ein Kater; und was die Katzen in meinen Träumen betrifft, da ist mir nicht klar, was für ein Geschlecht sie haben. Vielleicht sind es alles Kater, und dann hätten sie männliche Merkmale.»

«Es könnten sowohl Männchen als auch Weibchen sein, und wenn Sie das nicht genau sagen können, hat wahrscheinlich das Selbst damit zu tun. Manchmal betätigt sich der Animus im Traum als eine Art Kundschafter und sagt uns, was für Erfahrungen wir machen werden oder machen könnten. Der Animus kann als Tier, Mensch oder Symbol auftreten, und häufig macht er uns mit Problemen vertraut, ehe wir tatsächlich mit ihnen konfrontiert werden. Und falls der Animus das Thema der Weiblichkeit problematisieren wollte, dann könnte dieses Problem auch durch einen Kater symbolisiert werden, denn Theorie und Problemerörterungen kommen von der männlichen Seite her. Aber im Verlauf der Problemlösung würde dann im Traum die Weiblichkeit als Katze auftreten. Die Lösung selbst ist eine weibliche Angelegenheit, auch wenn sie manchmal von so männlichen Eigenschaften wie Wille und Mut gefördert wird. So können Sie also je nachdem von einer männlichen, einer weiblichen oder auch einer geschlechtslosen Katze träumen – das hängt ganz davon ab, wo Sie in bezug auf das Weiblichkeitsproblem gerade stehen.»

«Glauben Sie das alles wirklich selbst, was Sie da erzählen? Ich meine, ich würd's ja auch gerne glauben, aber ...»

«Aber es ist nicht rational, und man kann es nicht beweisen.»

«Genau!»

«Das stimmt – das kann man nicht. Aber wenn ich an die Erfahrung mit meinen Patienten und meine eigenen Träume denke, so hat sich das für mich als sinnvolle Prämisse herausgestellt. Warum betrachten Sie es also nicht einfach als eine Möglichkeit und lassen vielleicht etwas Neues an sich heran, das Ihnen helfen könnte?»

«Ich bin sicher, daß ich was Neues brauchen könnte. Aber wo wir gerade vom Irrationalen reden, sollte ich Ihnen vielleicht von dem Traum erzählen, den ich vor ein paar Nächten hatte, denn ‹zufällig› tauchte die Katze darin wieder auf. Oder würden Sie es lieber ‹synchronistisch› nennen?»

«Vielleicht.»

*Ich war in Paris und ging mit zwei Frauen in meinem Alter – vielleicht waren sie Freundinnen – auf einem Boulevard spazieren. Wir kamen an einem großen Kaufhaus vorbei, an dem auf einem Schild* Joseph Magnin, Paris *stand. Offenbar war es eine französische Filiale des Geschäfts in San Francisco. Ich überredete meine Freundinnen, mit mir hineinzugehen.*

*Die Auslagen entlang der Gänge waren voller Luxusartikel, die alle in Franc ausgezeichnet waren, und es fiel mir schwer, die Preise in Dollar umzurechnen. Unter anderem war da ein Taschentuch, das zierlich mit einem schwarzen und einem weißen Kätzchen bestickt war. Jetzt, wo ich Ihnen das erzähle, fällt mir ein, daß ich ein Geschenk für meine Mutter suchte. Das Taschentuch war genau das, was ich wollte, aber zu meinem großen Erstaunen kostete es 65 Dollar.*

«Und das erinnert mich gerade: Am nächsten Tag erhielt ich einen Brief von meiner Mutter, in dem sie mir mitteilte, daß ihnen ein schwarz-weißes Kätzchen zugelaufen sei. Es hatte auf einmal auf ihrer Treppe gehockt.»

«Ein äußeres Ereignis und ein inneres Thema, die sich zur gleichen Zeit abspielen – das ist wirklich ein bedeutsames Zusammentreffen! Sie müssen sich überlegen, wie wichtig die Katze anscheinend für Sie ist – Cyrano und die Katzen in Ihren Träumen.»

«Ja, ich glaube, daß das Synchronizität ist – ja, genau das ist es. Mir gefällt diese Vorstellung sehr, sie ergibt für mich einen Sinn, denn so geht es mir bei vielen Dingen.»

«Sie gibt dem Leben wirklich Tiefe, nicht wahr? Sie bringt etwas Irrationales hinein und weist auf das Geheimnisvolle in Ihrem Leben hin.»

«Ja, sie hilft mir sehr. Das ist wirklich eine eigenartige Sache.»

Die Synchronizität übte auf Sally einen Reiz aus, wie überhaupt bei Menschen, die eine starke Empfindungsfunktion haben. Konzepte erscheinen ihnen glaubwürdig, wenn sie erfahrbar sind, und bei synchronistischen Ereignissen bedarf es keiner Spekulation – sie ereignen sich einfach.

Einen Augenblick lang schien Sally ihren eigenen Gedanken

nachzuhängen, sie wirkte innerlich bewegter, als ich sie je erlebt hatte. Dann wendete sie sich wieder unserer Unterhaltung zu.

«Jetzt wollen Sie von mir wohl Assoziationen zum Traum hören. Nun, ich bin noch nie in Paris gewesen, aber ich wollte schon immer dort hin. Ich habe ungefähr ab meinem zwölften Lebensjahr Französisch gelernt, und auf dem College war französische Literatur mein Hauptfach. Im Traum habe ich mich darüber gefreut, in Frankreich zu sein, und obwohl ich mich weiterhin über meine Mutter beklage, denke ich doch in letzter Zeit oft an sie und an den Traum von der Diamantbrosche.»

«Wenn die Reise nach Paris etwas ist, auf das Sie sich seit langer Zeit ganz bewußt vorbereitet haben, sind Sie nun vielleicht innerlich dabei, diesen alten Wunsch zu verwirklichen.»

Neben Inhalten aus Vergangenheit und Gegenwart enthält das Unbewußte auch Zukünftiges. Sally wäre wahrscheinlich nach Paris gefahren, wenn sie länger gelebt hätte. Aus diesem Grund deutete ich den Traum als Zeichen dafür, daß sich das Unbewußte bemühte, ihr die Zukunft zu zeigen, die sie vermutlich nicht mehr erleben würde. Wenn in ihrem Unbewußten tatsächlich eine lebensfähige Zukunft existierte und wenn es Sally gelang, die von dieser Quelle ausgehenden Botschaften aufzunehmen, würde sie unweigerlich eine Erweiterung ihrer Persönlichkeit erfahren, die normalerweise erst das Ergebnis eines längeren Lebens wäre. Es ist denkbar, daß ein sterbender junger Mensch die Aufgabe hat, sich diesem Komprimierungsprozeß zu unterziehen und, psychisch gesehen, in die Zukunft hineinzuleben.

«Paris, das ist das feinste Einkaufszentrum der Welt, und da Sie ja ans Haus gefesselt sind, bedeutet dieser Traum wohl für Sie, daß Sie Ihre persönliche Erfahrungswelt erweitern – daß irgend etwas hinzukommt. Können Sie diesen Traum so nehmen, daß er Ihnen hilft zu spüren, wie es wäre, wenn Sie dort wären? Können Sie Ihre Phantasie mit dieser Vorstellung spielen lassen? Warum versuchen Sie es nicht einfach, und vielleicht bekommen Sie dann ganz konkret das Gefühl, tatsächlich dort zu sein. Grübeln Sie darüber nach, so wie Sie das offensichtlich mit dem Traum tun, in dem ihre Mutter die Diamantbrosche in der Hand hält. Daraus können Sie viel schöpfen, wie sich schon gezeigt hat.»

Ich bezog mich auf die Methode der aktiven Imagination*. Empfindungsmenschen wenden sie an, wenn sie ihre ganze Energie auf eine Traumsituation konzentrieren. Die Traumfiguren verhalten sich manchmal wie im wirklichen Leben und vermitteln dem Träumenden wichtige Botschaften, die aus dem Unbewußten stammen.

Ich war überzeugt, daß ihr Nachdenken – eine typische Angewohnheit der Empfindungsmenschen – sie letztlich zur Individuation führen würde. Das geschieht auf eine unterschwellige Art und ist deshalb nicht sichtbar. Intuitive Typen können davon nichts wissen, denn es ist ein Empfindungsphänomen. Der intuitive Typus hat eine Abneigung gegen Wiederholungen und lehnt deshalb eine derartige Beschäftigung instinktiv ab. Paradoxerweise muß jedoch der intuitive Typus immer und immer wieder ähnliche Phänomene erleben, bis er wirklich begreift, worum es geht. Der Empfindungstypus wiederholt sich in seinen Überlegungen, aber eine einmal gemachte Erfahrung reicht ihm.

Da Sally schwieg, fragte ich sie: «Und was ist mit dem Taschentuch für 65 Dollar?»

«Mit 65 sind ältere Leute pensionsberechtigt.»

Mit dieser Assoziation wies sie möglicherweise, ohne es zu wissen, erneut auf den in ihrer Psyche vor sich gehenden Komprimierungsprozeß hin.

«Anscheinend beschäftigen Sie sich damit, 65 und Rentnerin zu sein. Wie schwer muß das für jemanden in Ihrem Alter sein! Genau wie bei dem Traum, in dem die Katze instinktiv gegen Ihren Bewußtwerdungsprozeß Krach schlug, wird auch diesmal wieder von Ihnen verlangt, Ihre junge Einstellung zu opfern. Was für eine ungeheure Aufgabe! Der Preis von 65 Dollar überrascht mich da gar nicht. Meines Erachtens zeigt der Traum auch, daß Sie bei sich das Schwarze und Weiße – also Ihre gegensätzlichen Stimmungen – zusammenführen müssen. Das wäre die Einstellung, die man bei einer fünfundsechzigjährigen Frau finden würde; die akzeptiert nämlich ganz instinktiv ihre düsteren und fröhlichen Stimmungen und bleibt in keiner von ihnen hängen. Das Ganze wird Sie viel Anstrengung kosten. Das ist einfach nicht zu vermeiden.»

Ich schaute auf diesen jungen-alten Menschen, der mir gegenübersaß, und sah eine fast völlig abgemagerte, bleiche Frau, die ihre fleischlosen, spitzen Schultern gerade hielt und sich anstrengte zu verstehen; einen Zugang zu ihrem Traum zu finden; zu wachsen. Das machte mich traurig, und ich wünschte, mir würde etwas einfallen, womit ich ihr helfen könnte.

«Können Sie sich nicht an die guten Träume erinnern und welches Gefühl die Ihnen gegeben haben, als Sie so niedergeschlagen waren? Erinnern Sie sich daran, wie Sie sich gefühlt haben, als Sie aus dem Gefängnis entlassen worden sind? Könnten Sie versuchen, davon wieder etwas wach werden zu lassen? Es könnte Ihnen jetzt helfen, das Schwarze und das Weiße zu vereinen.»

«Ha, Sie sollten in meiner Haut stecken!»

«Sehen Sie, ich verstehe das – wirklich. Und Ihr Traum sagt, daß Sie einen hohen Preis zahlen müssen. Können Sie es nicht wenigstens versuchen?»

Zu diesem Vorschlag kam ich nicht so sehr aufgrund des Trauminhalts, sondern weil ich Sally kannte und ihr helfen wollte. Zuweilen bietet sich mir durch einen Traum die Gelegenheit, meine Ansicht über den Träumer beziehungsweise die Träumerin darzulegen. Manchmal helfen meine Anregungen, manchmal nicht. Ich wollte Sally nicht drängen, aber ich sah keine andere Möglichkeit. Ich durfte meiner Ansicht nach einfach nicht zulassen, daß sie aufgab.

«Aber ich weiß noch nicht mal, wie ich es anstellen soll, das zu versuchen. Ich brauche eigentlich ein paar praktische Vorschläge. Was soll ich zum Beispiel mit den dunklen Gefühlen machen, die alles Gute auslöschen?»

«Erzählen Sie mir von Ihnen! Beschreiben Sie sie mir!»

«Die sagen mir die Wahrheit über mich – daß ich eine Simulantin bin, ein Zombie, daß ich in Wirklichkeit keine Gefühle habe.»

Für einen Menschen, der wie Sally eine starke Empfindungsfunktion besitzt, ist es äußerst schwierig, mit dem Unbewußten in Kontakt zu bleiben, wenn der eigene Körper, die Hauptstütze, durch Krankheit, Schmerzen oder Medikamente behindert ist. Ich spürte, daß Sallys sterile, negative Gefühle, die auf eine brutale Selbstkritik hinausliefen, von diesem Kontaktverlust herrührten. Durch ihn wurde in ihrem Innern eine schlimme schattenhafte Machtergreifung möglich. Menschen, die derart von ihrem Unbewußten abgeschnitten sind, werden ausnahmslos vom Schatten umlauert. Auch sind die Empfindungstypen oftmals nicht in der Lage, vor- oder zurückzuschauen, wenn sie mit der Gegenwart nicht zurechtkommen – eine Falle, in die diese Menschen immer wieder tappen. Vergangenheit und Zukunft scheinen für sie kaum zu existieren. Sie neigen dazu, die Gegenwart so zu erleben, als würde ihr ganzes Leben auf immer so ablaufen.

«Sally, warum versuchen Sie nicht, diese Gefühle zu zeichnen oder zu malen, wenn Sie von ihnen überfallen werden?»

«Oh, nein, das will ich nicht. Davor hätte ich Angst. Ich weiß immer noch nicht, warum – aber darin steckt irgend etwas sehr Bedrohliches für mich. Mandalas malen, das kann ich; das ist für mich okay. Die haben eine klare Struktur. Aber ich glaube, es ist für mich gefährlich, meine dunklen Gefühle zu ergründen. Ich glaube, ich werde auch damit aufhören, Jung zu lesen. Krimis sind vielleicht doch besser. Sie bringen mich auf andere Gedanken.»

Offenbar hatte sie dadurch, daß sie einen Teil von Jungs Werk gelesen hatte, schon an unbekannte und bedrohliche Tiefen in sich gerührt. Würde sie ihre dunklen Gefühle malen, so käme sie dem Unbekannten vielleicht zu nahe. In der Vergangenheit hatte sie depressive und von dunklen Eingebungen geprägte Zeiten überstanden, indem sie sehr viel und hart gearbeitet hatte. Ich fragte mich, ob sie nicht in Wirklichkeit vielleicht an der Grenze zur Psychose gestanden und statt dessen Krebs bekommen hatte.

Meines Erachtens bedarf man, um sich mit dem Unbewußten zu beschäftigen, einer gewissen Sicherheit, und für Sally hätte diese Sicherheit in ihrem Körper bestanden. Wäre sie körperlich bei Kräften gewesen, hätte sie vielleicht nicht solche Angst davor gehabt, sich tiefer zu ergründen. Sieht sich ein Mensch, bei dem die Empfindungsfunktion dominiert, mit dem Tod konfrontiert, so ist er, psychisch gesehen, äußerst verunsichert. Wenn die Krankheit den Körper zunehmend aushöhlt, besteht die Gefahr, daß auch das Ego, das bei allen Typen mit dem Körper verbunden ist, ausgehöhlt wird, und dadurch wird die Angst vor einer Psychose konstelliert. Sallys Traum, sie befände sich in einem kapellenartigen Raum und draußen tobe ein Sturm, deutete eine solche Angst an. Ein Grund dafür, daß ich bei ihr zuweilen eine direktive Methode anwandte, war, daß ich befürchtete, ihr Ego löse sich sonst auf. Ich meinte, ich könnte sie einfach nicht zu lange ihrer Verzweiflung überlassen.

In den nächsten Wochen würde Sally also von neuem ihre Zuflucht bei den Kriminalgeschichten suchen, die sie damals gelesen hatte, ehe ich auftauchte. Diese Geschichten dienten ihr als Ablenkung von ihrer Depression. Vielleicht vermittelten sie ihr schockartig ein Gefühl von sich selbst und erleichterten ihr die Last des Wartens. Meiner Ansicht nach integrierte Sally durch das Lesen von Kriminalgeschichten unbewußt den Schatten in Form von

Mord, Brutalität und Horror. Indem ich ihre negative Einstellung akzeptierte, half ich ihr vielleicht bis zu einem gewissen Grade dabei, das höhnende Böse in ihrem Inneren zu integrieren. Aber bis zu meiner Abreise war es nicht mehr lang. Die Kriminalromane erfüllten in dieser Situation wahrscheinlich eine notwendige Funktion. Sie waren ein Ersatz für mich, indem sie Sallys dunkle Gedanken ableiteten. Sie erinnerten sie daran, daß es auf der Welt Böses gab, das schlimmer als das ihre war.

Sally stöhnte auf, preßte die rechte Hand auf den Oberschenkel und drückte so gegen den Schmerz an. Dabei kniff sie vor Schmerz die Augen zusammen.

«Ist es jetzt Ihr Oberschenkel, Sally?»

Es dauerte eine Weile, bis sie antwortete.

«Oh, ja. Es ist überall, in allen Knochen, aber da vor allem. Es tut so weh, wenn ich mich bewege. Selbst die Tabletten helfen nicht mehr viel.»

«Ist es jetzt schlimmer als früher?»

«Im Schenkel ist es vielleicht schlimmer geworden, aber so schlimm wie jetzt ist es auch früher schon gewesen. Es fällt mir sehr schwer, etwas zu lesen und mich zu konzentrieren – noch ein Grund, warum ich keine schwierigen Bücher mehr lesen will.»

Mit den Ellbogen auf den Knien lehnte sie sich vor und bedeckte ihr Gesicht mit den Händen. Dann richtete sie sich langsam wieder auf und sah mich an.

«Ich finde es merkwürdig, daß ich manchmal – mitten in all diesem Elend – noch träume, ich wäre stark und gesund. Vergangene Nacht hatte ich so einen Traum.»

*Ich war gerade dabei meinen Sohn anzuziehen – ein hübsches, strahlendes Baby von zwölf Monaten. Er war ein blondes, lachendes, schönes Kind und hatte eine goldene Aura um sich. Es war erst elf, aber er hatte schon Hunger. Ich zog ihm seinen Schlafanzug an und wollte ihn dann füttern.*

Das schöne Baby, das von einer goldenen Aura umgeben ist, symbolisiert das Selbst. Wiederum geht es Sally gut, wie das bisher auch in allen anderen Träumen vom Selbst der Fall war. Der Hunger des Kindes will – genau wie Sallys Bedürfnis nach Kontakt mit dem Selbst – dringend gestillt sein. Es ist um die «elfte Stunde», der letztmögliche Zeitpunkt. Das frühzeitige Füttern ist ein weiterer Hinweis darauf, daß die Psyche sich bemüht, den gesamten Lebensprozeß zu komprimieren.

«Was fällt Ihnen zu diesem Traum ein?»

«Beth hat am 30. Geburtstag. Ich bin so froh, wenn sie wieder da ist. Sie ist mein einziger Trost.»

In ihren Assoziationen zu diesem Traum verband Sally, ohne es zu bemerken, die Vorstellung von neuem Leben und vom Tod miteinander. Das neue Leben assoziierte sie mit Beth, die für sie eine Art Leben nach dem Tode sein konnte. Eltern und sogar Großeltern erwarten im allgemeinen von den Kindern, daß sie ihre Tradition fortsetzen. Sallys Assoziation zum Wunderkind bezog sich auf Beth, ihr eigenes «Wunderkind».

Ich drängte sie, mir noch mehr Assoziationen zum Traum zu nennen und fragte nach dem zwölf Monate alten Baby. Sie sagte mir, vor zwölf Monaten sei sie sehr krank geworden, nachdem sie ein neues Medikament genommen habe. Ihr seien die ganzen Haare ausgefallen. Es sei das zweite – und bisher vorletzte – Mal gewesen, daß sie das Gefühl hatte zu sterben.

«Sie sind mehrfach mit dem Tod in Berührung gekommen, und dadurch haben Sie an Bewußtsein gewonnen. Zumindest läßt der Traum das erkennen. Das Baby hat Hunger, nicht wahr?»

Sie lächelte. «Und ich füttere es, auch wenn es noch früh ist.»

«Genau, und deshalb ist es ein sehr positiver Traum wie so viele von den anderen auch. Ich hoffe, Sally, Sie werden sich an das, was die Träume sagen, erinnern, während ich fort bin. Ich weiß, daß ich sehr viel von Ihnen verlange. Ich hoffe aber, daß Sie trotz Ihrer schlechten Verfassung und trotz meiner Abwesenheit in dieser Richtung weitermachen werden. Ich sehe, wie erschöpft Sie sind, Sally, und darum werde ich jetzt gehen. Wenn mir Sarah über den Weg läuft, werde ich sie bitten, herzukommen.»

Sally sah mir nach. Das Lächeln verschwand aus ihrem Gesicht, und sie sank in sich zusammen und sah sehr krank aus. Ich fühlte mich scheußlich.

Als ich hinausging, sah ich Sarah im Vorgarten auf dem Delphin sitzen. Sie schien auf mich gewartet zu haben, denn sie sprach mich gleich an. Sie sagte, ihre Mutter sei bei mir genauso wie bei ihren anderen Freunden und zeige mir nie, wie krank sie wirklich sei. Trauer und Zorn sprachen aus Sarahs Augen, während sie mir mitteilte, daß ihre Mutter sich ganz anders verhalte, wenn sie mit ihrer Familie allein sei. Sie schreie Jim an und weine im Schlaf. Sie habe ständig Schmerzen, und es würde einfach nicht besser mit ihr.

# KAPITEL SIEBEN

Als ich Sally zum letzten Mal vor meiner Europareise besuchte, fand ich sie in einer tiefen Depression vor. Sie klagte, jeder Tag ziehe sich endlos lang hin. Sie sei von einer Langeweile befallen, gegen die sie nichts machen könne, weil sie den ganzen Tag lang nur dahinvegetieren könne. Es mache ihr auch keine Freude mehr, wenn Freunde zu Besuch kämen; sie müsse dafür mit noch größeren Schmerzen zahlen. Sie sei außerstande, den Sorgen und Nöten ihrer Freunde zu lauschen; außerdem mißgönne sie ihnen ihren Platz in der Welt draußen.

Thelma und die Kinder drückten sich die ganze Zeit in ihrer Nähe herum und machten sich wegen ihrer Depressionen Sorgen. Vor Jims Abreise habe sie Angst, weil doch die Familie von ihren Launen so sehr in Mitleidenschaft gezogen werde. Sie wünschte, Thelma und die Kinder könnten sich von ihr unabhängiger machen. Und das Essen werde noch schlechter, wenn Jim fort sei. Es falle ihr jetzt schon schwer genug, das Essen bei sich zu behalten.

Zeitweilig habe sie in der rechten Gesichtshälfte und im rechten Arm ein taubes Gefühl; dort seien jetzt ein paar Nervenbahnen blockiert. Wenn sie sich gerade an ein unangenehmes Gefühl gewöhnt habe, komme schon wieder ein neues auf sie zu und jage ihr Angst ein. Sie wisse gar nicht mehr, was für ein Gefühl es sei, Freude am Leben zu haben oder gesund zu sein. Sie fühle sich innerlich tot, und ihr sei ständig ganz elend zumute.

«Vielleicht leiden Sie deshalb so sehr, weil Sie sich jetzt, wo Ihre Gefühle zum Leben erwachen, Ihrer Lage stärker bewußt sind. Wie ist das, Sally, werden Ihre Schmerzen durch unsere Arbeit schlimmer?»

«Nein, ganz und gar nicht. Ich schwöre Ihnen, ich habe nach unsern Stunden nicht mehr Schmerzen als sonst auch. Ich bin nur die ganze Zeit so niedergeschlagen. Ich werde Ihnen nicht versprechen, keinen Selbstmord zu begehen, während Sie fort sind. Aber wenn ich mich umbringe, möchte ich, daß Sie wissen, daß das nichts, aber auch gar nichts mit Ihnen zu tun hat.» Sie schwieg.

Ich fragte sie nicht, ob es an meiner bevorstehenden Reise lag, daß sie so niedergeschlagen war. Mit etwas mehr Intuition hätte ich bei ihr vielleicht Gefühle aufspüren können, von deren Existenz sie gar nichts wußte. Aber ich wollte in ihr nicht noch irgend etwas aufwühlen, was sich in der kurzen Zeit, die uns blieb, nicht mehr bearbeiten ließ. Ich hatte das Gefühl, wir beide wollten vermeiden, daß es zwischen uns noch zu Problemen kam. Beide wußten wir es zu schätzen, daß Sally ein zunehmend größeres Interesse an ihren Träumen zeigte. Die Träume verbanden uns miteinander, und sie würden sich wohl mit Hilfe von gut durchdachten, einfühlsamen Briefen bearbeiten lassen, durch die Sally immer wieder erfuhr, welch herzliche Gefühle ich für sie hegte. Nur wenige Menschen wissen, wie sehr ein legitimes Interesse oder eine gemeinsame Aufgabe ein zwischen zwei Denkertypen bestehendes Band stärkt. Ich versuchte mich zu beruhigen, indem ich mir sagte, Sallys Wißbegierde in bezug auf sich selbst werde während meiner sechswöchigen Abwesenheit unsere Verbindung schon nicht abreißen lassen. Doch änderten diese Gedanken nichts an meiner Traurigkeit.

«Aber keine Angst», fuhr Sally fort, «ich fühle mich so schlapp, daß ich bezweifle, ob ich überhaupt die Energie dazu aufbringen könnte, mich umzubringen. Im übrigen ist jetzt etwas Neues da. Ich interessiere mich inzwischen viel zu sehr für meine Träume und bin viel zu neugierig, was als nächstes passiert. Natürlich ist mir klar, daß es sein könnte, daß unsere Arbeit bloß eine Art Sinnestäuschung ist und daß die Träume vielleicht überhaupt keine Bedeutung haben. Aber wenn sie keine Bedeutung haben, woher kommt es dann, daß die Träume meiner Kinder anscheinend immer noch mit mir zusammenhängen? Vor kurzem wachte Beth nachts weinend auf, nachdem sie geträumt hatte, sie würde ganz oben in einem hohen Gebäude im Ferienlager festhängen und könnte nicht nach Hause. Was meinen Sie, womit dieser Alptraum zu tun hatte?»

«Glauben Sie, daß Beth vielleicht über die Situation hinauszuwachsen versucht und dabei festhängt?»

«Möglich. Sogar Thelmas Träume hängen mit mir zusammen. Nicht lange nachdem ich mit dem Schrei ‹Die bringen meine Katze um!› aufgewacht war, hat mir Thelma erzählt, daß sie einen Alptraum gehabt hätte, in dem sie einen Wurf junger Kätzchen hätte ertränken müssen.»

«Da, schon wieder!»

«Ja, ist das nicht stark? Noch mehr Synchronizität, die mit Katzen zu tun hat.»

Das erinnerte mich von neuem an die neolithische matriarchale Ordnung in Ägypten unter der Schutzherrschaft der Katzengöttin, und irgendwie berührten mich Sallys synchronistische Erlebnisse mit Cyrano. Später habe ich bedauert, daß ich die Katzensymbolik nicht bewußter in unsere Arbeit eingebracht hatte.

Sally zog aus ihrer Bademanteltasche ein kleines, grünes Notizbuch hervor.

«Nun, ob Sinnestäuschung oder nicht – ich habe es mir in letzter Zeit zur Angewohnheit gemacht, meine Träume aufzuschreiben. Ich habe auch Bilder von ihnen gemalt. Sogar versucht, meine dunklen Gefühle zu beschreiben. Drei Träume sind es gewesen. Hier ist der erste:

*Ich befand mich in einem riesigen, nicht irgendwie durch Stellwände unterteilten Krankenhaussaal mit Hunderten von bettlägerigen Patienten. Die Wände waren aus Ziegelstein, und die Decke war so hoch wie in einer Turnhalle. Ich war barfuß und trug ein Krankenhausnachthemd. Ich hatte keine Angst wie sonst, wenn ich im Krankenhaus bin, und es herrschte eine angenehme Atmosphäre.*

*Mir fiel eine schöne, dunkelhäutige junge Frau auf. Sie hieß Narumba, und sie war vielleicht Ende Zwanzig. Sie war krank und hatte große Angst. Ich ging zu ihr hin, tröstete sie und half ihr, sich zu beruhigen. Als ich um das Bett herumging, mußte ich jedoch vorsichtig über viele zerbrochene Spritzen steigen.*

Zwar kann Sally in diesem Traum gehen, aber sie ist wie eine Patientin gekleidet und muß daher wohl krank sein. Doch das Krankenhaus macht ihr keine Angst, also kompensiert der Traum ihre tatsächlichen Ängste. Dabei beschäftigt sie sich jedoch mit Krankheit, vor allem in bezug auf die dunkelhäutige junge Frau, Narumba. Und sie steigt vorsichtig über die bedrohlichen Spritzen, die sich auf ihre Angst beziehen, bewußtlos zu werden oder zu sterben.

Die Größe des Raumes und die vielen Patienten weisen auf das Kollektive hin. Es ist ein Paradoxon, aber indem ein Mensch mit dem Kollektiven in Kontakt kommt und spürt, daß er der ganzen Menschheit nahe ist, erfährt er auch das Gegenteil: seine eigene Einzigartigkeit. Der Traum deutet noch ein anderes Paradoxon an: Von ihrer Rolle her ist Sally sowohl Patientin als auch Heilerin – ein weiterer Hinweis darauf, daß ihr Leben komprimiert wird. Je reifer man ist, desto stärker ist man für sich verantwortlich.

Sally identifiziert sich nicht völlig mit ihrer Krankheit; sie sieht sie auch in der dunkelhäutigen jungen Frau – ein definitiver Fortschritt in ihrer bewußten Entwicklung. Daß sie im Traum als Trösterin fungiert, läßt vermuten, daß sie eine Verantwortung auf sich nimmt, die sonst Sache des Analytikers ist. Vielleicht spiegelt sich darin ihr tapferes Bemühen, sich darauf vorzubereiten, ohne mich zurechtzukommen.

«Irgendwelche Assoziationen?»

«Nein, keine.»

«Meinen Sie mit Krankenhaushemd das, was die Patienten anhaben?»

«Ja.»

Sie reichte mir eine Zeichnung von dem Block, der auch ihre Mandalas enthielt. «Ich habe von dem Traum ein Bild gemalt. Schauen Sie, was daraus geworden ist! Irgendwas hat mich dazu gebracht, die vierundzwanzig Diamanten von der Brosche hineinzumalen.»

Ihrem Empfindungstypus entsprechend grübelte sie auch weiterhin über den Traum von ihrer Mutter und den Diamanten nach, und indem sie das tat, zeigte sie, wie wichtig die Mutter für sie war. Etwas in ihr wußte, daß ihre leibliche Mutter – die zwangsläufig in der archetypischen Mutter wurzelte – ihr helfen würde, mit ihrer Angst vor dem Tod fertig zu werden.

«Wie interessant! Sie beschäftigen sich wirklich sehr mit diesem Traum. Und jetzt assoziieren Sie die dunkelhäutige junge Frau mit den Diamanten, das heißt, Sie bringen sie mit dem weiblichen Aspekt des Selbst in Verbindung. Das macht sie sehr wichtig.»

«Ja, ich spüre, daß sie für mich irgendwie sehr wichtig ist.»

«Die schöne, dunkelhäutige junge Frau könnte Ihre dunkle Seite sein – die Seite, die bei Ihnen bis jetzt noch unentwickelt ist. Innerlich schreiben Sie nun diesem Teil von sich irgendwo eine große Bedeutung zu. Erinnern Sie sich, wie wir uns über introvertiertes Fühlen unterhalten haben, das sich so beispielhaft bei Ihrer Mutter und vielleicht auch bei Jim zeigt, und wie wir gesagt haben, daß das bei Ihnen die Funktion wäre, die Sie mit dem Selbst in Kontakt bringen würde? Dieser Traum zeigt erneut, daß unser unentwickelter Teil den Schlüssel zu unserer Individuation darstellt. Wenn wir uns bemühen, ihn bewußt zu machen, ihn auszuleben, dann gelangen wir dorthin. Die junge Frau könnte auch für die heidnische, instinktmäßige Seite stehen, die Sie noch nie ausgelebt haben; sie ist ebenfalls ein Zugang zum Selbst.»

Der Traum erinnerte mich daran, wie oft mir schon der Gedanke gekommen war, daß die Frauen, die für Krankheiten besonders anfällig sind, vom Kopf her bestimmt werden und keinen Kontakt zu ihren Instinkten haben; oder aber die Instinkte sind dadurch, daß sie abgetrennt worden sind, «erkrankt».

«Ich bin so froh, daß Sie angefangen haben, Ihre Träume zu malen.»

«Nun ja, es fällt mir langsam zu schwer, Mandalas zu malen. Ich kriege keine richtigen Kreise mehr hin, sie werden immer schief. Und vor kurzem sind mit mir ein paar Tests gemacht worden, die zeigen, daß der Krebs jetzt auch mein Gehirn befallen hat.»

«Ist das wahr? Sind Sie da ganz sicher? Ich habe gewiß nicht den Eindruck, daß Sie geistig abbauen. Vielleicht ist es nur muskulär bedingt.»

Ich merkte schon, daß sie wohl dabei war, körperlich abzubauen, aber ich wollte mit ihr nicht über die körperlichen Aspekte ihrer Krankheit spekulieren. Vielleicht wollte ich diese Seite nicht wahrhaben, oder ich war feige. Auf jeden Fall glaubte ich, hervorheben zu müssen, wie wichtig Sallys psychisches Wachstum war, da sie es so leicht übersehen oder als unwichtig abtun konnte. Ich spürte die immer dringender werdende Notwendigkeit, mit Marie-Louise von Franz zu besprechen, wie weit ich mit Sally über ihren körperlichen Verfall und den Tod reden konnte.

Sally sah mich traurig an und schwieg einen Moment lang. Dann las sie erneut aus dem grünen Notizbuch vor.

*Mein Mann und ich befanden uns in einem japanischen Restaurant. Unsere chinesische Freundin saß mit uns am Tisch. Sie ist Mutter von vier Kindern, die Beths Freundinnen sind – kleine Mädchen von acht, sieben, sechs und fünf Jahren. Das Essen wurde in einfachen ovalen, schwarzen Lackschalen serviert, und jeder von uns bekam seine eigene Schale. Es gab ein Gericht mit Fleisch- und*

*Spinatbällchen, die abwechselnd im Kreis herum in der Schale lagen. Obwohl das Restaurant dunkel war, glimmten hier und da ein paar Lichter, und es war ein warmer und angenehmer Ort.*

Dieser Traum weist auf Sallys Fortschritte in der Beziehung zu ihrem Mann hin. Die zwischen ihnen sitzende Chinesin verkörpert die östliche Einstellung, die in Beziehungen sowohl Introvertiertheit als auch menschliche Irrationalität akzeptiert. Es ist interessant, daß Jim in den Prozeß hineingebracht wird – das zeigt, daß Sally etwas von dem akzeptiert hat, was er für sie bedeutet. Es mag sein, daß sie sich ihm jetzt, da ich fortgehe, mehr und mehr zuwendet. Doch die dunkle Farbe der Schalen und das schwach erleuchtete Restaurant deuten auf ein nur partielles Bewußtsein hin, das zwar in greifbarer Nähe, aber doch im Schatten liegt. Obwohl auf der persönlichen Ebene ein gutes Gefühl zu dem Restaurant da ist, zeigt das Halbdunkel an, daß die eigentliche Beziehung – ein Aspekt von Sallys innerem Selbst – gerade erst ans Licht kommt.

«Welche Gedanken kommen Ihnen zu diesem Traum?»

«Die Chinesen und Japaner habe ich schon immer gemocht. Nach dem Krieg habe ich einen Job als Helferin bei der Umsiedlung von Japanern gehabt. Ich fand sie ganz umgänglich.»

«Ihre chinesische Freundin ist vielleicht ein hilfreiches Bindeglied zwischen Ihnen und Jim gewesen.»

«Das ist wahr, denn unsere Beziehung ist jetzt sehr gut. Ich zeige ihm mehr von meinem wirklichen Selbst.»

«Und da sind die ovalen Schalen, die etwas enthalten und umschließen. Es ist, als würden Sie und Jim durch das Selbst miteinander in Beziehung treten. Meines Erachtens ist in jeder tiefergehenden, ernsthaften Beziehung das Selbst konstelliert. In der christlichen Heiratszeremonie ist Christus – durch den Priester – der Mittler, der zwischen dem Mann und der Frau steht. In Ihrem Fall ist die Frau die Mittlerin, und das paßt, weil Ihr Traum der einer modernen Frau ist.»

«Mir gefällt, daß Sie mich immer wieder daran erinnern, wie wichtig die Frauen auf diesen tieferliegenden Ebenen sind. Das gibt mir irgendwie Hoffnung.»

«Tatsächlich spiegelt sich die moderne Frauenbewegung auch in der protestantischen Kirche wider, wo immer mehr Frauen als Geistliche eingesetzt werden. Es ist, als hätten wir eine historische spiralförmige Bewegung auf eine demokratischere Beziehung der Geschlechter hin in Gang gesetzt.»

«Hören Sie sich nun diesen letzten Traum an!»

Sie reichte mir eine Zeichnung und las lächelnd aus ihrem Notizbuch vor.

*Ich bin ein kleiner fünfjähriger Junge und damit beschäftigt, einen großen ovalen Korb mit Karotten zu füllen: die Arbeit ärgert mich, und ich werfe einen Armvoll Karotten zum Korb hin. Sie fliegen nicht weit genug und landen am Boden. Ein junger Mann kommt vorbei, den ich nicht kenne. Er trägt ein rotes Hemd. Seine Frau und seine fünfjährige Tochter sind bei ihm. Er hebt meine über den Boden verstreuten Karotten auf und legt sie in den Korb. Seine Frau und seine Tochter weist er an, daß sie ihre dazulegen sollen. Er sagt: «Schau mal, macht es nicht Spaß, Karotten einzusammeln?» Ich hasse ihn.*

«Wie ist es mit Assoziationen zu diesem Traum?»

«Es ist genaugenommen dasselbe Gefühl, das ich Ihnen, der Analytikerin, gegenüber habe, die mich dazu überredet, meine Träume zu sammeln. Sie sind der Mann im roten Hemd, weil Sie so eine übertrieben gutgemeinte Pfadfinder-Einstellung haben.»

Der Traum überrascht mich. In Sallys Assoziation tritt ihre Abneigung gegen alles Geheuchelte zutage, und zum ersten Mal kritisiert sie offen das, was ihr als meine herablassende, «gutgemeinte» unechte Seite erscheint. Sie ist wohl darüber wütend, daß ich weggehe, und es ist gut, daß sie das herauslassen kann – wenn auch nur indirekt. Wenn mehr Zeit gewesen wäre, hätten wir an diesem Punkt vielleicht an ihre verletzten Gefühle kommen können, die sie schon so lange unterdrückt hatte.

«Sie ärgern sich darüber, daß ich auf das Gute in Ihren Träumen hinweise, stimmt's?»

«Ja, vermutlich stimmt das.»

«Aber ich muß Sie an die positiven Dinge erinnern, weil Sie sie sonst übersehen würden. Außerdem will ich Sie nicht gern so pessimistisch leidend zurücklassen.»

Schon wieder war ich dabei, Sally zu drängen, sie solle sich anstrengen und dem ständig in ihr nagenden Wunsch nach Aufgabe etwas entgegensetzen, und ich fragte mich doch gleichzeitig, ob ich überhaupt richtig handelte.

«Vielleicht fühle ich mich bei den dunklen Dingen des Lebens geborgener. Na ja, ich glaube, ich meine das nicht wirklich so. Vielleicht bekommen meine Bemühungen dadurch, daß Sie mir helfen, die Möhren in den Korb zu tun, einen Sinn.»

«Ich kann Ihnen keinen Vorwurf machen, weil Sie wütend sind. Und obendrein muß ich ausgerechnet heute auch eher gehen. Ich muß für die Reise noch eine ganze Menge vorbereiten. Das hier möchte ich Ihnen geben.»

Es war ein Brief mit unserer Reiseroute. «Es ist eine Liste mit all den Daten und Adressen von den Orten, wo wir sein werden. Ich hoffe, Sie schreiben mir!»

Sie nahm den Brief und drückte mir die Hand.

«Mach' ich. Auf Wiedersehen und gute Reise!»

Sie sah aus wie jemand, der seine Kräfte für eine bevorstehende Trennung zusammennimmt. Ihre Anstrengung, die ausgemergelten Schultern zu straffen, rührte mich. Es gab keine weitere Geste und kein Klagen. Als ich ging, war mir schwer ums Herz. Seit unserem Gespräch, bei dem ich ihr gesagt hatte, daß ich verreisen würde, hatte sie sich nicht ein einziges Mal beklagt. Es war nur natürlich, wenn sie sich heute über die Begeisterung ärgerte, mit der ich auf ihren Traum reagierte. Ich hatte das Positive um meinetwillen wohl zu sehr hervorgehoben. Ich wünschte so sehr, daß es ihr besserginge, vor allem jetzt, da ich wegfahren würde. Ihr ging das gegen den Strich, und sie war zu Recht verärgert. Ihre Träume schienen Anzeichen zu enthalten, daß sie durch meine bevorstehende Abwesenheit in ihrer Entwicklung vielleicht weiterkäme und möglicherweise auch selbständiger würde. Doch meine Abreise muß wohl das Verlassenheitsgefühl, das ihr schon eine ganze Weile zusetzte, noch verstärkt haben. Hätte ich mehr Mitgefühl für sie gezeigt, anstatt zu versuchen, ihr Mut zu machen, dann hätte ich ihr vielleicht etwas von dem Verlassenheitsgefühl genommen und unsere Verbundenheit gestärkt. Man kann keinen wirklichen Kontakt zueinander haben, wenn man vorzuschützen versucht, daß die Dinge besser stehen als in Wirklichkeit. An diesem Punkt fühlte ich mich äußerst unzulänglich.

Sally schaffte es nicht, ihren verletzten Gefühlen Ausdruck zu verleihen, zumindest nicht in meiner Gegenwart. Vielleicht habe ich ihr auch nicht genügend Hilfestellung gegeben. Auf der Gefühlsebene verpaßten wir beide unsere Chance. Wenn ihre Gefühle zuverlässiger und weniger ungebärdig gewesen wären und wenn es in ihrem Leben mehr Leute gegeben hätte, mit denen sie offen und ehrlich hätte reden können, hätte sie es vielleicht riskiert, mich herauszufordern und eventuell mein Mißfallen zu erregen. Da auch bei mir das Fühlen nicht gerade die stärkste Funktion ist, konnte ich ebenfalls nicht einschätzen, wie weh uns beiden meine Abreise tun würde. Mir war nicht aufgefallen, wie abhängig Sally von mir als Person geworden war. Für mich war die Aufmerksamkeit, mit der sie der Analyse folgte, mehr ein Ausdruck ihres Interesses, ihr Selbst und ihre Familie zu verstehen, als ein Ausdruck ihrer Zuneigung. Und genau das war mein Irrtum.

# KAPITEL ACHT

7. August

Liebe Sally,

ab morgen werden Sie alleine sein. Ich wüßte gerne, wie Ihnen zumute ist. Ich hoffe, Sie werden Ihren Freunden gegenüber deutlich machen, wie es Ihnen geht! Es geht nichts darüber, zu sagen, *wie* die Dinge stehen. Wenn man es ausspricht, wird einem die Last irgendwie genommen – warum, weiß ich nicht. Nun ja, die Last wird einem nicht ganz abgenommen, aber zumindest wird sie etwas leichter.

Es ist interessant, daß Sie sagen, nach dem Besuch von Freunden müßten Sie dafür oft mit noch größeren Schmerzen bezahlen. Ich bin sicher, daß die Schmerzen nicht nur von der Anstrengung herrühren, die der Besuch für Sie bedeutet. Ein Großteil kommt wohl daher, daß Sie Ihre eigenen Reaktionen zurückhalten. Sie haben gesagt, Freundinnen von Ihnen hätten so fürchterliche Probleme. Wahrscheinlich stützen die sich auf Sie, ohne es zu wollen. Sie sind so nett und stellen Fragen, und dann legen die Leute los, vor allem wenn die Fragen aus solchen Tiefen kommen wie – bedingt durch Ihr Leben – bei Ihnen. Es gibt so viele Leute, die nie einen anderen Menschen sehen, der auf einem so wirklichen Niveau lebt; sie dürsten danach, auch wenn sie sich dessen manchmal gar nicht bewußt sind. Möglicherweise haben sie auch Angst davor. Überall herrscht soviel Oberflächlichkeit – nicht, weil es nicht genügend Gelegenheit gäbe, tiefer zu schürfen, sondern weil zu wenig Bewußtsein da ist, mit dessen Hilfe man es tun könnte. Ich frage mich allerdings, ob Sie vielleicht dem Bedürfnis, über sich zu reden, einfach keinen Raum geben.

Hoffe, Sie haben nichts dagegen, wenn ich oft schreibe. Fühlen Sie sich bitte nicht verpflichtet, jeden Brief von mir zu beantworten! Es wäre schön, wenn Sie mir zweimal pro Woche schreiben könnten; das würde mir fürs erste genügen.

Viel Glück und alles Gute
Ihre Jane

5. August

Liebe Jane,

Cyrano ist heute nachmittag wiedergekommen und hat sich zum Schlafen auf mein Bett gelegt. Ich fühle mich scheußlich und kann von daher nicht sagen, ob das ein gutes Omen ist – ganz sicher nicht in bezug auf meine körperlichen Kräfte. Vielleicht stehen mir ein paar psychische Überraschungen bevor. Ich frage mich, ob ich es schaffe, auch weiterhin genug Glauben aufzubringen, denn jetzt, wo Mrs. Wheelwright weg ist, ist das Ganze erst recht eine Frage des Glaubens und Vertrauens. Heute war Carla hier, und sie ist mir in dieser Hinsicht eine Stütze, weil sie selbst eine Analyse hinter sich hat, die sie als sehr wertvoll empfindet. Ich verstehe sie auch besser, seitdem ich meine eigene Analyse begonnen habe. Wenn nur dieses Dröhnen im Kopf aufhören würde! Es hält mich wach und macht mich ganz müde.

Jim und Sarah streiten sich gerade. Sie kriegt viel ab, kann sich aber, scheint's, behaupten. Gott sei Dank hat sie genug Kraft!

Frank Rice hat angerufen. Er und Ruth kommen mich besuchen. Gemischte Gefühle deshalb. Möchte sie sehen, aber werde ich es schaffen, nicht zu brechen, wenn sie da sind? Das ist einer der Gründe, warum ich weniger erpicht darauf bin, Leute zu Besuch zu haben. Der Brechreiz überfällt mich meist aus heiterem Himmel, und ich habe Angst davor, mich vor ihren Augen übergeben zu müssen.

*6. August:* Ich mußte mich gestern abend übergeben, merkte es aber so rechtzeitig, daß ich noch hinauskonnte. Die Rices sind gute Freunde. Sie haben mir getrocknete Akelei aus Yosemite mitgebracht.

Traum von gestern nacht:

*Jim und ich sind im Emporium und kaufen für die Kinder ein. Wir kaufen viele Artikel, darunter Spiele und Spielsachen, und ich freue mich. Ich suche für Sarah eine olivgrüne Armeewolldecke aus. Ich zeige sie Jim, und er macht mich darauf aufmerksam, daß sie drei Meter und damit zu groß ist. Ich sage, daß das nichts mache, weil Armeedecken immer einliefen. Er sagt, daß wir sie auch schon aus dem Grunde nicht nehmen könnten, weil es keine Heizdecke sei. Verdrossen wache ich auf.*

Assoziationen: keine. Ergibt auf den ersten Blick keinen Sinn.

Es ist offensichtlich, daß Sally seit ihrem ersten Traum selbst schon viel vom Inhalt des persönlichen Unbewußten weggeräumt hat. Bedingt durch ihre Situation hat sie mit ihrer Umgebung – einmal abgesehen von ihrer Familie – nur minimale Konflikte. Diese haben wir in erster Linie wegen ihrer subjektiven Bedeutung für sie bearbeitet, obgleich unsere Lösungsbemühungen auch äußerlich geholfen haben. Doch dies hier ist ein Traum, der aus dem persönlichen Unbewußten kommt. Er reflektiert das ständige Gezänk, in das Sally und Jim nach meiner Abreise wohl wieder verfallen sind. Er ist auf eine Art ein fragmentarischer Traum, dem es an Thema und Inhalt mangelt. Er läßt vermuten, daß Sally nicht weiß, was sie tun soll.

Wenn man etwas Wertvolles oder etwas Passendes sucht, braucht man beim Einkaufen die Funktion des Fühlens. In dieser Hinsicht ist Jim derjenige, der sich sicher ist. Er weiß es am besten, und das regt Sally auf. Dies ist eines der Probleme, die in einer atypischen Ehe wie der ihren auftreten. In einer typischen Ehe würde die Frau mit ihrem gesunden Wertgefühl entscheiden und nicht der Mann, dessen Denken die Wahl nur rationalisieren würde. Wir erhalten hier einen weiteren Beleg dafür, daß Jim das Gefühl beisteuert, das Sally braucht, um ihr Ziel zu erreichen.

7. August:

*Ich bin ein Teenager und gehe auf ein exklusives Mädchenpensionat. Es ist große Pause, und ich gehe auf mein Zimmer, um für mich zu sein. Aus irgendeinem Grund ist es wichtig, daß ich auf meinem Plattenspieler eine Platte spiele und bis elf ein hübsches Kleid angezogen habe. Die Platte ist eine dreieckige LP mit französischen Folksongs.*

Assoziationen: keine.

An diesem Wochenende bin ich Jim gegenüber feindselig. Ich frage mich, was ich je an ihm finden konnte; er ist genauso vulgär und ungehobelt wie seine Mutter. Zum Teil kommt das daher, daß ihm die ganzen samstäglichen Pflichten – Einkauf, Wäsche, Hausputz – zuwider sind und er deshalb schlecht gelaunt ist. Es widerstrebt mir, ihn zu bitten, mir beim Baden zu helfen und andere Dinge für mich zu tun, und doch bin ich absolut hilflos. Seine Mutter ist um neun Uhr in die Stadt gefahren und erst um halb sechs zurückgekommen, so daß die ganze Kocherei an ihm hängengeblieben ist. Wir haben einen Ausflug nach Sausalito gemacht (den ersten seit Wochen), und ich empfand nichts als quälenden Haß auf all die farbenfroh gekleideten, gesunden Passanten. Wäre ich doch nur im Bett geblieben! Für Kinder ist das hier *keine* gute Atmosphäre.

Sally

An den zwei Träumen läßt sich erkennen, wie sehr Sally bemüht ist, das umzusetzen, woran wir die ganze Zeit arbeiten, und wie unbeholfen sie sich bei diesen Bemühungen fühlt. Es ist typisch, daß sie keinerlei Assoziationen hat. Da sie nicht einmal Vermutungen zu äußern vermag, stehe ich vor der Aufgabe, zu raten, womit ich sie vielleicht innerlich ansprechen könnte.

10. August

Liebe Sally,

ich denke die ganze Zeit an Sie. Ich frage mich ständig, wie es Ihnen gelingt, so viele Stunden durchzustehen, in denen Sie nichts machen können, als einfach nur dazusein. Ich weiß nicht, wie Sie das schaffen. Dazu muß man wohl sehr, sehr viel Willenskraft, Beharrlichkeit und Mut haben. Hat Ihnen das je jemand gesagt? Vielleicht können sich die Leute gar nicht vorstellen, wie das in dieser Situation für Sie ist. Glauben Sie mir, ich frage mich die ganze Zeit, wie Sie das aushalten können, was Sie als diese schreckliche Langeweile bezeichnen. Wenn Sie die Realität des Unbewußten nur spüren könnten! Wenn Sie das, was Ihnen durch den Kopf geht, nur in Worte fassen und Ihren Freunden mitteilen könnten! Dann bekämen die endlos lang scheinenden Stunden einen Sinn. Wie ist es, lassen Sie Ihre düsteren Gedanken nach außen dringen? Ich hoffe es, denn sonst werden Sie von ihnen blockiert und fühlen sich dadurch leer und minderwertig. Ich hoffe, Sie bringen sie wenigstens zu Papier, damit ich sie sehen kann.

Ihre Jane

14. August

Liebe Sally,

zum Traum mit den Karotten, den Sie kurz vor meiner Abfahrt gehabt haben: Ich bin sicher, daß das Vitamin A der Karotten, die Sie gezeichnet haben, ein Mittel gegen Nachtblindheit ist. Erinnern Sie sich an den Traum mit Ihrer Mutter, in dem Sie Ihr Augenlicht wiedergewannen? Es wird immer offensichtlicher, daß Sie längst auf dem Weg zur Individuation sind. Beweise dafür finden sich in den Träumen von der bevorstehenden Hochzeit, in der Sicht all der großen Kulturen aus der Vogelperspektive und darin, wie nahe Sie Carla sind. Daß Sie so tapfer den Tod akzeptieren, bedeutet auf jeden Fall Individuation. Sie könnten den Tod gar nicht akzeptieren, wenn Sie nicht zuerst das Gefühl hätten, Ihr Leben vollendet zu haben. Mir scheint, daß Sie mit Ihrem Wunsch, im Tod endlich Frieden zu finden, mit eigenen Worten genau das gleiche sagen. Angesichts von soviel Schmerz und Leid stellen so viele und dabei so positive und konstruktive Träume wohl die Erfüllung Ihres Wunsches dar.

Da ist so vieles, was ich Ihnen sagen möchte, Sally, und ich werde meine Worte sicherlich nicht immer ganz sorgfältig abwägen. Ich werde Ihnen einfach das schreiben, was mir einfällt – manchmal wohl hastig und gerade so, wie es mir in den Sinn kommt –, und werde zu Ihnen nicht als Autorität sprechen, die alle Antworten weiß. Ich bin sicher, ich habe Ihnen das schon gesagt: Wenn irgendeiner meiner Gedanken oder Einfälle nicht paßt, vergessen Sie ihn einfach! Ich weiß, daß Sie in Ihrem Denken eigenständig genug sind, um so zu handeln, und mache mir von daher keine Sorgen.

Aber nun zum Traum mit den Karotten: Es ist interessant, daß Sie darin als Junge erscheinen und ich Ihrer Assoziation zufolge als junger Mann. Heißt das, daß wir «objektiv» zu sein haben, wie es die Männer angeblich sind? Oder deutet der Traum an, daß Sie und ich die ganze Sache bisher rein intellektuell angegangen sind und die Realität erst noch fühlen müssen? Immerhin läßt das rote Hemd darauf schließen, daß das Gefühl nicht zu weit weg ist. Zumindest gilt das wohl für den Moment, in dem Sie das geträumt haben.

Das zu dem ovalen Korb – genau wie zu den ovalen Schalen in dem Traum von dem japanischen Restaurant – passende Symbol ist das Mandala. Erinnern Sie sich, wir haben davon gesprochen, daß das Mandala ein allumfassendes Symbol ist. Sie werfen ein Nahrungsmittel in den Korb, das Ihnen hilft, im Dunkeln zu sehen, und dabei geht Ihnen der junge Mann zur Hand (Ihr Verstand oder Wille und dazu mein – wenn vielleicht auch begrenztes – Wissen). Auf diese Weise sind Sie dabei, das, was Sie an Einsicht gewinnen, wie Mosaiksteine zusammenzufügen, die Ihnen helfen, Ihr wahres Selbst zu werden. Das Malen von Mandalas diente dem gleichen Zweck. Der nächste Schritt besteht darin, diese Totalität zu erleben, sie zu spüren. Unser wahres Selbst zu erleben, ist das höchste Ziel, das wir im Leben haben.

Viele Grüße
Jane

9. August

Liebe Jane,

vergangene Nacht habe ich viel geträumt. Ich habe den Eindruck, daß alles *sehr wichtig* war, aber ich kann mich nur noch ganz verschwommen daran erinnern. Nur vage Bruchstücke kommen mir in den Sinn, und doch weiß ich, daß das Ganze recht feierlichförmlich und bedeutsam war.

*May Hubbert und ich organisieren ein Poesie-Festival. (Sie lebt in Sausalito und ist eine merkwürdige, einsame und schwierige, etwa siebzigjährige Künstlerin. Ich habe in der Vergangenheit mit ihr zusammengearbeitet und drei ihrer Stücke auf die Bühne gebracht. Wir haben schon immer ein anregendes und schwieriges Verhältnis zueinander gehabt. Ich habe Achtung vor ihr – vielleicht ist sie für mich die «weise alte Frau» –, und ich bewundere ihr Werk.) Mir ist die Aufgabe zugefallen, für die Titelseite des Programms einen Siebdruck zu machen. Er bereitet mir große Schwierigkeiten, wird dann aber ganz gut. Es ist ein abstraktes expressionistisches Bild, das aus roten, orangenen und rosa Wellenlinien besteht.*

*An den Abend selbst, der in einem großen Saal mit einem Balkon stattfand, kann ich mich nicht mehr erinnern.*

*Im selben Traum kam irgend etwas von der Geburt eines Mädchens vor. Ich hatte ein Photo von dem Baby, das ich meinen Freunden zeigen wollte.*

Assoziationen: kommen mir keine.

Cyrano hält sich ständig in meiner Nähe auf, und das jetzt schon seit drei Tagen. Ich empfinde es als sehr angenehm. Das Wochenende war gar nicht so schlecht, denn Jim ist mit der Rasselbande zum Strand gefahren. Das ist für alle viel besser, als wenn sie sich nervös um mich herumdrücken würden. Das taube Gefühl, das ich im Gesicht habe, will nicht weggehen. Es ist zum Verrücktwerden! Es fällt mir schwer, die Dinge überhaupt in Worte zu fassen.

Sally

Der Umstand, daß der Traum so feierlich-förmlich war, deutet auf seine archetypische Natur hin, und die Geburt eines Mädchens läßt darauf schließen, daß die analytischen Prozesse weitergehen. Das Nebeneinander von Babymotiv, Poesie-Festival und weiser alter Frau weist auf zwei Aspekte des weiblichen Selbst hin – auf den persönlichen Geburtsakt und dann auf eine von der Frau in der äußeren Welt unternommene, eher unpersönliche kreative Anstrengung. Männliche Figuren fehlen auffallenderweise. Genau wie das Selbst weiß auch die Katze – noch ehe es Sally klar ist –, daß eine kreative Phase bevorsteht.

9. August

Liebe Jane,

vielen Dank für Ihren Brief. Wie der meine Stimmung gehoben hat! Ich habe Angst davor, Ihnen gegenüber zum Ausdruck zu bringen, wieviel mir Ihre Unterstützung bedeutet – ja, ich kann es nicht einmal.

Ein Traum:

*Ich fasse den Entschluß, eine katholische Nonne zu werden. Ich besorge mir Ordenskleidung und ziehe sie an, bin mir aber nicht sicher, ob es wirklich die offizielle ist. Abends gehe ich auf der Grant Avenue spazieren und begegne Papst Pius. Er fragt mich: «Wer ist dein Pate, mein Kind?» Ich sage: «Ich habe keinen.» Er bietet mir an, mein Pate zu sein. Wir bummeln zusammen durch Chinatown. Er ist heiter und freundlich, und er bleibt in einem Andenkenladen stehen, um ein paar fernöstliche Messingkreuze zu segnen, die von der Decke herabhängen. Plötzlich bin ich in einem Kloster. Es tobt ein schrecklicher Krieg, und wir haben nicht mehr genug Bettwäsche. Ich wache schaudernd auf.*

Assoziationen: Die Zweifel, die ich in bezug auf die Analyse habe, sind so ähnlich wie religiöse Zweifel. Die höchste ‹weltliche› Autorität beruhigt mich. Bin verwirrt.

Sally

In diesem Traum strebt Sally nach einer weiblichen Orthodoxie, die nicht ihre eigene ist. Damit kommt sie zu einer Art Glauben, dem sie sich anschließen kann und der ihrer Assoziation zufolge mit unserer Arbeit in Zusammenhang steht oder aus ihr hervorgeht. In diesem Brief erkennt Sally zum ersten Mal gefühlsmäßig unsere persönliche Beziehung an. Unser Briefwechsel scheint den gleichen Platz einzunehmen wie zuvor unsere Analysestunden.

16. August

Liebe Jane,

denke, ich werde versuchen, mir etwas von den düsteren Sachen von der Seele zu schreiben. Hatte am Montag Besuch von einer guten Freundin, die ihr Baby mitbrachte. Thelma setzte sich mitten auf den Boden und spielte die ganze Zeit über lautstark mit dem Baby. «Er will mich nicht gehen lassen!» kreischte sie bezeichnenderweise. Jetzt, wo Jim fort ist, weiß auch sie nichts mit sich anzufangen, und alles ist recht chaotisch. Sie nimmt die Mädchen nachher mit in die Stadt, und das ist gut und gleichzeitig schlecht, weil ich Angst davor habe, so lange allein zu sein.

Ich bin mit nichts zufriedenzustellen. Woher will ich wissen, ob mein Unbewußtes nicht genauso kaputt und durchlöchert ist wie mein Körper? Aller Wahrscheinlichkeit nach ist genau das der Fall. Ich stehe nicht nur unter dem Einfluß des Schattens. Ich bin mittlerweile der Schatten, und alles andere ist schon tot.

Auf der einen Seite Jane Wheelwrights strahlende, fremdartige Welt und auf der anderen die leuchtende, wunderschöne Welt der Realität, und ich stehe irgendwo ganz merkwürdig dazwischen. Kann weder vor noch zurück. Bin zu neugierig und zu feige, um allem ein Ende zu machen. Habe auch Angst, ich könnte die Sache verpfuschen. Komisch, aber je größer meine Schmerzen sind, desto größer ist auch meine Angst vor Schmerzen. Kann mir nicht vorstellen, ein Messer zu benutzen oder eine Pistole – wenn ich eine hätte – oder auch irgendwo runterzuspringen. Der Arzt hat zu Jim gesagt, am besten bekäme ich eine Lungenentzündung. Kann mir nicht vorstellen, daß ich die mir absichtlich holen kann. Habe Angst vor der Vorstellung, gelähmt zu sein.

Thelma fährt dieses Wochenende nach Hause, und meine Mutter kommt für eine Woche her. Dann fahren die Kinder für ein paar Wochen in den Süden und Jim in den Norden. Verdammt! Verdammt! Verdammt! Ich muß zusehen, daß ich jeden Tag einzeln angehe.

Ja, Jane, ich habe versprochen, mit dem ganzen Mist nicht hinterm Berg zu halten, und das Versprechen habe ich gehalten. Aber dies ist noch dazu langweiliger Mist!

Mit liebem Gruß
Sally

18. August

Liebe Jane,

ich habe Ihre willkommenen Briefe erhalten. Der aus Chicago kam am Montag und heute der aus Zürich. Ich bin es, die Sie mit all den Briefen belastet, aber es hilft mir in erstaunlichem Maße, wenn ich täglich etwas schreibe.

Eigentlich geht es mir diese Woche sehr gut, auch wenn sich das in meinem vorigen Brief anders angehört hat. Mit Ihrer Vermutung, daß ich mir die Probleme von Freunden auflade, mögen Sie recht haben. Mir fällt auf, daß ich mich sehr oft in der Rolle der Vertrauten wiederfinde, und ich gehe so bereitwillig auf die Leute ein, daß ich davon wahrscheinlich müde und der ganzen Sache überdrüssig werde. Diese Woche habe ich kein Blatt vor den Mund genommen, und das hilft.

Mit liebem Gruß
Sally

Sally erkennt ihr Bedürfnis danach, daß andere ihr etwas von sich geben, indem sie ihr ihre Probleme anvertrauen. Sallys Rolle ist rezeptiv. Vielleicht ein Anzeichen dafür, daß ihr Ego nicht ganz gefestigt ist. Auch ich sehe mich bei ihr in der Rolle, das Gespräch größtenteils selbst bestreiten zu müssen. Anders als ihre Freunde spreche ich mit Sally allerdings über sie selbst und bediene mich dabei ihrer Träume.

19. August

Liebe Sally,

als ich heute nachmittag von einem Abstecher nach Deutschland zurückkam, warteten drei Ihrer Briefe auf mich. Für mich ist es eine Erleichterung zu wissen, daß Sie sich in der Lage fühlen zu schreiben.

Natürlich ist es Ihnen sehr unangenehm, wenn sie sich vor anderen Leuten übergeben müssen, und es hat seine Vorteile, wenn man eine gute Fassade wahren kann. Aber vielleicht strengen Sie sich dabei zu sehr an. Ich mag nicht mit ansehen, wie Sie sich von Ihren Freunden abschneiden. Mir wäre es lieber, Sie würden weniger Willenskraft darauf verwenden, eine gute Fassade zu wahren. Dann wäre es weniger ermüdend und anstrengend für Sie, Ihre Freunde bei sich zu haben.

Zu Ihrem Traum vom Einkauf für die Kinder: Die Freude, die Ihnen das Einkaufen für die Kinder bereitet, zeigt, daß Sie Ihre Kinder brauchen und ihnen etwas geben können. Daß Sie für Sarah die Armeedecke aussuchen, paßt möglicherweise dazu, daß Sie möchten, daß Sarah ihre Kämpfe so durchsteht, wie das ein Soldat täte. Vielleicht macht es Ihnen Sorgen, sie zu einem Zeitpunkt allein zu lassen, wo sie noch so jung und verletzlich ist.

Zu Ihrem Traum als Teenager in einem exklusiven Mädchenpensionat: Psychologisch gesehen, wollen Sie sich einem Problem stellen, das exklusiver – also andere ausschließender – weiblicher Natur ist. Sie lernen gerade, im Angesicht einer lebensbedrohlichen Krankheit zu leben und daraus etwas Wichtiges zu gewinnen. Dabei müssen Sie als Jugendliche anfangen und erlauben, daß die wahre weibliche Natur erblühen kann, anstatt zu versuchen, den Erwartungen, die Ihrer Meinung nach unsere christliche Gesellschaft an Sie stellt, gerecht zu werden.

Schreiben Sie mir auch weiterhin Ihre negativen Gedanken! In Ihrer Negativität steckt eine Menge Vitalität. Ich bin sicher, daß dort viel von Ihrer Energie gebunden ist. Mir gefällt es, wen Sie sich losmachen. Dabei werde ich auch an die Rebellin in mir erinnert! Es tut mir nur leid, daß Sie so viel leiden müssen.

Mit herzlichen Grüßen
Jane

20. August

Liebe Sally,

Ihr Traum von May Hubbert scheint voller Bedeutung und äußerst wichtig gewesen zu sein. Ich bin überzeugt, der eigentliche Inhalt ist nicht weit entfernt. Sie werden bald dahinterkommen. Die Assoziation zu May geht in die richtige Richtung. Und die Geburt des Mädchens gleicht auf der weiblichen Seite das aus, wofür der kleine Junge auf der männlichen stand. Es ist eine neue weibliche Stärke, die das Gegengewicht zu einer neuen positiven Abenteuerlust bildet. Ihr anfängliches Symbol des weiblichen Selbst, das Kätzchen, hat eine menschliche Gestalt angenommen. Nimmt man die zwei Teile des Traumes als ein Ganzes, so setzt das kleine, neugeborene Mädchen dem «sehr alt» das «sehr jung» entgegen und drückt dem Teil des Traumes, in dem Sie die «weise alte Frau» sind – Sie sind darüber hinaus auch das Baby und May – den Stempel des Kreativen und Archetypischen auf.

May scheint mir Ihre Version Ihres potentiellen weiblichen Selbst zu sein – eine Figur, die vielleicht an das herankommt, was Jung die «chthonische Mutter» nennt. Sie bildet einen deutlichen Gegensatz zu Nanny, über die wir uns ja schon unterhalten haben, ist dabei aber ebenso merkwürdig und unklar. Mays Alter, ihr schwieriger, komplizierter Charakter, ihr Interesse an Gedichten und der Umstand, daß Sie in diesem Traum gesund sind, weisen auf ein deutlich in der Zukunft liegendes Entwicklungsstadium von Ihnen hin. Gedichte sind ein Ausdruck introvertierten Fühlens, und diese – in Ihrem Fall vierte – Funktion vereint im Alter die anderen drei in sich, das sollte nun auch bei Ihnen geschehen. Ihr Bild mit den roten, orangenen und rosa Wellenlinien schildert ebenfalls die poetische, unpersönliche Seite Ihres Wesens, mit deren Hilfe Sie möglicherweise eine echte Verbindung nicht nur zu Ihrem Mann, sondern auch zu Ihrem tiefsten lebenswichtigen Zentrum herstellen können, in dem alle Gegensätze miteinander versöhnt sind. Diese Seite ist jetzt geordneter: Die Wellenlinien sind in einem gelungenen abstrakten Bild enthalten, das eine Brücke in die Zukunft schlägt.

Bisher haben wir gesagt, daß Ihr Ziel die Hochzeit sei. Rückblikkend müssen wir erkennen, daß sich das Hochzeitsthema nicht nur auf Ihre reale Heirat, sondern wohl auch auf den Tod bezieht. Die Gnostiker haben eine wunderschöne Mythologie entwickelt, die das Thema der Hochzeit mit dem Tod verknüpft. Auch für Jung war die chthonische Mutter (die bis vor gar nicht langer Zeit mehr oder weniger als eine Figur der Unterwelt galt) die Schlüsselfigur in der Hochzeitsvierfaltigkeit, die als Archetyp dem Archetyp des Selbst ähnelt. Dank der Frauenbewegung taucht die chthonische Mutter nun neuerdings im normalen Leben auf. Anscheinend kommen als natürliche Folgeerscheinung diese ganz verschiedenen Themen jetzt allmählich zusammen. Doch ist das ganze Thema so kompliziert, daß wir weitere Erörterungen bis zu meiner Rückkehr verschieben müssen.

Sie und May organisieren ein Poesie-Festival. Sie erkennen also die Poesie in großem, kollektivem Maßstab an. Sie ziehen das Ganze als Festival und damit als ein fröhliches, lebendiges Ereignis auf. Auch stellen Sie dafür das Werk vieler Dichter zusammen. Damit bestätigen Sie zweifellos, daß Sie im Prinzip die Äußerung von Gefühlen ernsthaft akzeptiert haben. Wenn ich ein Poesie-Festival organisiere und die dafür erforderliche Energie investiere, dann gewiß deshalb, weil ich viel von dem Thema halte, auch wenn ich selbst kaum eigene Gedichte zustande bringe. Da der Traum Sie selbst sind, zeigt er mir, daß Sie das Bedürfnis akzeptieren, Ihre eigenen introvertierten Gefühle anzuerkennen. Hätten Ihnen Ihre Gefühle direkt zur Verfügung gestanden, hätten Sie im Traum vielleicht tatsächlich Gedichte verfaßt.

Cyranos Nähe ist ganz sicher ein Zeichen dafür, daß die Dinge besser stehen. Er nimmt, genau wie das Selbst, schon lange vor Ihnen gewisse Anzeichen wahr. Ich freue mich so, daß Sie wenigstens drei gute Tage gehabt haben. Und interessanterweise haben Sie zur gleichen Zeit positive, bedeutsame Träume gehabt.

Machen Sie sich keine Sorgen, wenn Sie etwas nicht in Worte fassen können. Man kann auf viele Arten miteinander kommunizieren, wenn das Reden zu schwer fällt. Sie dürfen sich nicht mit Sorgen zermürben! Aber es tut mir leid, daß Sie von so vielen Symptomen gequält werden. Wenn es nur weniger wären! Dann könnten Sie viel mehr Energie aufs Nachdenken verwenden, und das ist, was Ihr Unbewußtes jetzt braucht.

Vielen Dank für Ihren Antwortbrief. Machen Sie sich wegen mir keine Gedanken! Sie werden von mir soviel Unterstützung bekommen, wie ich nur geben kann. Ich wünschte, es könnte mehr sein! Sie sind psychisch so lange auf sich allein gestellt gewesen, daß es jetzt einfach an der Zeit ist, daß Sie Unterstützung bekommen.

Zu Ihrem Nonnen-Traum: Auch er geht in die richtige Richtung. Um zu Ihrer eigenen religiösen Einstellung zu finden, müssen Sie die historischen Religionen erleben und ausprobieren, und die katholische ist eine der wichtigsten. Papst Pius bietet Ihnen an, Ihr Pate zu werden. Also kommt es gar nicht darauf an, ob Sie die richtige Kleidung tragen oder nicht. Er macht sich offensichtlich über derartige Unstimmigkeiten keine Gedanken. Ihm ist es sogar möglich, die chinesische Version des katholischen Symbols zu segnen. Was für ihn zählt, ist die Absicht. Papst Pius ist hier vielleicht ein höherer religiöser Animus (zumindest ein Sprecher für den männlichen Aspekt des Selbst), der Ihnen dabei zu helfen versucht, Ihren Weg zu finden. Und Ihr Weg muß das Östliche mit einschließen, westliches Denken allein reicht nicht aus.

Das Kloster, das für völlige Hingabe steht, ruft Konflikte in großem Maße hervor. Um zu Ihrer religiösen Einstellung zu finden, müssen Sie sich einem großen Konflikt stellen. Bei diesem Konflikt wird Ihr Weg herausgehauen. Das ist nie ein friedlicher und schon gar kein angenehmer, aber ein ungemein lohnender Prozeß.

Natürlich hegen Sie in bezug auf die Analyse Zweifel, und Sie können sich nicht dazu zwingen, einfach an die Analyse zu glauben. Meine Hoffnung ist, daß Sie – wenn Ihnen das Unbewußte erst einmal mehr Beweise geliefert hat und Sie vielleicht sogar numinose Erfahrungen gemacht haben – dort einen Freund und ständigen Begleiter finden werden, der Ihnen niemals Unsinn erzählt und Sie nie im Stich läßt. Das wäre für Sie viel beeindruckender als alles, was ich Ihnen erzählen könnte, weil es aus Ihrer eigenen Erfahrung käme.

Bitte vertrauen Sie darauf, daß die negativen Perioden bei Ihnen nie länger als ein paar Tage dauern werden!

Mit herzlichen Grüßen
Jane

Der Krieg, der am Ende des Traumes erwähnt wird, könnte eine Warnung vor dem noch kommenden sein. Rückblickend betrachtet, habe ich Sally vielleicht einen Gefallen erwiesen, indem ich diese Möglichkeit angesprochen habe.

15. August

Liebe Jane,

für Träume ist gerade eine schlechte Zeit. Ich bin sehr niedergeschlagen und fühle mich, als ob ich am Grunde eines Abfalleimers leben würde. Thelma ist heute morgen nach Hause gefahren, dabei steht die Küche mit schmutzigem Geschirr voll, und Beth hat 39° Fieber. Meine Mutter wird irgendwann am Nachmittag auftauchen. Was für ein schreckliches Leben für die Kinder! Der arme Jim scheint auch nicht gerade gern nach Hause zu kommen. Ich mache ihm da keinen Vorwurf! Heute morgen habe ich Ihren dritten Brief erhalten. Es ist nicht Mut oder Willenskraft, sondern einfach ein konditionierter Reflex.

Einen Traum habe ich gehabt:

*Thelma, die Mädchen und ich befanden uns in einer altmodischen Küche – so ähnlich wie meine, nur älter. Thelma trug gerade das Abendessen auf. Sie servierte die gebackenen Limabohnen in einem Emaille-Nachttopf, und ich war entrüstet. «Aber den habe ich doch ganz billig im Gebrauchtwarenladen gekauft», beharrte sie. «In meiner Küche nimmst du eine Pfanne!» sagte ich. «Ich koche, worin es mir gefällt, solange ich hier die ganze Kocherei mache!» schrie sie.*

Assoziationen: Dies ist eine makabre Version von dem, was sich hier in Wirklichkeit die ganze Woche lang abgespielt hat. Das Essen ist unglaublich schlecht gewesen.

So simple Sachen wie Hamburger hat sie noch falsch gemacht. Sie waren so schwach gebraten, daß das Fleisch kalt und die Brötchen blutig waren. Den Kindern fiel es verständlicherweise schwer, so was hinunterzukriegen. Ich wünschte, ich könnte ihr gegenüber mal so richtig platzen! Aber ich fürchte, das würde zu nichts führen.

Liebe Grüße
Sally

Dies ist ein typischer schattenprojizierter Traum. Der etwas schäbige Schauplatz, der Nachttopf und Thelmas untypisches Verhalten sind klassische Beispiele für Schattenprojektionen.

18. August

Liebe Jane,

heute morgen ist Ihr Eilbrief aus München gekommen. Durch Ihr häufiges Schreiben helfen Sie mir sehr, mich auch weiterhin auf unser Ziel zu konzentrieren, das ja – wie Sie schon angedeutet haben – auf der intellektuellen Ebene klar, auf der emotionalen aber noch fern zu sein scheint.

Meine Mutter ist da, und diesmal läuft ihr Besuch viel besser ab als das letzte Mal. Es fällt mir leichter, sie um etwas zu bitten. Sie ist die ganze Zeit beschäftigt und dabei viel lockerer. Ich werde immer noch von dem tauben Gefühl geplagt, und die Tage ziehen sich immer noch so in die Länge, aber das ist nichts Neues.

Mit liebem Gruß
Sally

Dieser Brief liefert das erste Anzeichen, daß für Sally die emotionale Wirkung unserer Beziehung mehr in unserer Kommunikation und nicht so sehr in der Interpretation ihrer Träume liegt.

19. August

Liebe Jane,

gestern rief Ihr Kollege an, und den heutigen Morgen haben wir damit verbracht, uns gegenseitig abzutasten und einzuschätzen. Er scheint sehr viel Einfühlungsvermögen zu haben. Wir haben meinen Traum von Papst Pius besprochen, und er hat ihn als recht positiv empfunden.

Diesmal ist es viel angenehmer, meine Mutter hier zu haben. Sie hat Sarah gezeigt, wie man mit der Nähmaschine umgeht. Die Mädchen haben ein paar Säckchen zusammengenäht und sie im Park verkauft. $ 1,50 haben sie dabei verdient. Es war ganz allein ihre Idee – und eine erfolgreiche dazu! Am Montag kommt Thelma zurück. O je! Und Jim ist gerade in der Woche in Wyoming. Bei dieser wirren Idiotin fühle ich mich wie ein Fisch auf dem Trockenen. Die darauffolgenden zwei Wochen werden die Kinder unten im Süden verbringen. Wenn ich Thelma gegenüber doch nur zu einer annehmbaren Einstellung gelangen würde, wo wir es offenbar nun mal miteinander aushalten müssen!

Jim und ich gehen dieser Tage recht feindselig miteinander um. Er ist über meine panische Angst und Depression ungehalten. Warum kann ich mich nicht einfach ins Unvermeidliche fügen und den Mund halten?

Alles Liebe
Sally

Sallys besseres Verhältnis zu ihrer Mutter zeigt, daß ihre Reaktionen nun aus dem weiblichen Teil des Selbst kommen. Da ist es nicht verwunderlich, daß jetzt der männliche Aspekt in Gestalt von Papst Pius nach Aufmerksamkeit verlangt.

25. August

Liebe Sally,

auch ich bin der Meinung, daß Ihr Traum von Papst Pius ein sehr guter Traum war. Die katholische Kirche hat die ursprünglichen Symbole seit Anbeginn bewahrt, und deshalb paßt sie so gut in die moderne Psychologie hinein. Der Gang ins Kloster ist ein Schritt in die richtige Richtung: Sie errichten um sich eine starke, schützende weibliche Mauer, um mit den Stürmen fertig zu werden, die Sie bedrohen. Dazu zählt vor allem Ihre verständliche Ambivalenz gegenüber der Furcht vor dem Tod. Und Sie haben recht: Die höchste Autorität ist eine religiöse Vorstellung, die von Millionen akzeptiert wird, obschon in Ihrem Traum Papst Pius da großzügiger ist. Sie bezeichnen diese Autorität als «weltlich», und ich meine, das paßt, weil der Papst im Traum für das zu stehen scheint, was universell gültig und als Grundlage allen Menschen gemeinsam ist.

Dieser Traum erinnert mich an einen anderen, den Sie gehabt haben. Sie hielten mit Ihrer katholischen Freundin zusammen in einem kapellenartigen Raum Wacht, während draußen ein Sturm tobte. Erinnern Sie sich? Ihre Aufmerksamkeit war dabei auf drei Lampen gerichtet. Für die Katholiken steht die Dreiergruppe – die Dreifaltigkeit – symbolisch für das Selbst. Für jemanden, der nicht mehr der Orthodoxie angehört, würde das eine Vielfaltigkeit werden, wie es immer wieder in Ihren Mandalas und jetzt in den vierarmigen fernöstlichen Kreuzen zum Ausdruck kommt. Ich denke, beide Träume betonen, wie wichtig es für Sie ist, eine Verbindung zu Ihren eigenen religiösen Gefühlen herzustellen, indem Sie Ihre christlichen Wurzeln anerkennen, vor allem diejenigen, die auf die altägyptische Dreifaltigkeit zurückgehen, die das weibliche Prinzip mit einschloß.

Zweifellos stellt der Zen-Buddhismus für Sie eine Brücke zum Unbewußten dar. Er ist eine praktische Religion, die Intuitives enthält. Darum gibt es Ihnen eine solche Befriedigung, wenn Sie etwas über Zen lesen. Es löst eine der Ihnen weniger gut zur Verfügung stehenden Funktionen aus, nämlich das Intuieren, und vermittelt Ihnen dadurch ein Gefühl von Leben. Eigentlich sind zwei unserer Funktionen ziemlich bewußter Art; die dritte kann mehr oder weniger bewußt gemacht werden; doch die vierte wird sich im Unbewußten eines jungen Menschen nur schemenhaft zeigen. Bei älteren – gereiften – Menschen manifestiert sie sich als Summe aller Funktionen. Sie ist der Mittler für das Selbst und wird in Träumen anfangs oft als Tier dargestellt. Könnte das vielleicht Cyrano sein, der – noch ehe Sie es selbst wissen – weiß, wie es Ihnen geht? Es kann auch ein Mann sein. Und in Ihrem Traum, in dem Sie Nonnenkleidung anziehen und durch Chinatown bummeln, ist dieser Mann Papst Pius. Er ist immerhin Mittler zwischen den Menschen und Gott gewesen. Und Gott ist die orthodoxe Version des Selbst. Im übrigen ist Ihr Papst Pius anscheinend bereit, sogar die Kreuze zu akzeptieren, die man in einem chinesischen Andenkenladen findet.

In einem Ihrer Briefe schildern Sie auch, wie hin- und hergerissen Sie zwischen der Welt der Realität und der anderen Welt sind, für die ich stehe. Sie können weder vor noch zurück. Das erinnert mich an die Arme des östlichen Messingkreuzes. Sie symbolisieren die Gegensätze, von denen Sie gelähmt werden. Es scheint, als müßten Sie das Ganze «mit Hangen und Bangen» durchstehen, um so die hilfreiche, erhellende dritte Möglichkeit zu konstellieren. Wir alle wissen, daß Paare wie Sie und Jim aufgrund ihrer unterschiedlichen Typen leiden. Doch dafür gibt es mittels des dritten Elements eine Lösung: zuerst das physische Kind, später das psychische Kind und dann die bewußte Liebe. In Ihren Träumen sind schon zwei psychische Kinder aufgetaucht – das eine männlich, das andere weiblich –, und aufgrund der Art, in der sie aufgetreten sind, sowie aufgrund des Ernstes Ihrer Lage glaube ich, daß sie sich auf die Individuation beziehen. Sie sind der christliche Logos und Eros, die zusammen das ganze Leben umfassen. Sie sind die Anfänge der göttlichen Syzygie (Zweiheit), die das androgyne Selbst darstellt.

Mir scheint, Ihre Träume sind teils deshalb so voller Leben, weil Sie sich so leer fühlen. Anscheinend versucht das Unbewußte, die geringe Meinung, die Sie von sich haben, sowie Ihre negative Einstellung dadurch zu kompensieren, daß es Ihnen eine große religiöse Figur zum Begleiter gibt. Wenn Sie sich in Ihren Träumen des Papstes würdig fühlen, werden Sie sich vielleicht auch in wachem Zustand nicht so wertlos fühlen. Das hoffe ich zumindest. Ich frage mich, ob Ihre Symptome – das taube Gefühl und die häufige Magenverstimmung – ganz und gar durch die vom Krebs ausgehende körperliche Belastung verursacht werden. Mir kommt immer wieder die Idee, daß einige der körperlichen Symptome durch Ihre Selbstablehnung besonders verstärkt werden. Wenn Sie sagen, Sie seien zu nichts nütze, leer und nichts wert, dann wird jeder Schmerz in Ihrem Körper zwangsläufig übermäßig verstärkt. Ich weiß, es ist schwer, allein durch Willenskraft von einer alten Angewohnheit abzukommen, und Sie haben, weiß Gott, allen Grund dazu, sich schlecht zu fühlen. Aber wenn es Ihnen gelänge, den durch Ihre Träume aus dem Unbewußten kommenden Botschaften Glauben zu schenken, dann wäre unter Umständen gar keine Willenskraft erforderlich. Vielleicht müssen Sie zuerst einmal Ihrer Analytikerin Glauben schenken. In Ihrem ersten Brief deuteten Sie an, es sei für Sie ein Akt des Vertrauens, meine Schlußfolgerungen zu übernehmen. Vielleicht können Sie sich daran festhalten – zumindest für den Moment.

Menschen, die sterben, haben normalerweise Zugang zu einem Instinkt, der ihnen hilft, dem drohenden Tod ins Auge zu sehen, und dieser Instinkt tritt in Träumen im allgemeinen als Tier auf. Von Anbeginn an hat alles Leben früher oder später dem Tod ins Auge sehen müssen. Es ist nur logisch, anzunehmen, daß sich dafür feste Muster gebildet haben. Die Instinkte decken sich mit den Archetypen, oder man könnte auch sagen, sie stammen von den Archetypen ab. Folglich müßte dem Tod gegenüber eine archetypische Einstellung existieren, die beschützend wirkt. Ich könnte mir vorstellen, daß in Ihrem Traum das Kloster ein teilweiser Ausdruck dieses Archetyps ist. Von Mauern geschützt zu werden, ist schließlich ähnlich, wie von den Grenzlinien eines Mandala umschlossen zu sein, und das Malen von Mandalas hat sich für Sie doch als hilfreich erwiesen.

Zu dem Prozeß, den Jung Individuation genannt hat, gehören die Entwicklung der vier Funktionen sowie das Zusammenkommen des Bewußten und Unbewußten. Es gibt viele Indizien dafür, daß die Individuation heitere Gelassenheit und Frieden bringt – zwei Dinge, die den Tod letztlich annehmbar machen. Was nach dem Tod kommt, weiß niemand. Aber die großen Religionen sagen uns, daß man – nach einer entsprechenden Vorbereitung – den Frieden und die ewige Ruhe erwarten könne, nach denen Sie sich sehnen. Doch solche Menschen, denen keine der etablierten Religionen einen festen Halt gibt (vor allem Leute wie Sie, die konfliktbeladen sind), scheinen dadurch Frieden zu finden, daß sie sich um Ganzheit in diesem Leben bemühen. Aus diesem Grunde bin ich so sehr darauf bedacht, daß Sie die in Ihren Träumen vorhandenen Beweise, wie nahe Sie Ihrem Zentrum schon sind, anerkennen. Ich hoffe auch, daß Sie das Selbst (in seinen beiden Aspekten, dem weiblichen und dem männlichen), das in den Träumen vor meiner Abreise immer wieder so stark hervorgehoben wurde, annehmen können. Ich sage nicht, daß Ihr Tod unmittelbar bevorstehe. Sein Zeitpunkt liegt in der Hand der Götter. Für Sie scheint es jetzt nur noch einen Weg zu geben, Ihren Frieden zu machen. Und das ist auch mein Weg. Er besteht in unserer gemeinsamen Arbeit. Menschen, die aufgrund früher Konflikte den Kontakt zu ihren Instinkten verloren und den Bereich der orthodoxen Religion verlassen haben, kommen um diesen Individuationsprozeß anscheinend nicht herum. Wenn Sie zu große Angst vor dem Tod haben, ist das so, als ob Sie ständig von einem Feind umlauert würden, der Ihnen langsam die Lebenskraft raubt, die Sie brauchen, um zu sich selbst zu finden und den Krebs zu bekämpfen.

Warum suchen Sie sich nicht das Mandala, das Ihnen von denen, die sie gemalt haben, am besten gefällt, heraus und hängen es so auf, daß Sie es von Ihrem Bett aus sehen können? Wenn es Ihnen jetzt schwerfällt, sie so zu malen, wie Sie sie innerlich sehen, dann ist es für Sie wichtig, zur Kontemplation das beste zur Verfügung zu haben. Sie könnten darüber meditieren, so wie das im Osten getan wird und wie Sie es offenbar in dem Traum von den drei türkisfarbenen Lampen tun. Das könnte dann fast so stabilisierend wirken, als ob Sie neue malen würden. Höchstwahrscheinlich haben Ihre Schwierigkeiten beim Malen die gleiche Ursache wie das taube Gefühl in Gesicht und Armen. Doch das wirkt sich nicht auf die Vorstellung, sondern nur auf die Ausführung aus. Sie sollten weiter Mandalas malen, auch wenn diese Ihrer Meinung nach verkrampft und unbefriedigend aussehen. Ich bin sicher, daß ein Bemühen in dieser Richtung für Sie von Nutzen wäre. Was zählt, ist das Bemühen. Das macht uns gleich, auch wenn unser Resultat nicht das gleiche ist. Davon bin ich felsenfest überzeugt.

Was die Konflikte mit Ihrer unmittelbaren Umgebung betrifft, bin ich sicher, daß sie unvermeidlich sind – wegen der Reisen Ihres Mannes, wegen meiner Abwesenheit und schließlich deswegen, weil Sie mehr Sie selbst sind. Zweifellos war Ihr Mann unbewußt darauf angewiesen, daß ich ihn entlastete, indem ich die Verantwortung übernahm. Natürlich haben Sie panische Angst. Sie sind hilflos. Was können Sie anderes tun? Es ist einfach schlimm, daß die praktischen Faktoren so schlecht stehen.

Thelma glaubt wahrscheinlich, sie müsse sich beherrschen, Optimismus ausstrahlen und helfen, weil Sie so krank sind. Gegen diese Rolle muß sie tief drinnen ab und zu einfach aufbegehren, das ist nur menschlich. Ich kann mir nicht helfen, aber ich meine, daß sie dieses Aufbegehren verdrängt und es dann unbewußt in dem nicht gerade appetitanregenden Essen, der Unordnung im Haus und in ihrer ablehnenden Haltung dem Garten gegenüber zum Ausdruck bringt. Wenn sie nur ab und zu ihrem Ärger freien Lauf lassen könnte, ohne dann wegen ihres Angriffs auf einen wehrlosen Menschen ein schlechtes Gewissen zu haben, dann könnte im praktischen Bereich unter Umständen alles besser werden. Ich habe sie einmal gefragt, wie es gehe, ob es schwer für sie sei. Sie hat mich völlig verwirrt angesehen und irgend etwas gemurmelt, das ich nicht verstanden habe. Vermutlich leidet sie unter großen inneren Konflikten, weil sie ihr Leben lang feindselige Gefühle verdrängt hat. Der Traum, in dem Sie geträumt haben, daß Thelma in einem Nachttopf koche und sehr heftig reagiere, als Sie sich deswegen beschwerten, könnte *Ihr* Traum sein. Doch da Sie ihn gehabt haben, müssen wir sagen, daß sich das Ganze – die altmodische Küche, der Emaille-Nachttopf, Thelmas Schreien, ein im Gebrauchtwarenladen billig erstandener Gegenstand – um den Schatten dreht. Könnte Jim sie nicht dazu bringen, ihrem Ärger offen Luft zu machen oder sich ihm gegenüber zu beklagen? Das könnte ihr zumindest helfen, das zu übernehmen, was nicht gerade ihr Anteil ist. Oder sollten es lieber Sie sein, die ihrem Ärger Luft macht?

Ich bin froh, daß Sie finden, mein Kollege habe Einfühlungsvermögen. Dessen war ich mir eigentlich gleich sicher, weil er großes Interesse zeigte, als ich ihn bat, mich zu vertreten. Schauen Sie, Sally, wir alle müssen der Unvermeidlichkeit des Todes ins Auge sehen. Wenn wir Ihnen dabei helfen, helfen wir damit auch uns selbst. Und das erinnert mich daran, Ihnen zu sagen: Je mehr ich Sie dazu dränge, zu erkennen, daß Sie dabei sind, Ihr ganzes Selbst zu finden, und wie wichtig das für Sie ist, desto mehr erinnere ich mich selbst daran, daß ich das gleiche tun muß. Diese Bemühungen mit Ihnen sind so wertvoll für mich. Verglichen mit dem, was Sie gerade durchmachen, ist der Druck, der auf mir lastet, nichts; aber wir gehen da gemeinsam durch.

Es gibt noch viel mehr, was ich zu sagen hätte, aber ich gönne Ihnen jetzt besser eine Ruhepause. Verzeihen Sie mir, wenn ich in meinen Briefen eine Menge platter Feststellungen zu treffen scheine. Ich spüre das drängende Bedürfnis, Sie voranzutreiben –

einmal wegen der Situation, in der Sie sich befinden, und weil Sie dazu neigen, in Ihre alte negative Welt zurückzufallen, sobald Sie auf sich selbst gestellt sind. Die knappe Zeit, die ich habe, läßt mich sicher pedantischer sein, als ich es beabsichtige. Der Umstand, daß ich beim «Reden» Ihre Reaktionen nicht mitbekommen kann, macht mir Schwierigkeiten. Schreiben Sie mir bitte auch in Zukunft, welche Probleme Sie zu Hause haben. Ich muß sie kennen! Schreiben Sie mir auch Ihre Träume auf, wenn Sie können!

Mit herzlichen Grüßen
Jane

22. August

Liebe Jane,

wie ich Ihnen schon geschrieben habe, war es diesmal sehr angenehm, meine Mutter hier zu haben. Mir scheint, daß wir uns nähergekommen sind als je zuvor.

Heute ist Thelma angekommen, und ich habe sofort sehr ablehnend auf sie reagiert. Warum muß ich auf ihre Dummheit nur so heftig und intolerant reagieren?

Hier ein Traum von mir:

*Ich begebe mich ins presbyterianische Krankenhaus, um dort zu sterben. Ich werde in ein schönes Privatzimmer gelegt, von dem aus ich durch eine Glaswand auf die Stadt blicken kann. Es ist Nacht, und ich sehe die goldenen Lichter der Gebäude. Ich bin ruhig.*

Mit liebem Gruß
Sally

Dieser Traum entspringt der angenehmen Atmosphäre, die während des Besuchs ihrer Mutter herrscht. Er zeigt, welch tiefes Bedürfnis ein Sterbender nach der Mutter oder einem Mutterersatz hat.

27. August

Liebe Sally,

gestern ist Ihr jüngster Brief angekommen. Ich habe mich gefreut, ihn zu bekommen, und dadurch erfahren, daß sich Ihre Bemühungen, die Träume über Ihre Mutter zu verstehen, so reichlich ausgezahlt haben. Vielleicht können Sie Jim nun besser verstehen.

Da er vom Typus her Ihrer Mutter ähnelt, fällt es ihm wahrscheinlich sehr schwer, mit dem Grauen vor Ihrem Leid klarzukommen. Das Bild, das Sie vor meiner Abreise gemalt haben, auf dem unter anderem die Brosche mit den vierundzwanzig Diamanten zu sehen ist, ist wohl auch Teil dieser Bemühungen gewesen. Das erklärt, warum Sie im Schlaf «Mama» gerufen haben. Die archetypische Mutter, eine Personifikation des weiblichen Selbst, schließt die leibliche Mutter mit ein.

Sie könnten vielleicht versuchen, den Teil von Thelma zu malen, der Ihnen so zusetzt. Für Sie ist die Objektivierung wichtig – egal, ob es sich dabei um etwas Positives oder etwas Negatives handelt. Wenn Sie das Gefühl, das Ihnen keine Ruhe läßt, erst einmal aufs Papier bringen oder sich gedanklich bewußt machen, verliert es möglicherweise etwas von seiner Stärke. Thelma reagiert vermutlich auf etwas Unbewußtes in Ihnen und auch in sich selbst. Am Anfang unserer Arbeit haben wir uns viel über die Probleme unterhalten, die sowohl Ihre Mutter als auch Thelma betrafen, und sofort schien Thelma Sie viel weniger aufzuregen. Anscheinend half es, darüber zu reden. Erinnern Sie sich? Folglich dürfte es auch wieder helfen, das, was da ist, zu malen oder aufzuschreiben.

Zu Ihrem positiven Traum vom Sterben: Haben Sie je einen Traum – ob positiv oder negativ – mit einer derart klaren Aussage gehabt? Sie haben mir einmal erzählt, daß Sie manchmal vor unserem ersten Zusammentreffen geträumt haben, ein weißes Schiff käme Sie holen und eine Freundin aus Kindertagen umarme Sie. Aber bis jetzt haben Sie noch nie davon gesprochen, daß direkt vom Tod selbst die Rede war. Wie dem auch sei, ich bin froh, daß Sie diesen Traum gehabt haben, denn er stellt den Tod friedlich, schön und objektiv dar – so wie Sie ihn sich wünschen. Er hat mich an Ihren ersten Traum erinnert – den, in dem Sie allein auf den sumerischen Turm gestiegen sind, von dem aus Sie die Stadt überblicken konnten. Aber diesmal haben Sie keine Angst.

Wie ausgemacht habe ich angefangen, ein paar Ihrer Träume mit Dr. von Franz zu besprechen. Sie hat Dr. Jung recht nahe gestanden und besitzt eine Menge Erfahrung in der Interpretation von archetypischem Material. Wir werden zusammen noch einmal Ihre ersten vier Träume durchgehen. Die ersten Träume sind jeweils besonders wichtig. Sie zeichnen den ganzen Verlauf einer Analyse vor. Dr. von Franz wird die Träume unter einem anderen Blickwinkel sehen, und das wird ihnen – zu meinem eigenen tieferen

Verständnis und auch zu Ihrem Nutzen – eine zusätzliche Dimension geben. Was neu ist, werde ich an Sie weitergeben.

Zu Ihrem ersten Traum mit dem Turm: Ich erinnere mich, wir haben darüber gesprochen, daß Sie mittels alter Kulturen zu einer umfassenderen Sicht der Dinge finden müssen. Zu dieser Sicht würde unter anderem ein Todesverständnis gehören, das den Todesinstinkt nicht verleugnen würde, wie das in unserer modernen Kultur der Fall ist. In manchen alten Kulturen glaubten die Menschen, daß sie von einem Hund zum Tod geleitet würden. Auch das Pferd wird mit dem Tod in Verbindung gebracht. Der springende Punkt ist, daß man dem Tod instinktiv ins Auge sehen muß, so wie das ein Tier tut. Für Sie muß dieses Tier eine Katze sein, und vielleicht steht Cyranos Kommen und Gehen mit Ihrer Einstellung zum Tod in Zusammenhang.

Dieser letzte Traum, vom dem Sie mir geschrieben haben, läßt vermuten, daß Sie zu der richtigen Einstellung gefunden haben, auch wenn das Tier nicht erwähnt wird. Ihr Krankenzimmer liegt hoch genug, um von dort die Stadt der goldenen Lichter zu überblicken. Sich – genau wie in Ihrem ersten Traum – hoch über der Stadt zu befinden, könnte für Sie als praktisch veranlagter, nüchtern denkender Mensch bedeuten, daß Sie zu einer erweiterten Auffassung gelangt sind. Die goldenen Lichter in der Dunkelheit deuten an, daß der Tod ein warmes Leuchten in der Nacht sein könnte.

Zu Ihrem Traum mit dem Volkswagen und den tönernen Instrumenten: ihre inferiore, das heißt untergeordnete, Funktion befindet sich auf dem Niveau der Hippies, die bei Ihnen sind. (Die Habenichtse, die Geächteten und die Unterprivilegierten symbolisieren normalerweise die inferiore Funktion.) Mit anderen Worten, das Unbewußte will nicht, daß Sie diese Welt verlassen, bevor Sie nicht diese unannehmbaren und unbekannten und sogar verdrängten Teile akzeptiert haben. Das Annehmen dessen, was in Ihnen wahrhaft inferior oder minderwertig ist, hilft Ihnen vielleicht, Thelmas «Dummheit» zu ertragen. Und haben Sie es erst einmal anerkannt, könnte Thelma Ihnen sogar weniger dumm vorkommen.

Sie heben das Chassis von seinen vier Rädern ab und setzen es auf den Randstein. Dr. von Franz meint, das Chassis ist der Behälter der Seele, und die vier Räder sind Ihr Körper und damit von dieser Welt. Die Vier bedeutet die Vollständigkeit, die Individuation, die man in dieser Welt erlangt. Die vier Räder sind auch ein Mittel, um sich im Raum-Zeit-Kontinuum fortzubewegen.

Die Musik wird mit tönernen Instrumenten gemacht. Die Vorstellung, daß Tongefäße zur Welt der Toten gehören, ist sehr alt. Zum Beispiel gibt es im alten Ägypten die Kanopen (Eingeweidegefäße). Musik wird häufig mit Harmonie und Rhythmus und mit der weiten Welt der Gefühle – von lustig bis religiös – in Verbindung gebracht. Musik in den Träumen eines intellektuell Geprägten ist nach Jung ein Hinweis auf die andere Welt. Westliche Menschen projizieren das Symbol des Selbst traditionellerweise auf Christus, der für sie zur jenseitigen Welt gehört. Wer jedoch in herkömmlichen religiösen Vorstellungen keinen Sinn sieht, braucht Symbole, die grundlegender, allgemeiner und vielleicht abstrakter sind. Wir brauchen etwas, das zu unserer instinktiven Quelle zurückreicht – Symbole, die sich sowohl auf primitive Zeiten als auch auf die Gegenwart beziehen. Vielleicht rührt Musik an einen ursprünglichen Ausdruck des Selbst, da sie schon vor der Schrift existiert hat. Zweifellos ist sie aus religiösen Gefühlen heraus entstanden. In Ihrem Fall scheint die Musik, die auf tönernen Instrumenten gespielt wird, einen östlichen Charakter zu haben.

Dr. von Franz erzählte mir, eine ihrer Freundinnen habe einmal geträumt, ihr Vater käme nach seinem Tod als Geist zu ihr, um ihr mitzuteilen, daß er nun in Wien auf ein Konservatorium gehe, um Musik zu studieren. Als junger Mann war er recht musikalisch gewesen, hatte seine musikalischen Aktivitäten dann aber nicht fortgesetzt. Im Alter erwachte dieses Interesse wieder und wurde zu einem unwiderstehlichen Bedürfnis.

Zu Ihrem Traum mit dem Kombi: Der Kombi ist meist ein Wagen, den man bei der Arbeit fährt. Ihre Anstrengung, sich das Material und die Botschaften, die aus dem Unbewußten kommen, bewußt zu machen, wird hier betont. Das Kätzchen, das auf dem Rücksitz auftaucht, ist wohl weiblich. Es könnte der neue, gerade geborene weibliche Instinkt sein: Ihr Impuls, die zu sein, die Sie wirklich sind. Es mag der Instinkt sein, der Ihnen den einfachen, richtigen Weg zum Tod zeigen kann. Aber da ist Ihre Angst vor Thelma. In ihrem eigenen Alptraum hat sie Katzen getötet, und Sie selbst haben einmal in einem halbwachen Moment geschrien: «Jemand bringt meine Katze um!» Kein Wunder, daß Sie so beunruhigt sind. Die Katze bezieht sich auf Ihre grundlegende weibliche Selbstverwirklichung und darf nicht getötet werden. Von ihr hängt Ihr Leben ab.

Sie hoffen in diesem Traum, daß Ihr Mann das neue Kätzchen akzeptiert. Mit anderen Worten hoffen Sie, daß Ihr fühlender Animus das Kätzchen der Natur leben und es Teil Ihres Lebens sein läßt. Dann wird die Art von Liebe, die Sie für Cyrano empfinden, erweitert und auf einer menschlichen Ebene annehmbar. Übrigens können Frauen viel zur Entwicklung ihres echten inneren Gespürs dafür, wer sie sind, beitragen, indem sie sich ihre Gefühle für ein Tier bewußt machen. Gefühle von Liebe für ein Tier werden niemals von ihm zurückgewiesen, wie naiv oder unbeholfen sie auch ausgedrückt werden.

Vielleicht interessiert es Sie, was ich bei meiner eigenen Analyse mit einer Katzenfigur erlebt habe. An einem entscheidenden Wendepunkt träumte ich, daß ein wilder Luchs auf meinem Schoß säße. Dieses Tier, das in der Gegend, in der ich aufgewachsen bin, heimisch ist, läßt sich nicht zähmen. Mein Analytiker erinnerte mich an die Geschichten vom Einhorn, das von einer Jungfrau gezähmt wird. Mit anderen Worten erlebte ich gerade, wie das Unmögliche möglich wurde. In dieser großen Tiefe des Erlebens liegt das feste Fundament der eigenen Weiblichkeit, das man braucht, um den Gefahren des Lebens entgegentreten zu können. Kein Wunder, daß Sie bei dem Gedanken, Ihre Katze werde getötet, äußerst beunruhigt sind. Und denken Sie daran: Eine Hauskatze verliert niemals ihre wilde Natur. Sie brauchen nur zu schauen, was passiert, wenn Ihnen eine über den Weg läuft!

Ich habe das Gefühl, daß sie trotz Thelma jetzt viel mehr obenauf sind. Ihr wachsendes Verständnis für Ihr neues Leben hilft Ihnen sicherlich gegen die Angst vor dem Tod. Wenn Ihnen klar wird, daß Sie Thelma als die Verkörperung all der Dinge sehen, die in Ihnen selbst die instinktive Lösung Ihres Lebens zunichte machen, kommt sie Ihnen vielleicht auch nicht mehr so destruktiv vor.

Mit herzlichen Grüßen
Jane

28. August

Liebe Jane,

ich kann nicht behaupten, daß die vergangenen Tage übermäßig gut gewesen wären. Meine Träume scheinen inzwischen völlig versiegt zu sein. Ich bin überzeugt davon, daß ich träume, aber ich kann mich an rein gar nichts erinnern.

Ich habe ständig solche Schmerzen, daß ich nichts anderes tue, als mich mit den Beschwerden, der Angst und der Verwirrtheit herumzuquälen. Vergangene Nacht habe ich zum Beispiel völlig die Beherrschung verloren und nur gestöhnt und geschrien. Das wirkt sich sicher auf die Kinder aus. Gott sei Dank fahren sie am Mittwoch in den Süden.

Die Ärzte wissen nichts anderes mehr zu tun, als mir noch mehr Tabletten zu geben, damit ich schlafen kann.

Liebe Grüße
Sally

30. August

Liebe Jane,

Ihr langer Brief vom 25. August hat mir wieder einen Lichtblick gegeben. Ich bin die ganze Zeit so lustlos und niedergeschlagen. Ich weiß, daß körperliche Beschwerden durch Angst verstärkt werden, aber jetzt quälen mich alle möglichen primitiven Ängste, wie zum Beispiel: Was ist, wenn es wirklich eine Hölle gibt? Das Leben erweist sich als so schrecklich, daß mich keine Obszönität mehr überraschen würde.

Gerade ist Ihr Brief vom 27. August angekommen. Was für eine wahnsinnige Energiespritze doch in diesen zwei gut durchdachten Botschaften steckt! Es hilft sehr, sich noch einmal die frühen Träume anzusehen. Ich hatte manche der lebhaftesten vergessen und weiß die neuen Erkenntnisse zu schätzen.

Jim und die Mädchen sind heute morgen nach Los Angeles abgefahren. Ich dachte schon mit Schrecken daran, nun mit Thelma allein zu sein, und als dann Ihr zweiter Brief ankam, verflog auf einmal die düstere Stimmung. Ich weiß nicht, warum oder für wie lange, aber momentan schaffe ich es, sie zu tolerieren, ja sie sogar mit etwas Zuneigung und echter Anerkennung zu betrachten. Wir haben in einer angenehmen, freundschaftlichen Atmosphäre zusammen gegessen.

Der erwähnte Todestraum ist der einzige, den ich speziell zu diesem Thema gehabt habe, und der letzte, an den ich mich erinnere, obwohl ich weiß, daß ich immer noch träume.

Ich bin auch der Meinung, daß meine Intuition und meine Fühlfunktion am schwächsten sind, doch ich weiß nicht, ob bei mir das Denken oder das Empfinden dominieren.

*31. August:* Als ich heute morgen aufwachte, war die liebenswerte Atmosphäre wie weggeblasen – hoffentlich nur für kurze Zeit. Thelma hatte aus Angst vor Einbrechern nicht schlafen können. Der Griesbrei – das einzige Essen, bei dem ich sicher sein kann, daß ich es auch im Magen behalte – war klumpig und nur mit dem Steakmesser zu essen. Was für ein Blödsinn, auf so ärgerliche Kleinigkeiten Energie zu verschwenden!

Wenn ich nur wieder etwas träumen würde! Ich bin jetzt wieder bei Krimischund angelangt – scheine mich auf nichts anderes konzentrieren zu können. Manchmal stößt mein Magen die Schmerztabletten ab. Dann geht es mir ziemlich dreckig. Die Schmerzen sind im Kopf und im Rücken am schlimmsten, und so fällt das Denken schwer.

Dieser Brief bringt gar nicht richtig zum Ausdruck, wie sehr mir die Gedanken von Ihnen und von Frau Dr. von Franz helfen.

In Liebe
Sally

1. September

Liebe Sally,

ich möchte, daß Sie bis spätestens nächsten Montag einen Brief von mir erhalten – also los! Ich habe von Ihnen noch nichts zu meinen letzten beiden Briefen gehört, aber die Zeit war auch zu kurz. Also muß ich einfach hoffen, daß sie für Sie einen Sinn ergeben haben.

Dr. von Franz findet Ihre Vorliebe für Zen interessant. Sie hat unser Gefühl, daß Zen mit «Satori» genau das meint, was Jung als «Individuation» bezeichnet, erhärtet. Unsere Arbeit zielt ganz auf Satori oder Individuation ab. Es ist nicht wichtig, ob man das Ziel in diesem oder im nächsten Leben erreicht. Auf jeden Fall gewährt es Frieden, sonst wäre das, was uns die großen Religionen lehren, wertlos.

Wir haben über ihre Befürchtung gesprochen, daß Zen Sie von Ihrer Familie wegführen könnte. Wir sind beide der festen Ansicht, daß Sie sich um Ihrer Familie und auch um Ihrer selbst willen zugestehen sollten, in Ihre eigene Welt hineinzudriften. Ihre Neigungen und Impulse (wie etwa das Gefühl, abgesondert zu sein) sind instinktmäßig. Erinnern Sie sich daran, wie Cyrano sich von Zeit zu Zeit absondert? Wenn Sie einmal gegangen sind, müssen Ihre Kinder und Ihr Mann sich umstellen. In der Zwischenzeit fangen sie in den Momenten, in denen Sie weit weg zu sein scheinen, schon einmal an, sich daran zu gewöhnen, ohne Sie zurechtzukommen. Dieses Argument mag brutal sachlich klingen. Aber zum Glück haben auch Sie die Gabe, das Leben zu sehen, wie es ist.

Wir beide meinen, daß Sie auf der richtigen Spur sind. In Ihrer Beziehung zu Ihrem Mann müssen Sie noch etwas klären. Sie können es zum Beispiel tun, indem Sie die introvertierte, gefühlsmäßige Brücke, die zu ihm besteht, anerkennen. Auch sollten Sie herausfinden, was Sie an Thelma so ärgert, außer dem, was an ihrer Handlungsweise ganz offensichtlich ärgerlich ist. Mit Ihrer Mutter scheinen Sie nun auf dem richtigen Weg zu sein. Das ist also ein Problem weniger.

In der Hoffnung, daß bei Ihnen alles so gut ist, wie es sein kann, grüßt Sie herzlich

Ihre Jane

7. September

Liebe Sally,

es tut mir gut, von Ihnen zu hören, auch wenn es schlechte Nachrichten sind. Als ich gestern abend nach Kilchberg zurückkehrte, wartete Ihr Brief vom 30./31. August schon auf mich, und ich war so gespannt, daß ich ihn gleich las. Ich mache mir die ganze Zeit große Sorgen, weil Sie sich wieder isoliert fühlen. In diesem Zustand habe ich Sie bei meinem ersten Besuch angetroffen. Können Sie vielleicht, wenn Sie diese panische Angst über sich hereinbrechen fühlen, in meinen Briefen nachlesen, was dort zu Ihren Träumen steht?

Ich bin sicher, daß das Überwältigtsein von negativen Gefühlen die Hölle ist, vor der Sie Angst haben. Die Intuition, die Sie brauchen, um nach vorn zu schauen, äußert sich eben nur auf negative Art und Weise. Das ist bei einer inferioren Funktion eine Gefahr, die man berücksichtigen und der man bewußt entgegensteuern muß. Wenn mich diese Art von negativer Intuition überkommt, die Sie und ich nur zu gut kennen, dann versuche ich, mit einem intuitiven Menschen darüber zu reden. Mein Mann kann diese negative Intuition zum Beispiel immer dadurch vertreiben, daß er

«Unsinn!» oder «Natürlich nicht!» sagt oder eine ähnlich scharfe Bemerkung macht, und seine Gelassenheit ist jedesmal viel überzeugender als die an mir nagende düstere Intuition.

Sie haben mir so oft gesagt, daß Sie sich wie ein Nichts fühlen. Einmal haben Sie mir geschrieben, Sie fühlten sich, als ob Sie am Grunde eines Abfalleimers leben würden. Alles menschliche Leben erreicht diese abgrundartigen Tiefen. Man braucht nur einen Blick in einen Slum zu werfen. Solche Menschen, die diese Orte überleben und dabei nicht verbogen werden, besitzen ein tiefes, über das, was die meisten von uns kennen, hinausgehendes Wissen um das Leben. Für Sie ist der Boden des Mülleimers Ihr Slum, aber von dorther kommen auch die Emotionen, die Ihre Rettung sein können.

Anscheinend müssen Sie jemanden um sich haben, der Sie auf Ihre positiven Eigenschaften hinweist, der Ihnen sagt, wieviel Sie schon erreicht haben, da Sie einem so furchtbaren Schicksal mit einer solchen Würde ins Auge sehen. Ich wünschte, ich könnte bei Ihnen sein, um Sie jedesmal, wenn Sie es wieder vergessen, an die wunderbaren Anhaltspunkte in Ihren Träumen zu erinnern, die auf Ihren ungewöhnlichen Charakter und Ihre ungewöhnliche Persönlichkeit hinweisen. Ich habe Sie gleich gemocht, als wir uns das erste Mal getroffen haben, weil Sie so wirklich, so ganz und gar ohne irgend etwas Unechtes zu sein schienen.

Ich bin überzeugt, Ihre Leseschwierigkeiten stammen zum Teil daher, daß Sie kein Lesematerial mit unmittelbarem Bezug zu dem finden, was in Ihrem Kopf vorgeht. Der «Schund» muß, wenn er hilft, irgendwo schon einen Wert haben. Tun Sie ihn bitte nicht als eine Zeitverschwendung ab! Versuchen Sie herauszufinden, wo er Berührungspunkte mit ihrer Situation hat! Sie sind die ganze Zeit eine solche Intellektuelle gewesen, daß ich glaube, Ihre Psyche muß jetzt mit ganz normalen irdischen Dingen einspringen. Außerdem ist es, wenn es «Schund» ist, wahrscheinlich etwas Kollektives und gehört zu der reichhaltigen Menschheitsebene, zu der wir alle eine Verbindung herstellen müssen. Unsere Wurzeln, unsere Sicherheit, unser Wohlbefinden und unsere Gesundheit gehen auf die kollektive oder Massenschicht der Menschheit zurück. Schauen Sie auf diese Dinge bitte nicht herab! Sie wurzeln vielleicht sogar in der Welt der tiefsten Tiefen der Natur – dort, wo sich die Quellen allen Lebens befinden und wo alles Leben und aller Tod ohne Unterschied akzeptiert werden. Im Dunkeln ist alles gleichwertig. Sagen wir nicht, daß im Dunkeln alle Katzen grau seien?

Alles Liebe
Jane

9. September

Liebe Sally,

ich war so erleichtert, als ich heute morgen Ihren Brief bekam, auch wenn er traurige Nachrichten von Ihnen enthält. Es gibt kaum etwas zu schreiben, womit ich wirklich helfen kann, aber ich kann Ihnen wenigstens ganz liebe Grüße schicken und Ihnen sagen, wie sehr ich an Sie denke. Da ich in der vergangenen Woche nichts von Ihnen gehört hatte, hatte ich mir schon Sorgen gemacht, ob meine Briefe für Sie vielleicht keinen Sinn ergäben oder zuviel für Sie seien oder ob Sie zu krank seien, um zu schreiben. Nebenbei bemerkt, finde ich es beeindruckend, wie kräftig Ihre Handschrift ist. Bei solchen Schwierigkeiten wie den Ihren ist es einfach wunderbar, daß Sie sich so klar mitteilen können.

Machen Sie sich nichts daraus, daß Sie sich an keine Träume mehr erinnern können. Wir haben schon mehr als genug, um damit arbeiten zu können. Ich hoffe, Sie erkennen, daß Sie im Hinblick auf die richtige Einstellung schon viel erreicht haben. Es bleiben nur noch ein paar Einzelheiten, und die können Sie mit wenig Mühe bewältigen. Versuchen Sie bitte, keine Angst zu haben! Sie haben nichts zu befürchten wegen Ihres unvollendeten Lebens. Natürlich macht uns das Unbekannte niedergeschlagen, und Sie sind davon in einer so unmittelbaren, grausamen Weise betroffen. Sie haben jedes Recht, das nicht auf die leichte Schulter zu nehmen. Ich versuche nur, Ihnen zu vermitteln, wie Ihre Träume darauf hinweisen, daß Sie Ihr Leben ganz normal aufarbeiten. Selbst Ihr Verweis auf die Obszönität hat seinen Platz.

In meinen Briefen habe ich schon einmal die chthonische Mutter erwähnt. Als die geschichtliche Zeit heraufdämmerte und die Gesellschaft noch matriarchalisch war – anstatt wie heute patriarchalisch –, spielte die chthonische Mutter eine wichtige Rolle. Sie war die dunkle, weibliche Gottheit, die man mit dem Mond, der Fruchtbarkeit und der Sexualität in Verbindung brachte. Ihr zu Ehren wurden häufig Rituale abgehalten, die man heute obszön nennen würde. Von unseren christlichen Vätern dorthin verbannt, hat sie in Ihrem psychischen Haus bisher im Keller gewohnt. Jetzt ist die chthonische Mutter, geht man davon aus, das sie auch die Erde symbolisiert, vielleicht ins Erdgeschoß aufgestiegen. Das alles ist nicht so weit hergeholt, wie Sie vielleicht denken mögen – warum würden Sie sonst das Wort «Obszönität» gebrauchen? Zur Angst vor der Hölle hat es keinen richtigen Bezug.

Haben Sie Ihr Mandala aufgehängt, so daß Sie Ihre ganze Aufmerksamkeit darauf lenken können, wenn Sie starke Schmerzen haben? Ich hoffe es. Ich bin sicher, es würde die Schmerzen lindern helfen.

Sally, ich bin von Ihnen so beeindruckt. Ich wünschte, es könnten mehr Menschen so wie ich das Privileg haben, Sie zu kennen und einen Einblick in Ihre großartige Leistung zu erhalten.

Grüßen Sie bitte Ihren Mann von mir!

Liebe Grüße
Jane

9. September

Liebe Jane,

die letzte Woche ist ziemlich unerfreulich verlaufen, und heute nachmittag kommen schon die Mädchen zurück. Ich habe die ganze Zeit mit Selbstmordgedanken gerungen und an nichts anderes mehr gedacht. Es schien der ideale Zeitpunkt zu sein und eine so logische, glückliche Lösung für uns alle. Jetzt habe ich die Chance verpaßt. Konnte einfach keine solche Kette von Ereignissen in Gang setzen. Ich fühle mich wie ein Feigling und eine Versagerin.

Hatte vor zwei Nächten einen merkwürdigen Traum:

*Eine bissige Schlange, die irgendwie Sarahs Gesicht hatte, war an ein Rad gebunden. Ich versuchte, sie zu füttern und dabei nicht gebissen zu werden. Wachte voller Angst auf.*

Ihr Eilbrief kam heute morgen an. Er hat mir Kraft gegeben. Danke!

Mit lieben Grüßen
Sally

In diesem Traum tauchen Mutter, Tochter und Symbol wieder auf, diesmal auf eine gefährliche Art und Weise, denn das Symbol (die Schlange) ist für die Mutter gefährlich und hat die Tochter verschlungen. Dieser furchterregende Traum spiegelt Sallys Regression ins suizidale Stadium wider, in dem ich sie zu Anfang vorgefunden hatte. Und doch spiegeln Elemente des Traumes auch eine Heilkraft wider. Bis zum heutigen Tag wird die Schlange durch das Symbol des Caduzeus (Hermesstab) mit Heilen in Verbindung gebracht; hoffentlich entdeckt Sally diesen positiven Aspekt. Ich bin froh, daß wir bald wieder beisammen sein werden.

9. September

Liebe Sally,

gestern bin ich zwei Stunden lang mit Dr. von Franz Ihre Träume durchgegangen. Wir haben es geschafft, auf alle einzugehen. Während Frau von Franz redete, habe ich mir Notizen gemacht, um ihre Gedanken für Sie festzuhalten.

Ich werde mit den Verallgemeinerungen anfangen und auf Besonderheiten später zu sprechen kommen. Frau von Franz sieht in beinahe jedem Traum das eine, immer wiederkehrende Thema: wie wichtig es für Sie ist, Ihre Emotionen auszuleben. Sie müssen alles in Ihrer Macht Stehende tun, um Ihre Gefühle laut zum Ausdruck zu bringen. Sie und ich haben das schon besprochen, aber ich erwähne es hier noch einmal, damit Sie es, da es nun von Dr. von Franz kommt, wirklich glauben können. Wie wir schon herausgefunden haben, bedeutet die rötlichgelbe Katze Emotion. Auch meine Kollegin ist der Meinung, daß Sie sich von Ihrer Spannung befreien könnten, wenn Sie sich keine Gedanken mehr darüber machen würden, wie Ihre Emotionen jeweils zum Ausdruck kommen und wie sie sich anhören. Jetzt staut sich die Spannung in Ihnen, weil Sie Ihre Gefühle zurückhalten. Spannung vergrößert die Schmerzen nur. Mir ist klar, daß Sie im Moment vor allem Ihre Würde bewahren wollen, aber durch eine zu strenge Selbstbeherrschung handeln Sie sich später nur um so heftigere Entladungen ein. Die Lage ist noch ernster, weil Sie Ihre Vorstellung von Würde so hoch ansetzen, als es der Fall wäre, wenn Sie gesund wären.

Vor allem müssen Sie Ihrem Mann gegenüber jegliche guten Gefühle, die Sie nur irgend haben, zum Ausdruck bringen. Damit könnten Sie Ihre Isolation aufbrechen und zusätzlich erreichen, daß er Ihnen weiterhin nahe ist. Sie haben auf indirekte Weise angedeutet, daß Sie seine Wärme brauchen; im Falle des Todes müssen Sie ihm gegenüber auch Ihre Wärme zum Ausdruck bringen. Die katholische Kirche besteht zum Beispiel darauf, daß Menschen, die den Tod vor Augen haben, ihren Freunden und Verwandten alles vergeben, was diese Ihnen auch Unrechtes angetan haben mögen. Das ist ein besonderes, anerkanntes Ritual, das wohl auf primitivste Urzeiten zurückgeht. In vielen Kulturen existieren Erzählungen, daß die Toten durch das Wohlwollen der Menschen, die Ihnen im Leben nahestanden, Ruhe und Trost finden.

Die «Obszönität» – ein Wort, das Sie in Ihrem Brief an mich gebrauchen und von dem ich meine, daß es von der verdrängten chthonischen Ebene Ihrer Psyche herstammt – ist ein weiterer Aspekt des Hippie-Themas, das schon in einem Ihrer frühesten Träume vorgekommen ist. Marie-Louise von Franz sagt, Sie sollten davor keine Angst haben. Auch das ist Leben. In der Tat ist überall viel mehr Erdhaftes um uns, als man normalerweise glaubt. Dadurch, daß Sie Ihr ganzes Leben lang so intellektuell gewesen sind (zweifellos als Reaktion auf die chaotische Art Ihrer Mutter und die generelle Unbeholfenheit Ihrer Eltern), haben Sie eine menschliche, sinnliche Erdhaftigkeit nicht zugelassen. Ihre christliche Verdrängung dieser weiblichen Erdhaftigkeit läßt das nun in übertriebener Weise zu einer Obszönität werden. Erinnern Sie sich nicht, wie wir darüber gesprochen haben, daß Sie zu intellektuell sind?

Versuchen Sie, sich wegen des körperlichen Abbauens, durch das Ihr Leben nun so zusammengedrängt wird, keine Sorgen zu machen! Auch das ist normal, obwohl es in der Regel erst im Alter geschieht. Je weniger Sie sich darum kümmern, desto weniger Schmerz wird es Ihnen bereiten. Sie könnten dazu mehr von der Hippie-Einstellung gebrauchen. Sie wissen, wie sehr Hippies körperliche Ästhetik verachten; wegen Schmutz oder Unordnung machen die sich keine Gedanken. Versuchen Sie, Ihr körperliches Abbauen mit dieser Einstellung zu betrachten! Natürlich haben Sie zusätzlich die fürchterlichen Schmerzen, aber vielleicht kann der Arzt mit Tabletten helfen. Das hoffe ich wenigstens. Versuchen Sie, sich den physischen Vorgang der Geburt vorzustellen, er weist Parallelen zum physischen Teil des Todes auf! Und das ist es wiederum, was wir als das Chthonische bezeichnen. Es ist das Leben in seinem rohen, elementarsten Sinne.

Dr. von Franz spricht immer wieder davon, daß Sie sich intensiv auf einen möglichen Tod vorbereiten müssen. Sie meint, daß Sie die in Ihren Träumen enthaltenen Botschaften voll und ganz erkennen und sie sich gänzlich zu eigen machen müssen. Dazu bedarf es einer enormen Anstrengung. Sie müssen es vielleicht sehr beschleunigt tun. Die meisten von uns haben dazu viel mehr Zeit.

Zu Ihrem Traum von der hübschen, großen, neuen Wohnung in Sausolito und von Beth, die darin als Drei- oder Vierjährige mit fünf Kätzchen auftaucht: Die Drei, die sich im Alter des Kindes findet, bedeutet normalerweise Dynamik und von daher eine neugierig-forschende Einstellung in bezug auf den Tod – etwas, was wir alle brauchen. Die Drei wird auch mit der christlichen Dreifaltigkeit in Zusammenhang gebracht. Vier bedeutet Individuation – die Ganzheit, die Sie gerade erringen, das Ziel der analytischen Psychologie. Beth ist schließlich ein Aspekt von Ihnen selbst, wie auch der Traum insgesamt. Sie sind seit vier Jahren krank; schwerkrank seit drei Jahren, wenn ich mich recht entsinne. Beth ist das, was Sie im Hinblick auf Ihr inneres Selbst in diesen sorgenvollen Jahren hervorgebracht haben. Die fünf Kätzchen sprechen möglicherweise die Perfektion (die Quintessenz) im Wesen Ihres neuen weiblichen Instinkts an, beziehungsweise dessen Verstärkung zur fünften Kraft. Dieser Instinkt entspringt den Wurzeln des Lebens, dem Dunkeln, in dem die Katze sich so gut zurechtfindet. Die außergewöhnlichen Augen der Katze, die im Dunkeln der Nacht wie Feuer glühen, werden in einem uralten religiösen ägyptischen Mythos gepriesen. Die Katzengöttin Bast hatte Macht über Mond, Sonne und Erde und herrschte dreitausend Jahre lang unangefochten. Selbst als der männliche Gott die matriarchale Göttin bezwang, setzte die Figur der Katze ihre Herrschaft durch Ra fort. Damals wurde die Frau verehrt, und heute ist es ein Anliegen unserer modernen Frauenbewegung, der Frau wieder ihre rechtmäßige Bedeutung zukommen zu lassen – diesmal jedoch hoffentlich dem Manne nicht übergeordnet, sondern gleichberechtigt. Dieser letzte Teil ist meine Idee, aber ich bin sicher, daß mir Frau von Franz da zustimmen würde.

Zu Ihrem Traum, in dem Ihre Mutter Ihnen mit Hilfe der vierundzwanzig Diamanten das Sehvermögen wiedergibt: Normalerweise symbolisiert die Mutter, wenn sie mit ihren eigenen Instinkten in Verbindung steht, für die Tochter den Instinkt schlechthin und stellt für sie den Kontakt zu diesen tiefen, mächtigen Wurzeln her, die zu ihrem weiblichen Selbst und ihrer göttlichen Natur führen. Da dieser Traum so positiv ist, liegt die

Vermutung nahe, daß dieses Problem gerade behoben wird. Sie können auf positive Weise vom Tod träumen.

Zu Ihrem Traum vom Einzug in ein neues Haus am Heiligabend zusammen mit Nanny und dem vierjährigen Nachbarsjungen: In diesem Traum sind Sie nicht krank, also deutet er an, was kommen wird oder zumindest, wie es sein würde. Weihnachten bedeutet Wiedergeburt. Ihre ganze Familie ist bei Ihnen, wie das ja auch sonst der Fall wäre. Ihre Familie wird Sie wohl immer in wunderbarer Erinnerung haben und dadurch immer bei Ihnen sein. Aaron ist ein Name, der etwas sehr Geheimnisvolles beinhaltet. Da Aaron vier Jahre alt ist, verkörpert er einen neuen Zyklus und stellt vermutlich die Zukunftsprojektion einer neuen Einstellung dar. In der biblischen Geschichte trägt Aaron einen Stab, der blüht und Blätter treibt und damit neues Leben symbolisiert. Ein Symbol zukünftigen Lebens – hier durch einen Jungen verkörpert – läßt auch auf das Thema des Abenteuers im Tod, das Thema des individuellen Unternehmungsgeistes schließen. Dieses Thema ist ebenfalls schon früher aufgetaucht. Es könnte bedeuten, daß Sie sich der Herausforderung der Individuation stellen oder stellen sollten, die die Angst vor dem Tod bezwingt, anstatt sich passiv negativen, destruktiven Gefühlen hinzugeben. Offenbar sind Sie in Ihrer Krankheit bisher zu passiv gewesen, aber um das zu verstehen, hat es Ihnen auch an Hilfsmitteln gefehlt. Ihr Unbewußtes möchte anscheinend, daß Sie mehr Initiative entfalten, daher das männliche Symbol.

Als ich Dr. von Franz diesen Traum erzählte, sagte sie voraus, daß Sally um Weihnachten herum sterben würde. Ich sagte ihr, daß ich eigentlich die ganze Zeit von einer Heilung ausgegangen sei und Sally in diese Richtung gedrängt hätte, aber Frau von Franz war anderer Meinung. Durch diesen Traum wußte sie, daß Sally sterben würde. Jedenfalls stimmten wir beide darin überein, daß ich von jetzt an diese Todesträume mit Sally so offen wie möglich besprechen sollte.

Ich kann Ihnen nicht Ihren Tod voraussagen, aber ich kann Ihnen zeigen, wie sehr Ihre Träume dazu tendieren, Sie auf diese Möglichkeit einzustimmen – falls sie deren Botschaften akzeptieren. Diese Einstimmung im Unbewußten ist absolut notwendig, egal, was passiert. Ihre Träume zeigen einen großen Einstellungswandel an.

Zu Ihrem Traum vom Krankenhausaufenthalt und dem Besuch Ihrer Eltern: Anscheinend möchte ich den Hund füttern, damit er Sie führen kann. Wie ich Ihnen schon geschrieben habe, glaubten die Menschen in alten Kulturen, daß der Hund ein Führer zum Tod sei. Lag in Persien jemand im Sterben, so war es Brauch, einen Hund von der Straße zu holen und ihn zu füttern, damit er bereit sei, den Sterbenden zum Tod zu geleiten. Die Maya glaubten daran, daß sie ein gelber Hund im Tode führen würde. In einer arabischen Legende heißt es vom Stein der Weisen, er habe die Form eines himmelblauen Hundes, der auf der Erde und im Leben nach dem Tod wache. Dr. von Franz sagt, die Katze habe wahrscheinlich mehr mit Ihrem weiblichen Leben zu tun, das ebenfalls Nahrung brauche.

Wie ich Ihnen schon gesagt habe, neige ich zu der Ansicht, daß auch die Katze Ihre Führerin ist. Wenn Sie als Mensch ganz werden wollen, spielt Ihre Weiblichkeit dabei eine entscheidende Rolle mit. Haben Sie diese Ganzheit erst einmal erreicht, können Sie ruhig sterben. Die Katze, Ihr weibliches Symbol, wäre dann Ihre Führerin genauso wie der Hund, der für Ihre männliche Seite steht. Der Hund, der eine weniger passive, eher progressive Einstellung verkörpert, vertreibt jetzt vielleicht Ihre alptraumartigen Gedanken über die Hölle und so weiter. Im Leben müssen wir den Kontakt zu Tieren wahren, damit wir dadurch an unser eigenes Instinktleben erinnert werden. Von ihnen, das heißt vom Unbwußten, abgeschnitten zu sein, ist gefährlich. In Ihrem Traum erbiete ich mich, den Hund und die Katze zu füttern, die beide auf Ihrer Seite stehen.

Die Träume, in denen Sie als gesunder Mensch erscheinen, müssen sich auf eine Heilung oder – im Todesfall – auf das Leben nach dem Tode beziehen, falls es eines gibt. Ich bin froh, daß Dr. von Franz mich darauf hingewiesen hat, denn ich habe mich die ganze Zeit gefragt, warum in meinen eigenen Träumen Verstorbene immer jünger und gesünder als zum Zeitpunkt ihres Todes zu sein scheinen – mochten sie vorher auch noch so schwerkrank gewesen sein. Es gibt natürlich über ein Leben nach dem Tod keinerlei Gewißheit, denn meines Wissens ist bisher niemand, der gestorben ist, zurückgekehrt, um zu berichten, was nachher passiert. Falls es kein Leben nach dem Tode gibt, bedeutet das wohl, der Tod selbst ist die Heilung. Schließlich ist es auch das, was Sie die ganze Zeit wollen. In diesem Fall muß die Individuation mit dem Tod zeitlich zusammenfallen, wenn sie ihm schon nicht vorausgeht. Was die Träume betrifft, in denen Sie krank sind, so bin ich sicher, daß sie sich auf gegenwärtige Krankheitsprobleme bei Ihnen beziehen.

Zu Ihrem Traum, Sie würden, mit den Händen paddelnd, auf einem Surfbrett eine Bucht überqueren: Wir meinen, dieser Traum beziehe sich auf das Verhältnis, das Sie zu Ihrem Mann haben, sowie auf die religiöse Aufgabe, vor der Sie stehen, nämlich Ihr wahres weibliches Selbst zu finden. Wie Sie schon häufig erklärt haben, fällt es Ihnen äußerst schwer, Jim zu zeigen, was Sie für ihn empfinden und wie sehr Sie ihn schätzen. Aber es ist unbedingt notwendig, das zu versuchen. Darüber habe ich mit Ihnen schon geredet. Wichtig ist, daß auch Dr. von Franz meiner Ansicht ist und als Ergänzung noch etwas angemerkt hat. Der Umstand, daß Sie im Traum wieder zurückpaddeln müssen, deutet auf die Möglichkeit hin, daß Sie ihren Mann verlassen werden, indem Sie sterben. Und das macht die Sache noch schwieriger, denn gerade in dem Moment, in dem Sie die Liebe zu ihm in ihrer tiefsten Bedeutung entdecken, müssen Sie möglicherweise von ihm gehen. Das hübsche Paar und dessen vierjähriger Junge beziehen sich vermutlich auf Ihre Zukunft. Das Paar symbolisiert die Hochzeit im Innern, durch die das Selbst vervollständigt wird, und der Junge stellt den neuen Zyklus dar. Ich teile diese Ansicht. Doch jetzt muß ich schließen.

Alles Liebe
Jane

12. September

Liebe Jane,

vielleicht erreicht Sie dieser Brief gar nicht mehr, aber ich dachte, ich antworte lieber gleich auf Ihren so ausführlichen Bericht von Ihrer Sitzung mit M. von Franz. Wie sehr Sie sich doch bemühen, und wie ich das zu schätzen weiß!

Das, was sie über den Hund sagt, erinnert mich an einen Traum, den ich vor etwa einer Woche hatte, aber zu berichten vergaß. Er scheint ein bisher fehlendes Teil des Puzzles zu sein.

*Ich streichelte einen irischen Setter (richtig, schon wieder rötlich!), und wir waren einfach friedlich ineinandergekuschelt.*

Wenn das der Hund ist, der mich führt, so ist er ein Prachtstück. Ich wünschte, er käme wieder! Ich habe über Ihre Idee von der Katze als Führerin nachgedacht, aber ich weiß nicht – das hier hat sich wahnsinnig gut angefühlt. Es ist ja so wahr, was Sie mir in bezug auf Jim an Einsichten vermitteln und an Vorschlägen machen, aber es ist schwer, unter diesen Umständen eine neue Beziehung aufzubauen. Ich muß wieder daran denken, daß wir beide Denker-/Empfindungstypen sind, daß Ihnen und mir also etwas fehlt. Außerdem ist da der Konflikt wegen seiner Mutter. Ich sehe ihn schon meinen Einfluß abstreifen und konservativer und intoleranter werden. Das macht micht traurig.

Was bei mir das Äußern von Gefühlen anbelangt, um Spannungen loszuwerden – wenn ich das tue, bestraft mich die Familie, indem sie mich vernachlässigt. Ich werde näher darauf eingehen, wenn Sie wieder hier sind. Auch habe ich herausgefunden, daß Thelma Sarah benutzt, um sich zahlreiche (berechtigte) Klagen von der Seele zu reden. «Wenn ich Großmama doch bloß *richtig* mögen könnte», hat Sarah vor kurzem zu mir gesagt. «Ich hab' sie lieb, aber ich kann sie einfach nicht reden hören.»

Tut mir leid, daß meine Briefe so kurz und unzusammenhängend sind. Ich hoffe, Sie haben auch ein bißchen Spaß und erholen sich ein wenig!

Liebe Grüße
Sally

10. September

Liebe Sally,

ich fahre da fort, wo ich gestern mit unserer Besprechung Ihrer Träume stehengeblieben bin.

Zu Ihrem Traum vom Einkaufsbummel mit zwei Freundinnen in Paris: Ein Einkaufsbummel spricht ganz besonders die weiblichen Instinkte an. Paris ist auch ein Symbol für Gefühle und guten Geschmack. In dem Bemühen, etwas für Ihre Mutter auszusuchen, entfaltet sich Ihr Gefühlspotential, und Sie brachten Ihr Achtung entgegen. Der hohe Preis des Taschentuchs unterstreicht das Symbol der Katze und weist darauf hin, daß es Sie viel Energie kosten wird, dieses Gefühl aufzubringen. Einen Unterschied festzustellen und eine Wahl zu treffen, sind zusätzlich gefühlsmäßige Tätigkeiten, die beim Einkaufen besonders nötig sind. Das Bild des Einkaufens fügt der Tatsache des Todes zwei Aspekte hinzu: Der Tod ist eine Ergänzung des Lebens (er kann etwas Zusätzliches bringen, er braucht kein Minus zu sein), und er erweitert das Unterscheidungsvermögen.

Zu dem Traum von Ihrem einjährigen Baby: Dieser kleine Junge ist ein Symbol für eine neue spirituelle Einstellung, eine Art Vorspiel zur Individuation. Ein kleines Mädchen würde den Beginn der eigentlichen Individuationserfahrung bedeuten.

Zu Ihrem Traum von dem riesigen Krankenhaussaal mit Hunderten von bettlägerigen Patienten: Sie sind in einem großen Krankenzimmer, d. h. Sie sind mit der Menschheit zusammen. Das ist besser für Sie. Mit der Angst vor dem Tod wird man leichter fertig, wenn man mit anderen Leuten zusammen ist. Der Tod ist ein Schicksal, das jeden Menschen ereilt. Es ist wichtig, sich dabei nicht isoliert zu fühlen. Sie sollten ihn in einem weiten, auf die Menschheit bezogenen Sinne betrachten, wie in Ihrem Traum.

Wenn Sie doch nur diese Einstellungen, die Sie im Unbewußten erlebt haben, auf Ihr bewußtes Leben übertragen könnten! Wie der Traum erklärt, müssen Sie wie jeder andere werden, der mit dem Tod konfrontiert ist, und versuchen, Ihre auf Selbstbeherrschung gerichteten Anstrengungen aufzugeben. Sie müssen loslassen und sich erlauben, das primitive weibliche (die dunkelhäutige junge Frau, Narumba) Schicksal zu erleben – den Weg zum Selbst. Das bedeutet, dem, was geschehen muß, nachzugeben und nicht dagegen anzukämpfen.

Vielleicht steckt hinter Ihren Schwierigkeiten mit Thelma auch nur das Zuwichtignehmen Ihrer Selbstbeherrschung. Thelma verkörpert, wohl in übertriebener Form, den Gegenpol zu Ihren lebenslangen Angewohnheiten. Würden Sie Thelma als Symbol für das sehen, was Ihnen innerlich fehlt, könnten Sie die Schwierigkeiten zwischen Ihnen klären.

Zu Ihrem Traum vom Essen in einem japanischen Restaurant mit Ihrem Mann und einer chinesischen Freundin: ein definitiver Schritt zur Introvertiertheit, das Fernöstliche symbolisiert für Sie die introvertierte Seite. Introvertiertheit und Gefühle sind für Sie extrem wichtig. Haben Sie Ihr Mandala inzwischen aufgehängt, so daß Sie es immer sehen können? Dieses Symbol schließt Ihre andere Seite mit ein. Es verkörpert den ganzen Menschen, der Sie in Wirklichkeit sind, auch wenn Sie das bisher nicht bewußt erlebt haben.

Ich wünschte, ich könnte bei Ihnen sein und Ihnen helfen, die Flut negativer Gedanken und Gefühle aufzuhalten. Sie scheinen darin zu ertrinken, wenn Sie zu isoliert sind. Ihr Mangel an Träumen zeigt mir, daß es Ihnen so ergeht. Vielleicht hat diese Isolation mit meinem Fortsein zu tun. Ist das so, kann sie schon durch wenige aus Ihrem Gefühl heraus kommende Gesten gegenüber Ihrem Mann aufgebrochen werden – oder vielleicht auch durch die Erkenntnis, daß Thelma (allerdings übertrieben) für Sie auslebt, was Sie von Ihrem Potential her sein könnten, nämlich ein lockerer, fatalistischer Mensch. Schlampigkeit und Gedankenlosigkeit können Ausdruck eines ins Extrem verkehrten unverkrampften Geisteszustandes sein.

Diese praktischen Anregungen kommen von mir, während die neuen Trauminterpretationen von Dr. von Franz stammen. Sie stellt die Dinge in einer klaren, einfachen Weise dar, die mir gefällt und hoffentlich Ihnen auch. Wir erklären die Dinge zwar auf unterschiedliche Art und Weise, sind dabei aber keineswegs verschiedener Meinung. Sie weiß enorm viel und hat dieses Wissen direkt parat (es ist viel weniger mühsam erarbeitet als bei mir), und sie hat Jung nähergestanden als irgend jemand sonst, der jetzt noch lebt. Aus diesem Grund war ich so erpicht darauf, daß sie Ihre Träume interpretiert. Ich habe ihr Ihren letzten Brief vorgelesen, in dem Sie sich für ihre Bemühungen bedanken. Sie schien sich sehr darüber zu freuen.

Bitten Sie Ihren Mann nachdrücklich darum, seine Reise auf die Zeit nach dem 19. zu verschieben, wenn ich wieder zurück bin! Mit Thelma allein sind Sie zu einsam.

Liebe Grüße
Jane

11. September

Liebe Sally,

noch ein Brief mit unserer Reaktion auf Ihre Träume, ehe ich dann nach England abreise. Ich hoffe, die Briefe kommen nicht alle auf einmal an! Sonst würden Sie nachher noch Verstopfung bekommen! Ich muß sie einfach so hinwerfen, weil meine Zeit sehr kurz bemessen ist.

Noch einmal zu Ihrem Traum von dem japanischen Restaurant: Wir meinen, daß die ovale Schale ein weibliches Symbol ist, eine

Yoni – in idealisierter und abstrakter Form. Fleisch ist kräftige Nahrung und ebenso der Spinat mit seinem Eisengehalt, was darauf schließen läßt, daß Sie Ihrer weiblichen subjektiven Seite Nahrung zuführen müssen. Das Restaurant ist nur schwach erleuchtet; von daher ist anzunehmen, daß die Introvertiertheit noch halbverborgen im Dunkeln ist. Aber sie ist in Sicht und auf dem Weg ans Tageslicht und zur bewußten Erfahrung. Die einzelnen, separaten Schalen deuten an, daß Introvertiertheit – vor allem für eine moderne Frau – eine individualistische menschliche Ausdrucksweise ist. Extravertierte Menschen neigen dazu, stärker von anderen beeinflußt zu werden, und sind weniger sie selbst, weniger individuell.

Die Fleisch- und Spinatbällchen sind als Kugeln Symbole des Selbst. Die Nahrung bedeutet innerliche Ernährung oder innere Entwicklung. Ovale Schalen erinnern auch an etwas Eiförmiges, folglich ist ein Potential für Wiedergeburt – Unsterblichkeit – vorhanden. Es ist bezeichnend, daß in Ihren Träumen, in denen so viel vom Tod die Rede ist, die Wiedergeburt so eine große Rolle spielt.

Wir meinen, daß dieser Traum eine Offenheit gegenüber dem Tod sowie dessen Akzeptierung anzeigt. Sie können mit Ihrem Mann darüber reden, indem Sie eine östliche Natürlichkeit annehmen. Die chinesische Freundin kennt sich – ob sie nun extravertiert oder introvertiert ist – mit Problemen des inneren Lebens und mit Lebens- und Todesproblemen aus, und sie vermittelt zwischen Ihnen und Ihrem Mann. Das ist natürlich ausgezeichnet. Je mehr Sie mit Jim Ihre Gedanken, Spekulationen und Ängste über den Tod besprechen, desto besser ist das für Sie, für ihn und für Ihre Beziehung.

Im Osten akzeptieren die Menschen auf ganz natürliche Weise die Wechselbeziehungen von Leben und Tod und überschätzen daher das Leben nicht so sehr wie wir. Dr. von Franz erzählte mir von einem japanischen Soldaten, der tot aufgefunden wurde. In seinem Helm steckte ein Zettel, auf dem geschrieben stand: «Die Nacht bricht herein, und langsam nähert sich mir die Dunkelheit; mein Leben ist im Kirschbaum; meine Seele ist in der Blüte.»

Zum Traum mit den Karotten: In diesem Traum, der mit unserer Analyse zu tun hat, identifizieren Sie sich mit Ihren Anstrengungen und dem, was Sie zu erledigen haben; von daher sind Sie ein Junge. Da das Ganze neu für Sie ist, sind Sie natürlich ungeduldig. Sie wollen sofort Ergebnisse. Sie können nicht warten, daß die

Dinge sich entwickeln. Sie meinen auch, wenig Zeit zu haben. Das ist verständlich. Sie können sich keine Nachtblindheit (Bewußtlosigkeit) leisten und brauchen ein Mittel dagegen, wie Sie schon wissen. Die Lösung für Ihre mißliche Lage liegt im Bewußtsein, im Bemühen um Individuation. Sollte es Ihnen übrigens so vorkommen, als seien diese Briefe voll von Dingen, die Sie schon kennen, liegt das nur daran, daß ich keine Zeit habe zu überprüfen, was schon gesagt worden ist. Außerdem werden durch Wiederholungen die wichtigen Punkte unterstrichen.

Zu Ihrem Traum, Sie würden als Teenager ein exklusives Mädchenpensionat besuchen: Dieser Traum von dem jungen Mädchen in dem hübschen Kleid bezieht sich zweifellos auf die Ausbildung Ihres eigenen wirklichen weiblichen Selbst, das auf einem Teenagerniveau steht. Eine Weiterentwicklung wäre notwendig, um sich mit dem weiblichen Aspekt des Selbst verbinden zu können. Doch Traumfiguren können psychisch schnell erwachsen werden – manchmal über Nacht. Die dreieckige Schallplatte (die Zahl drei) stehen für bewegte Gefühle. Sie könnte sich darauf beziehen, daß ihre Emotionen auf eine geordnetere Art und Weise zum Ausdruck kommen müssen. Dieser Traum sagt Ihnen einmal mehr, Sie müssen Ihre Gefühle für Ihren Mann aktivieren. Wenn er Gefühle von Ihnen erhält, werden seine Gedanken und Gefühle Sie begleiten und immer bei Ihnen sein, was auch geschehen mag. Das ist nicht nur für ihn, sondern auch für die Kinder wichtig. Die Kinder brauchen für ihr Wachstum gute Gefühle und eine Vorstellung von dem, was es heißt, weiblich zu sein.

Aller Wahrscheinlichkeit nach (falls uralte Traditionen, Legenden und religiöse Schriften überhaupt einen Sinn enthalten – und ich glaube gewiß, daß sie das tun) sind die guten Gefühle Ihrer Familie und Ihrer Freunde für Ihr Abenteuer, sollten Sie sterben, ganz wesentlich.

Ich denke viel an Sie. Ich frage mich, ob Sie sich dessen bewußt sind. Ich hoffe es.

Mit vielen lieben Grüßen
Jane

12. September

Liebe Sally,

ein Traum bleibt noch zu interpretieren, und dann habe ich die meisten behandelt. Ich habe mehrere mit Dr. von Franz übersprungen, weil ich sie eindeutig fand, und ich wollte unsere kostbare Zeit nicht verschwenden.

Zu Ihrem Traum vom Poesie-Festival, das Sie mit May Hubbert organisieren: Dr. von Franz meint, daß May, die siebzig, schwierig und merkwürdig ist, Ihr größtes Gefühlspotential verkörpert. Damit wäre sie die «weise alte Frau», genau wie Sie gedacht haben. Was im Unbewußten am tiefsten liegt, kommt dem Archetypischen am nächsten. In diesem Sinne ist sie auch chthonisch. May verkörpert, was Sie im Bereich der Gefühle erreichen könnten. Poesie ist Gefühl, ebenso der Siebdruck. Poesie ist außerdem Intuition. Das kleine Mädchen in Ihrem Traum versinnbildlicht, was sie im Augenblick an Gefühl und Intuition haben. Daraus folgt logischerweise, daß die alte Frau ein Aspekt Ihres idealen Leitbildes ist. Sie könnte Sie zu Ihrer anderen Seite führen, und dieser Prozeß wäre Ihre Individuation. Das kleine Mädchen bedeutet den ersten Schritt, um den weiblichen Aspekt des Selbst zu erfahren. So scheint es mir zumindest.

Es ist einfach erstaunlich, wie sehr Sie sich in Ihren Träumen um Gefühl bemühen. Das ist recht bemerkenswert. Ich bin sicher, daß es sehr bald zum Vorschein kommen wird, falls das nicht schon geschehen ist. Ich möchte noch einmal betonen, wie wichtig es für Sie ist, Ihre Emotionen nach außen zu bringen. Sie dürfen nicht versuchen, sie aus Rücksicht auf Ihre Familie zurückzuhalten. Wenn Sie Ihre Emotionen zum Ausdruck bringen, sind Ihre Schmerzen vielleicht nicht so stark.

Viel Glück und bis bald! Ich denke an Sie.

Alles Liebe
Jane

# KAPITEL NEUN

Als ich Mitte September zurückkehrte, führte ich gleich nach meiner Ankunft drei Telefongespräche. Als erstes rief ich Sally an, die mir sagte, es gehe ihr gar nicht so schlecht. Wir verabredeten uns für den folgenden Tag. Als nächstes rief ich Jim an und erwischte ihn zum Glück gerade noch im Büro, bevor er zu seiner Reise in den Nordwesten aufbrach. Er sagte mir, Sally sei jetzt, was ihre körperliche und psychische Verfassung betreffe, an einem Tiefpunkt angelangt. Sie leide unter noch größeren Schmerzen, wolle keine Besucher mehr sehen und scheine außerhalb ihres eigenen begrenzten Lebens an nichts mehr interessiert zu sein. Zu den Kindern, sagte er, sei sie nach wie vor lieb; sie schienen glücklich zu sein und entwickelten sich gut. Aber er mache sich Sorgen, daß Sally bei ihren ständigen und immer stärker werdenden Schmerzen mit ihnen wohl nicht viel länger so geduldig würde umgehen können. Ihr Arzt habe ihm mitgeteilt, daß es mit ihr zwar bergab gehe, daß sie aber noch viele Wochen oder vielleicht sogar Monate lang leben könne. Er wolle sie so lange wie möglich zu Hause behalten. Sollten jedoch ihre Qualen für sie und für die Familie unerträglich werden, sei die Einlieferung in ein Krankenhaus die einzige Alternative. Nach seiner Ansicht habe Sally zu dem Analytiker, der an meiner Stelle gekommen sei, keine wirkliche Beziehung entwickelt, obwohl sie häufig gesagt habe, daß sie sich über sein Kommen freue.

Mein Kollege bestätigte Jims Äußerung, als ich ihn telefonisch erreichte. Er sagte, der analytische Prozeß sei nach meiner Abreise zum Stillstand gekommen, und er selbst habe Sally immer wieder daran erinnern müssen, daß der Prozeß nach meiner Rückkehr schon wieder in Gang kommen werde. Der Stillstand des Prozesses war für mich ein deutliches Zeichen dafür, wie wichtig die physische Präsenz des Analytikers ist und damit die unausgesprochen zwischen Analytiker und Analysand bestehende Beziehung.

Ich besuchte Sally am folgenden Tag und fand, daß ihr Zustand sich während meiner Abwesenheit in der Tat stark verschlechtert hatte. Das Gehen fiel ihr jetzt äußerst schwer; ihr Gesicht war konturlos und blaß. Sie klagte, sie sehe alles verschwommen und doppelt, müsse sich immer wieder erbrechen, habe in den Ohren ständig ein Schrillen wie von einem kaputten Elektrowecker, ihr Gesicht fühle sich taub an, und ihre Schmerzen seien vor allem im Oberschenkel viel schlimmer geworden. Ich fand, daß sie psychisch unter nahezu den gleichen Problemen litt wie damals, als wir uns das erste Mal getroffen hatten. Sie fühlte sich erneut isoliert und einsam, ekelte sich vor sich selbst und war depressiv. Sie fing an, ihrer Verzweiflung Luft zu machen, und ich konnte sehen, wie sehr sie jetzt unter den körperlichen Schmerzen litt, von denen sie nun immer häufiger attackiert wurde. Sie sagte, sie könne es nicht ertragen, wie sie aussehe, und sie habe das Gefühl, sie müsse jeden – auch mich – von sich wegschieben.

Für eine junge Frau ist es ein ernstes Problem, wenn ihre äußere Erscheinung langsam verfällt, denn über ihr gutes Aussehen (die Persona*) versucht sie, Anerkennung zu finden und zumindest teilweise ihre Existenz zu rechtfertigen. Zwar hatte Sally mit der Persona jetzt größere Schwierigkeiten, aber vielleicht hatte sie die schon immer gehabt, denn Frauen, die atypisch sind und nicht dem gesellschaftlichen Ideal entsprechen, fällt es schwer, eine angemessene Persona anzunehmen, selbst wenn sie gesundheitlich auf der Höhe sind.

Sally war überzeugt, daß die Tumore in ihrem Kopf sie geistig abbauen ließen. Ihr Gedächtnis funktioniere nicht mehr und sie sei die meiste Zeit über verwirrt. Sie trete Thelma jetzt ganz offen feindselig entgegen, und diese beklage sich ständig bei Sarah, daß sie sich gegen ihren Willen um die Familie kümmern müsse. Ich zweifelte nicht daran, daß Thelma Sallys Zorn zu sehr fürchtete, als daß sie sie direkt mit ihren Klagen konfrontiert hätte. Sally wollte keine Freunde mehr bei sich zu Besuch haben. Sie empfand eine Distanz zu ihnen und fühlte sich von ihren Sorgen belastet.

Sie sagte, mit dem Analytiker, den ich ihr geschickt hatte, habe es nicht so gut geklappt, und sie habe ihm nicht viel zu sagen gewußt. Mir wurde zunehmend klarer – und Sallys Aussage bestärkte mich darin –, daß es wohl richtig gewesen war, daß ich bei Sally mehr Initiative ergriffen hatte, als ich das bei anderen Patienten getan hätte – oder auch bei ihr, wenn sie körperlich kräftiger gewesen wäre.

Für meine langen Briefe sei sie mir dankbar, sagte sie. Viele der in ihnen enthaltenen Gedanken finde sie sehr interessant, aber das Lesen der Briefe habe ihr jeweils nur für ein oder zwei Stunden geholfen. Ihr Mandala habe sie nicht aufgehängt, weil sie es aufgegeben habe, sich mit diesem ganzen «mystischen Zeug» zu beschäftigen. Sie habe jegliche ernsthafte Lektüre von sich geschoben und könne sich nur noch auf Krimis konzentrieren.

Mir selbst ging dabei durch den Kopf, daß Sally sich nun das Böse in einem objektiveren Sinne aneignete, indem sie die Erlebnisse und Phantasien anderer aus den Kriminalgeschichten in sich aufnahm. Im Traum von der Schlange hatte sie vor kurzem auf subjektive Weise wohl versucht das gleiche zu erreichen, als sie die festgebundene (gezügelte) und deshalb gefährliche Sarah/Schlange gefüttert hatte.

In der letzten Zeit, so sagte sie, habe sie über den Anfang ihrer Beziehung mit Jim nachgegrübelt und daran denken müssen, wie sie seinem und ihrem eigenen sexuellen Verlangen noch vor der Hochzeit nachgegeben habe. Nachher sei sie auf Jim sehr wütend gewesen. Jetzt empfinde sie die gleiche Wut. Sie nehme ihm besonders übel, daß er so oft fort sei, denn sie fühle sich vernachlässigt. Sally brauchte konkrete Beweise, daß die ihr nahestehenden Menschen, Jim vor allem, sie noch mochten. Dabei schien ihre selbstzerstörerische Haltung bei jedem nur ein feindseliges Verhalten hervorzurufen. Während Sally dies alles äußerte, konnte ich deutlich sehen, wie sehr sie von Schmerzen gepeinigt wurde. Da ich den Empfindungstypus gut kannte, war mir klar, daß Sally sowohl durch die Schmerzen als auch durch die Medikamente, die sie unterdrücken sollten, von sich selbst abgeschnitten wurde. Das war wahrscheinlich die Erklärung für ihre düsteren Gedanken.

Ich ging auf ihre Klagen ein und bemühte mich, ihr das Gefühl der Wertlosigkeit zu nehmen, indem ich ihr Dinge sagte, die ich selbst für wahr hielt: je eher der Verstand schwinde und je eher der Körper seine Wichtigkeit verliere, desto besser. Der Geist zähle und nicht der Körper oder irgendwelche Fakten, irgendein Wissen oder rationales Denken. Ihren ungewöhnlichen Geist und ihre bemerkenswerte Persönlichkeit besitze sie noch immer in starkem Maße. Und während ich sie so lobte, erinnerte ich sie auch daran, wie oft es vorgekommen war, daß sie sich selbst erniedrigte und ich versuchen mußte, sie aus dieser Haltung herauszuholen. Ich sagte ihr, ich wisse genau, daß der Analytiker, der während meiner Abwesenheit bei ihr gewesen sei, sich aufrichtig für sie interessiert und ihre Bemühungen bewundert habe. Er habe die Ansicht vertreten, sie sei deshalb noch am Leben, weil Arbeit auf sie warte: sie müsse nach mehr Einsicht und Bewußtsein streben. Ich erinnerte sie daran, daß ihr Mandala wichtig und bedeutungsvoll sei, weil es ihr Gotteskonzept darstelle. Ich versuchte, sie davon zu überzeugen, daß es keine Zeitverschwendung sei, sondern einen ganz bestimmten, positiven Wert habe, wenn sie Kriminalgeschichten lese. In Geschichten, die von Mord und Gewalt handelten, werde der Schrecken des Todes objektiviert und trage stark dazu bei, ihre eigenen Ängste zu neutralisieren. Doch Sally ließ sich nicht trösten. Ich wußte, sie wollte nichts dergleichen hören. Ich konnte nicht mehr tun, als bei ihr zu sein und das, was sie sagte, zu akzeptieren.

Aber irgend etwas in mir wollte nicht zulassen, daß Sally sich einfach geschlagen gab und sich in die von ihrem schlechten Gesundheitszustand geprägte Situation schickte, und ich sagte ihr, daß ich am folgenden Tag wiederkäme. Sie protestierte, sie wolle nicht, daß ich mir ihretwegen Umstände machte. Ich wußte, daß ich in ihrer Lage vielleicht das gleiche getan hätte. Auch ich brachte Gefühle der Freundschaft eher durch rücksichtsvolles Verhalten zum Ausdruck. Dennoch war es schwer zu sagen, ob sie mich bei sich haben wollte oder nicht. Ich würde es einfach abwarten müssen.

Am folgenden Tag erzählte sie mir einen Traum, der sie an den früheren Traum von der an ein Rad gebundenen Schlange erinnerte.

*Ich wanderte mit noch einem Mann in einem tropischen Urwald an einem Fluß entlang. Dabei töteten wir bronzefarbene Salamander, die ungefähr einen Meter lang waren. Sie schlängelten sich am Ufer entlang. Sie bedrohten uns nicht, aber wir töteten sie trotzdem.*

«Was fällt Ihnen als erstes zu diesem Traum ein?»

«Die Kinder haben Salamander, mit denen sie spielen. Die sind natürlich kleiner.»

Sie schwieg mir zu lange, und so teilte ich ihr ein paar von meinen Eindrücken zum Traum mit. Damit wollte ich ihr helfen, ihren Horizont zu erweitern, ihre Sicht zu vergrößern und außerdem ihr Gefühl des Isoliertseins zu verringern.

«Wissen Sie, diese Salamander, die sich am Ufer entlangschlängeln, erinnern mich an das chthonische Reich, von dem ich schon ein paarmal in meinen Briefen kurz gesprochen habe. Wissen Sie noch? Die Reptilien und die Schlange und die Katze, von denen Sie geträumt haben, gehören dort irgendwo hin. Sie leben auf der Ebene unserer dunklen weiblichen Wurzeln. Darum sind sie auch für unsere Gesundheit so wesentlich.»

«Ja, ich erinnere mich daran, und es interessiert mich. Ich habe Ihnen gestern erzählt, daß mir Ihre Briefe jeweils nur für ein oder zwei Stunden geholfen haben. All Ihre brillanten Interpretationen meiner Träume und auch Dr. von Franz' Bemerkungen, wie nahe ich meinem Ziel schon zu sein scheine – all das hat mir beim Lesen ein gutes Gefühl gegeben, aber es hat nicht angehalten. Was Sie über die Katze und das chthonische Reich gesagt haben, hat mich allerdings beeindruckt. Ich weiß nicht, warum, aber es ist mir im Gedächtnis geblieben.»

«Es könnte sein, daß es tief drinnen bei Ihnen etwas angerührt hat. Das chthonische Prinzip würde das auch bei mir tun, weil es für uns Frauen ein grundlegendes, erstes Prinzip ist und aus der dunklen Unterwelt der Verdrängung zurückgeholt werden muß. Das erinnert mich an das Wort ‹Boden›. Wir sprechen vom Boden, von der Erde unter unseren Füßen, und vom Boden der Tatsachen...»

«Ja, und vom Boden, auf dem sich die Salamander mit ihrer weichen, feuchten Haut hin- und herschlängeln...»

«Genau. Salamander sind außerdem Amphibien, und früher hat man geglaubt, sie könnten durchs Feuer gehen, ohne sich zu verletzen. Hat Christus nicht gesagt: ‹Wer mir nahe ist, ist dem Feuer nahe?› Ja, Salamander haben mächtige symbolische Implikationen.»

«Und wir hätten sie nicht einfach so umbringen dürfen. Sie hatten uns nichts getan. Sie hatten genauso wie wir ein Recht, da zu sein.»

«Wer könnte der Mann gewesen sein, der mit Ihnen gewandert ist?»

«Ich weiß es nicht. Vielleicht war er meine männliche Seite, mein Animus.»

«Das könnte sein. Aber sie haben gesagt, sie seinen ‹mit noch einem Mann› gewandert, als ob Sie selbst ein Mann wären. Kein Wunder, daß Ihr Ansatz falsch ist! Ihre Identifikation* mit dieser männlichen Kraft ist derart stark, daß Sie Ihren eigenen, alles Leben erhaltenden, weiblichen Standpunkt verloren haben. Sie haben sich auf sinnlose Weise destruktiv verhalten.»

Plötzlich preßte sie die Hand gegen ihren Oberschenkel, und ihr Gesicht zuckte vor Schmerzen.

«Mein Gott, will das denn gar nicht aufhören!»

Ich machte eine mitfühlende Geste und wollte etwas sagen, aber sie protestierte.

«Nein, warten Sie einen Augenblick! Das ist gleich vorbei. Ich will bei den Träumen bleiben, ich muß da weitermachen. Die Schmerzen habe ich ständig, aber Sie müssen bald gehen.»

Also wartete ich und fühlte mich hilflos. Nach ein paar Minuten fuhr sie fort: «In meinem anderen Traum, von dem ich Ihnen geschrieben habe, habe ich wenigstens nicht versucht, die Schlange umzubringen. Jedesmal, wenn ich meine Hand ausgestreckt habe, um die Schlange zu füttern, ist sie auf mich losgegangen und hat die Zähne gezeigt.»

Das Schlangensymbol ist ambivalent und zweideutig. Je nach Kontext verkörpert es Gott oder Teufel, Held, Geist, Weisheit, Fruchtbarkeit und Sexualität, Verwandlung, Heilung, Sinnlichkeit und das Böse. In dem erwähnten Traum wird der böse Aspekt der Schlange dargestellt, und indem Sally versucht, die Schlange zu füttern, ohne dabei gebissen zu werden, zollt sie ihm gebührenden Respekt. Da die Schlange an einem Rad, einem Kreis, festgebunden ist, könnte sie auch das gefährliche Potential des Selbst verkörpern. Sally bietet der Schlange Nahrung an, und so für sie sorgend, hofft sie, aus einem Feind einen Freund zu machen. Ich glaube, von der Schlange läßt sich wie vom Selbst sagen: Werden sie nicht ihrer Heilqualität wegen akzeptiert, ist zu erwarten, daß sie auf destruktive Art und Weise angreifen werden. Von allen uns bekannten Tieren kann sich nur die Schlange zur Vorbereitung auf einen Angriff kreisförmig zusammenringeln, und sie tut das ganz instinktiv. Wenn Sally eine stärker akzeptierende Haltung eingenommen und sich vertrauensvoll ihrem Schicksal überantwortet hätte, wäre die Schlange vielleicht nicht festgebunden gewesen, und keine unerbittliche – autonom gewordene – Willenskraft hätte sie gezwungen, einen Kreis zu bilden, wodurch sie erst gefährlich wurde.

Das erinnert mich an eine machtvolle Äußerung in einem gnostischen Evangelium, die Jesus zugeschrieben wird: «Wenn ihr das hervorbringt, was in euch ist, dann wird euch das, was ihr hervorbringt, retten. Wenn ihr aber das, was in euch ist, nicht hervorbringt, dann wird euch das, was ihr nicht hervorbringt, vernichten.»

«Vielleicht geht von Ihrer Schlange eine symbolische Botschaft an alle Frauen. Ich will Ihnen von einem altägyptischen Mythos erzählen, der das Ganze vielleicht etwas erhellt. Er handelt von der Mondkatzengöttin, Bast, und der Schlange der Finsternis, Apep.

Bast ist als Symbol des Bewußtseins, des Lichts und des Heilens verehrt worden. Sie erhellte sowohl die Nacht als auch den Tag, beleuchtete, was sonst im Finstern verborgen lag, und man hat geglaubt, sie habe die Macht, die Toten zum Leben zu erwecken. Der Katzenarchetyp hat allerdings auch seine dunklen Seiten: die schwarze Katze, die Hexenkatze und die Katze als Inkarnation des Teufels weisen alle auf ihre destruktive Kraft hin.

Niemand stritt mit Apep, bis nach jahrhundertelanger Alleinherrschaft der Mondgöttin Bast der – männliche – Sonnengott Ra an ihre Stelle trat. Ihre Augen wurden den seinen einverleibt, und so kam es, daß Bast nicht nur ihre Identität, sondern auch ihre Verbindung zu Apep, der Schlange, verlor. Apep wurde nun zu einem Schrecken, zum Herrn der Unterwelt. Nacht für Nacht stieg Ra, der durch die Augen der Mondgöttin Bast sah, zur Unterwelt hinab, um sich mit der Schlange in einen furchtbaren Kampf einzulassen.

Zwischen diesem Mythos und Ihrem Traum gibt es vielleicht Verbindungen. Wenn die Frau sich im Manne verliert oder wenn das weibliche Prinzip vor der männlichen Stärke aufgibt, dann wird die Schlange – das heißt, die chthonische, sinnlich-spirituelle Natur der Frau – gefährlich. Irgendwie muß zur Schlange wieder ein guter Kontakt hergestellt werden.»

Mir kam der Gedanke, Sarahs Kopf habe sich vielleicht deshalb auf dem Schlangenkörper befunden, weil Mutter und Tochter unbewußt miteinander identifiziert wurden. Genau wie ihre Mutter ist auch Sarah durch die Tragödie, die sich um sie herum abspielt, ihrem normalen kollektiven Ort entrissen worden.

Entwurzelten modernen Frauen ist es beschieden, den Weg voranzugehen. Wenn sie es nicht tun, finden sie sich nicht mehr zurecht und gehen unter. Sie können in einer überwiegend männlichen Gesellschaft keine Unterstützung für ihr wahres Selbst finden. Sie müssen ihre eigene Quelle wiederentdecken, und das heißt, sie müssen die Schlange, unsere moderne Apep, füttern. In neolithischer Zeit hat man im Nahen Osten die menschliche biologische Fruchtbarkeit auf eine heilige Ebene gehoben. Auf mehr als magische Weise hat sie die Zunahme des Wildbestands und den Ertrag des Ackerbaus gefördert. Heutige Frauen brauchen wieder eine Verbindung zu diesem besonderen Potential nicht mehr in biologischer, aber in psychologischer, kultureller, sogar religiöser Hinsicht; und nicht als Regression zum alten matriarchalischen «Alles oder nichts»-Konzept, sondern als eine dem selben Muster folgende Vorwärtsbewegung. Um ihre rechtmäßige Bedeutung zu erlangen, müssen die Frauen die Verbindung zu ihrer chthonischen Stärke herstellen. Auf einer bewußten, verantwortlichen Ebene müssen sie wieder zu der religiösen Wirkung kommen, die sie einst – wahrscheinlich unbewußt – in geschichtlicher Frühzeit hatten.

Sally richtete sich im Sitzen auf. «Oh, dieser Mythos gefällt mir. Bisher bin ich immer dann, wenn ich mich in meiner Rolle als Ehefrau und Mutter total eingesperrt fühlte, ganz besonders aufgebracht und giftig gewesen! Wie kompliziert das Schlangensymbol ist!»

«Das ist es auf jeden Fall. Will man moderne Begriffe gebrauchen, könnte man, glaube ich, sagen, daß es einerseits das Böse und die verdrängte Sexualität darstellt, andererseits hat es auch einen Gott verkörpert. Bei allen ägyptischen Dynastien war auf der königlichen Kopfbedeckung eine Kobra abgebildet. Wir wissen auch, daß die Schlange einst mit der dunklen Seite Christi in Verbindung gebracht wurde. Die Römer wiederum haben die Schlange verehrt und geglaubt, daß sie ihr Heim schütze und großes Unheil kommen würde, wenn der Hausschlange etwas zustieße. Das bringt mich jetzt auf etwas. Ich will Ihnen von einer Begegnung erzählen, die ich mit meiner eigenen Schlange hatte – eine Begegnung, die an eben diesen kollektiven Ort gerührt hat, von dem ich gerade erzählt habe.»

Menschen von Sallys Typus, für die Erfahrung lebensnotwendig ist, helfen eher Beispiele aus der Erfahrung anderer, als wenn man ihnen mit Mythen und Legenden kommt. Was andere erlebt haben, ist von ihren eigenen Erfahrungen nicht so weit entfernt.

«Vor langer Zeit habe ich in meinem Garten eine ganz junge männliche Königsschlange entdeckt. Inzwischen ist sie sehr groß geworden. Ich sehe sie nur etwa einmal im Jahr, aber ich habe schon immer etwas Besonderes für sie empfunden. Ich habe niemandem von ihr erzählt und ihren Aufenthaltsort geheimgehalten, weil ich gespürt habe, wenn ihr etwas zustoßen würde, wäre das für uns ein sehr schlechtes Omen. Offensichtlich hat mich da ein Archetyp gepackt gehabt, denn ich habe erst viel später etwas über die Rolle gelesen, die die Schlange im Alten Rom gespielt hat.»

«Das ist interessant. Aber ich bin noch immer bei dem Wort ‹giftig›, das ich eben gebraucht habe. Genau das bin ich manchmal, wenn ich mit Sarah streite, und vielleicht ist deshalb ihr Kopf auf der Schlange gewesen. Sie selbst ist nicht so. Sie ist bei unseren Auseinandersetzungen ganz lieb. Ich möchte mit Ihnen über unser Verhältnis reden, weil es mich beunruhigt. Wir geraten so oft aneinander – vielleicht weil wir uns in vielen Dingen so furchtbar ähnlich sind. Jim und ich meinen tatsächlich, daß sich in ihr die besten und die schlechtesten Seiten von uns und unserer Ehe widerspiegeln.»

Sally machte sich Sorgen, weil Sarah vor kurzem gebeten hatte, auf die erste integrierte Schule, die es in der Stadt gab, überwechseln zu dürfen – eine *Junior High School,* die von mehr schwarzen als weißen Schülern besucht wurde. Obwohl Jim diese Entscheidung nicht guthieß, wurde ihr der Wechsel erlaubt.

«Es war meine Schuld, daß sie diese Wahl getroffen hat, denn ich bin es gewesen, die ihr immer zugeredet hat, selbständig zu denken und zu handeln. Aber ich habe doch nicht gewollt, daß sie sich dadurch Ärger einhandelt; und ich fürchte, daß ist genau das, was womöglich passiert.»

«Vielleicht reagiert Sarah auf die schwere Situation zu Hause, indem sie sich in ihrem eigenen Leben eine Art von extremer Realität sucht, Sally. Wahrscheinlich greift sie jetzt nach der erdhaften realen Welt, die Sie selbst zu der Zeit, in der Sie aufgewachsen sind, zwangsläufig übersehen haben.»

Sally machte sich um ihre Tochter auch noch andere Sorgen: Sie befürchtete, daß Sarah nun für ihre Genesung bete. Sie wolle nicht, daß ihre Tochter ihre starke Religiosität dadurch verliere, daß sie Gott auf die Probe stelle, die sehr wahrscheinlich zum Scheitern verurteilt sei. Sie habe in Sarahs Alter das gleiche getan.

«Wie haben Sie damals als Elfjährige Gott auf die Probe gestellt?»

«Ich wollte ein Brüderchen oder ein Schwesterchen haben. Meine Mutter hat in meiner Kindheit mehrere Kinder bekommen. Ich habe für jedes von ihnen gebetet, aber sie sind alle noch als Babys gestorben. Als das letzte kam, habe ich wieder gebetet, aber diesmal hatte ich mit Gott auch ein Abkommen getroffen: Wenn er mein Schwesterchen am Leben läßt, werde ich ihm in Zukunft immer vertrauen. Und dann ist auch das Baby gestorben. Trotzdem habe ich mich erst ganz von der Religion abgewendet, als ich in die High School kam und mich in Jim verliebt habe. Damals ist es mir sehr schwergefallen, meine sexuellen Gefühle im Zaum zu halten; sie waren sehr stark. Ich bin oft schrecklich in Versuchung und hin- und hergerissen gewesen, ob ich meine Jungfräulichkeit noch weiter bewahren sollte oder nicht. Das war damals sowieso – abgesehen von der Religion – eine äußerst wichtige Sache, vor der Hochzeit noch Jungfrau zu sein. Ich war auch sehr fromm. Ich habe mir sogar überlegt, Missionarin zu werden. Aber ich kam zu der Ansicht, daß sich Sex und Religion nicht miteinander vereinbaren ließen, daß man sich irgendwie zwischen beiden entscheiden mußte. Als ich mich dann in Jim verliebte, habe ich mich für Sex entschieden.»

Ihre Sinnlichkeit – ein wichtiger Teil ihrer Natur – wurzelte ganz zweifellos in der chthonischen Frau. Diese tiefe weibliche Wurzel konnte sie mit dem überkommenen Gottesbegriff nicht in Einklang bringen. Am Ende mußte sie ihre starke Religiosität zugunsten ihrer sinnlichen Seite aufgeben. Aber da die Gesellschaft sowohl das Religiöse als auch das Sinnlich-Weibliche zu eng sieht und Sally auch sehr einengend erzogen war, klappte bei ihr weder das eine noch das andere, und so wurden bei ihr beide Seiten unterdrückt.

«Jetzt mache ich mir Sorgen, daß Sarah vielleicht genauso darunter leiden muß. Sie brauchen sie nur anzuschauen, dann wissen Sie gleich, daß sie meine Sinnlichkeit geerbt hat.»

Sarah war also darin verwickelt, weil Mutter und Tochter ähnliche Eigenschaften hatten. Sarahs Frömmigkeit und ihre warmherzige körperliche Art zogen Sallys düstere Gedanken auf sich. Ihre Bemühungen, zu verstehen, was die Schlange verkörperte, richteten sich ebenfalls auf Sarah.

«Natürlich glaube ich nicht, daß ich je wieder in einen derartigen Konflikt kommen würde. Erstens reizt mich die Vorstellung von einem persönlichen Gott nicht mehr. Und von dem her, was ich gelesen habe, weiß ich, daß zu den alten matriarchalischen Religionen sexuelle Riten gehört haben, die von unserer patriarchalischen Gesellschaft als Tempelprostitution abgetan wurden. Außerdem weiß ich, daß das Miteinander-Schlafen ein selbstloser Akt sein kann, fast so wie ein religiöses Erlebnis. Aber diese Gedanken sind mir erst viel später gekommen. Ich fürchte, die christliche Moral hat mir in den Konflikten meiner Jugendzeit – wenn es darum ging, was gut und was böse war – nicht viel geholfen.»

Wir sprachen über einige moderne Vorstellungen von Gott und vom Teufel, bei denen das Böse als Teil des Ganzen mit eingeschlossen wird. Ich wies auf die Alles-Einbeziehende-Qualität des Selbst hin, durch die sich diese Bilder offenbaren. Ich sagte Sally, es sei besser, über das Böse Bescheid zu wissen, wenn der Archetyp des Selbst doch das Böse mit einschließe.

Ich bat sie, mit mir gemeinsam zu theoretisieren. Wenn ich glaubte, Gott sei nur gut, dann wäre auch ich, wenn ich Seinem Beispiel folgte, nur gut. Mein ganzes Leben lang würde ich versuchen, mich gut zu benehmen und meine böse Seite zu unterdrükken, die dann als ungelöstes Problem in das unbewußte Reich meines Schattens einginge. Letzten Endes müßte ich mich jedoch – spätestens im Augenblick des Todes – mit dem auseinandersetzen, was ich bisher unterdrückt hätte: mit Gottes böser Seite. Denn lassen sich Krebs und die anderen unheilbaren Krankheiten in ihrer Schrecklichkeit nicht am besten mit Seiner bösen Seite erklären? Ich würde mit meiner eigenen Finsternis und Wut umgehen müssen, die in Zeiten der Schwäche hervorbrechen. Und wenn ich meine eigene böse Seite nicht bewußt akzeptierte, bliebe sie unbewußt und weiterhin mit dem kollektiven Bösen der Gesellschaft verbunden. Sie könnte sich dann nur explosionsartig und auf unerwartete Art und Weise äußern, indem ich sie auf die Welt oder auf Menschen um mich herum projizierte. Erst wenn ich mich durch meine Wut und Angst von allen anderen abgeschnitten hätte, würde mir vielleicht klarwerden, wie notwendig es sei, den übermenschlichen Aspekt des Bösen zu verstehen und zu erkennen, was davon wirklich zu mir gehöre. Aber dann könnte es vielleicht zu spät sein, vor allem, wenn sich der Krebs schon ausgebreitet hätte.

«Manche Leute glauben», sagte ich, «daß das Fegefeuer eine Projektion des ‹guten› Christen ist. Einige gehen sogar noch weiter und sagen: Wenn Gottes böse Seite nicht zur Kenntnis genommen wird, agiert Er sie durch einen Hitler und fürchterliche Kriege aus. Manche glauben sogar, ohne das Wissen um Gottes böse Seite, würde jeder schießwütige Potentat aufs Knöpfchen drücken können.»

Diese Gedankengänge schienen Sally nicht weiter zu interessieren. Sie meinte nur, sie habe um ihrer Kinder willen vor der Atombombe Angst, und bedeckte dabei ihre Ohren mit den Händen. Sie sagte, überall um sie herum spüre sie Untergang und Verderben.

Der als Problem ungelöste persönliche Schatten erklärt, warum Sterbende sich häufig so unwürdig verhalten – warum noch in letzter Minute schuldlose Erben enterbt werden, alte Männer den Krankenschwestern in den Po kneifen und alle möglichen Obszönitäten ausagiert werden.

Die chthonische Frau wird oftmals zum Schatten verbannt. Aus diesem Grunde ist es für uns wichtig, ihr so bewußt wie möglich wieder ihren angestammten Platz zukommen zu lassen. Tun wir das nicht, so verbündet sie sich mit der inferioren und unbewußten Persönlichkeit, die sich unter dem Druck der ungeheuren Belastung, die das Sterben mit sich bringt, in zwanghaftem, unangenehmen Verhalten äußert. Dann kann es sein, daß die chthonische Frau weiterhin im «Abfalleimer» festsitzt, anstatt sich, vor allem im Reich der Moral, als erdender, humanisierender, erweiternder Einfluß bemerkbar zu machen.

In den folgenden zwei Wochen besuchte ich Sally täglich. Sie protestierte jedesmal leicht dagegen – ob ich sicher sei, daß mir das nicht zuviel würde? Aber ließ man sie zu sehr mit sich selbst allein, wie das während meiner Abwesenheit geschehen war, fühlte sie sich verloren, war ängstlich und lehnte sich selbst ab – das wußte ich. Und ich war überzeugt, daß diese Stimmung durch größere Schmerzen und neu hinzukommende beunruhigende Empfindungen nur noch verstärkt werden würden. Also beteuerte ich jedesmal, daß es mir nicht zuviel werde. Ich wußte, sie war wirklich froh darüber, daß ich kam, auch wenn sie das nicht zugab. Manchmal fiel mir am Anfang einer Sitzung auf, wie aschgrau und konturlos ihr Gesicht war. Während wir miteinander redeten, bekam sie allmählich etwas Farbe, und ihr Gesicht war wieder so wie sonst. Zwar verschwanden die Schmerzen nicht, und sie fühlte sich weiterhin unwohl, aber unsere Gespräche über alles, was ihr in den vorherigen Wochen gegen den Strich gegangen war, schienen ihre trübe Stimmung langsam zu heben – so als habe die schwarze Wand Risse bekommen.

In der ersten Woche erzählte Sally in einer der Sitzungen, daß sie wieder von Thelma geträumt habe.

*Wir hatten einen heftigen Streit und beschimpften uns gegenseitig. Ich beklagte mich darüber, daß sie sich mit dem Essen verspätet habe und daß der ganze Tisch und auch der Boden voller Unrat sei. «Ich mach's auf meine Art!» erwiderte Thelma. Der Kampf stand unentschieden.*

Zum ersten Mal taucht in Sallys Träumen ein derart übertriebenes Beispiel ihrer Negativität auf. Es zeigt, wie der Schatten – diesmal in Gestalt von Thelma – die Oberhand gewinnt, wenn Sally alleingelassen wird. Durch meine physische Anwesenheit erinnere ich sie ständig an das Gute in ihr, und indem ich ihren Zorn akzpetiere, verhindere ich, daß bei ihr der Schatten die Oberhand gewinnt. Außerdem fange ich Sallys unproduktive, an ihr nagende Angst vor der Zukunft sachlich-nüchtern auf.

«Welche Gedanken kommen Ihnen dazu?»

«Thelma würde sich niemals so wehren oder derart kämpferisch für sich eintreten. Und in Wirklichkeit steht es zwischen uns jetzt viel besser – zumindest oberflächlich gesehen. Aber kein Wunder, daß sie fröhlicher ist und mehr hilft. Sie fährt bald wieder nach Hause!»

Wenn eine Beziehung oberflächlich gesehen gut ist, kommt es häufig vor, daß deren negatives Potential in einem Traum ausgedrückt wird – das wußte ich. Nach ein paar Tagen erklärte Sally, das Zusammensein mit Thelma sei nun harmonischer. Sie gab zu, daß Thelma am Umgang mit ihrer Krankheit und an der – prächtigen – Arbeit mit den Kindern gewachsen sei. Sie sagte, sie könne Thelma jetzt sogar gernhaben, weil sie sie als eine Frau mit einer noch nicht recht erwachsenen Mentalität sehe, die sich sehr stark bemühe, ihr zu helfen und sie zu verstehen. Selbst ihre Kochkünste hätten sich gebessert. Als Thelma nach Hause fuhr, sagte Sally, sie würden beide jetzt zum ersten Mal seit zwanzig Jahren etwas Positives füreinander empfinden.

Dann fing sie an, sich darüber Gedanken zu machen, daß ihre Mutter schon nach so kurzer Zeit wieder herkommen müsse, um Thelma zu ersetzen. Ihre Mutter und Jim hätten sich wenig zu sagen. Er könne ihre Hilflosigkeit und ihr ständiges Trinken nicht ausstehen. Für alle drei sei es eine schwierige und unangenehme Situation.

«Außerdem kann ich ihr trauriges Gesicht kaum ertragen. Es macht mich auch traurig. Oh, ich weiß. Ich erinnere mich schon daran, daß Sie mal gesagt haben, bei ihr komme wohl die Traurigkeit zum Ausdruck, die ich selbst nicht artikulieren kann. Aber das ist nicht erst jetzt so. Solange ich zurückdenken kann, ist sie immer depressiv gewesen. Sogar als Kind habe ich nicht an sie herankommen können.»

«Das muß für Sie sehr schwer gewesen sein, Sally.»

«Und der Traum, in dem sie die Diamantbrosche hochgehalten hat, geht mir noch immer nach. Das ist vor ungefähr zwei Monaten gewesen. Ich habe geträumt, daß man mir das rechte Auge herausgenommen hätte – wissen Sie noch? Dieser Traum hat sich auf eine Art bewahrheitet, denn ich kann auf dem rechten Auge fast nichts mehr sehen. Ich kann damit nicht mehr lesen. Schauen Sie, wenn ich mein linkes Auge so zuhalte, kann ich Sie nur noch schemenhaft erkennen, und Sie sitzen nur einen Meter oder so von mir weg. Und Jim hat mir gesagt, daß ich im Schlaf fast jede Nacht ‹Mutter! Mutter!› rufe. Es ist alles so unheimlich.»

Sie erzählte von der Mutter ihres Vaters, ihrer neunzigjährigen Großmutter, die allein in einem Wohnwagen von der Sozialhilfe lebe. Zehn Dollar gebe sie im Monat fürs Essen aus und zwanzig für den Wohnwagen. Den Rest spare sie und komme dabei gut über die Runden.

«Sie haben gesagt, daß sich der Geist durchsetzt, wenn der Verstand schwindet, und von den Briefen, die ich von der alten Dame bekomme, weiß ich, daß das stimmt. Auch wenn sie nichts mehr behält und nicht mehr logisch denken kann – *sie* ist voll da. Sie sollten diese Briefe mal sehen; da sind Juwelen drin!»

Während dieser zwei Wochen sprach sie häufig von Selbstmord. Sie habe schon oft mit sich gekämpft, ob sie eine Überdosis der von ihr gehorteten Tabletten nehmen solle. Sie erzählte mir, einmal, als ich fort gewesen sei, habe sie die Tabletten in der Hand gehalten und beinah – aber eben nur beinah – den Mut gehabt, sie zu schlukken. Zuweilen sagte Sally, ein Suizid würde es ihrer Familie möglich machen, ihr Leben zu leben, und sich selbst würde sie eine möglicherweise furchtbare Zukunft ersparen. Sie habe Angst davor, daß ihr Körper langsam verfalle und sie vielleicht lange Zeit, künstlich ernährt und gelähmt, dahinvegetieren müsse. Die Vorstellung, ihr sinnliches Wahrnehmungsvermögen zu verlieren, sei für sie schlimmer als der Gedanke an den Tod. Dann wiederum sagte sie – und das hatte sie auch früher schon gesagt –, sie sei zu neugierig zu erfahren, was psychisch mit ihr geschehen werde, um sich umzubringen, und trotz allem habe sie etwas vom Leben gehabt.

«Ein Selbstmord wäre etwas Endgültiges. Man hätte keine Chance mehr zurückzukommen. Das wäre wirklich das Ende. Im Leben gibt es immerhin Alternativen.»

Sie sagte auch, sie wisse, daß für Jim der Gedanke, sie könne sich das Leben nehmen, entsetzlich sei; und für die Kinder wäre es hart.

«Für Ihre Kinder sind Sie eine Heldin, Sally. Auch die Träume, die Sie haben – und dazu noch so viele –, zeigen Sie als Heldin. Und für mich sind Sie – nun, Sie wissen sicher, daß Sie in meinen Augen eine Frau mit sehr viel Mut sind; und, egal, was Sie tun, ich werde Sie immer als eine mutige Frau in Erinnerung behalten.»

Da fragte sie mich leise, wie sie es jemals schaffen solle. Ich erklärte ihr, ich hoffte, daß es gelänge, indem wir uns weiter austauschten – uns gemeinsam darum bemühten, ihre natürlichen Instinkte zu befreien, damit diese sie zu einer friedvollen Lösung führen könnten.

«Jetzt, wo ich anfange, mich selbst zu erkennen, wird mir klar, wie anders alles wäre, wenn mir erlaubt würde zu leben. Durch meine neue Einstellung würde mein Leben so viel besser werden. Ich könnte anderen helfen, das durchzustehen, was ich durchgemacht habe. Das fände ich schön!»

Sie sagte mir, sie habe das Gefühl, ihr destruktiver innerer Mann – der die nützlichen Salamander getötet habe – komme ihr nun nicht mehr in die Quere. Sie fühle von neuem, daß ihre Träume etwas bedeuteten, und sie könne an die Träume glauben. Sie habe ihrer Meinung nach alles Nötige erreicht. Ihre Kinder seien in Ordnung. Das Leben ihrer Kinder sei nicht länger mit ihrem eigenen verknüpft. Sie seien ihrem Vater nahe, genauso wie er ihnen. Sie sei sicher, daß Sarah inzwischen begriffen habe, daß ihre Mutter möglicherweise sterben werde. Da sie selbst jetzt ansatzweise verstanden habe, wie sehr sie mit Sarah verbunden sei, könne sich die enge Bindung zu ihr lösen. Sie und Jim hätten zueinander ein gutes Verhältnis. Sie werde nicht länger gebraucht.

Sie fange an zu glauben, daß ihr Mandala eine Manifestation des Gottes in ihr sei. Sie habe es jetzt aufgehängt und schaue es jedesmal mit neuem Interesse an, wenn sie, schreiend vor Schmerz, aufwache. Die kontemplative Beschäftigung mit ihrem Mandala helfe ihr, mit der Angst vor dem Tod fertig zu werden.

«Inzwischen kann ich es nur noch sehen, wenn ich mir das rechte Auge zuhalte. Aber trotzdem schaffe ich es, in meiner Phantasie in das Mandala hinein- und dann durch seine Ecken wieder hinauszugehen.»

«Eine Art Tor, wenn ich Sie richtig verstehe?»

«Genau. Ich werde noch mehr von den Mandalas aufhängen.»

Sie sprach oft davon, daß sie Angst vor dem Tod habe. Sie meinte, wenn sie sterbe, falle sie in ein Alles-vergessen-machendes-Nichts, sie sei sich dessen aber nicht so ganz sicher. Möglicherweise setze sich das Leben im Unbewußten fort. Diese Vorstellung mache ihr Angst, und um sich zu beruhigen, sagte sie, wende sie sich wieder den Zen-Buddhisten zu, die glauben, daß man im Tod zum Fluß des Lebens zurückkehre, von dem man gekommen sei. Wir diskutierten über die uralte Vorstellung, daß die Liebe und der Tod nur zwei Seiten desselben Phänomens seien und man den Tod als die letzte innere Liebesbeziehung ansehen könne, als die mystische Hochzeit, die so wunderbar von den Gnostikern beschrieben worden ist.

«Erzählen Sie mir, wie die sie beschrieben haben!»

«Ich habe einmal einen berühmten holländischen Gelehrten darüber reden hören. Wenn ich mich recht entsinne, sagte er folgendes: Bei der Geburt wird der Mensch in zwei Hälften gespalten. Die eine lebt auf der Erde und die andere im Himmel – oder im Pleroma, wie sie die sprititulle Welt nennen. Somit hat jeder Mensch seinen Engel, seinen Schutzengel, der ihm ganz genau gleicht, dabei aber sein Gegenstück ist. Wie dem auch sei – in dem Augenblick, wo jemand stirbt, wird er mit seinem Engel vereinigt, der seinen Geist rettet. Sie werden in einer heiligen Hochzeit miteinander verbunden. Die Gnostiker haben geglaubt, daß Christus, der spirituelle Mann, und Sophia, sein weibliches Gegenstück, in einer mystischen Hochzeit zusammenkämen. Das ist der Prototyp der Erlösung gewesen – und vielleicht auch die Coniunctio*, der

Jung in seinen Schriften so viel Bedeutung bemißt. Für die Gnostiker hat es eine Hierarchie von Paaren gegeben, die aus der Verbindung von männlichem und weiblichem Prinzip bestanden. An ihrer Spitze standen die männliche Tiefe und die weibliche Stille. Sie bildeten die Grundlage für alles andere. Es gab Bewußtsein und Wahrheit, Vernunft und Leben und andere männlich-weibliche Paare, die sich nach unten hin bis zu Christus und Sophia fortgesetzt haben und, wie ich annehme, auch bis zu Mann und Frau, obwohl der Professor das nicht direkt gesagt hat. Jedenfalls hat es bei den Gnostikern immer die Polarität von Männlichem und Weiblichem gegeben.»

«Es hört sich an, als hätten diese Gnostiker nur von der spirituellen Seite der Hochzeit geredet.»

«Ich glaube, in diesem Mythos steckt auch eine tiefere Bedeutung für die Hochzeit und Ehe im Alltag. Die Gnostiker waren durchaus für die Ehe hier in dieser Welt, und das nicht nur, um Kinder zu bekommen. Diese Vorstellung ist erst mit der katholischen Kirche aufgekommen. Die Gnostiker sahen die Ehe als Rahmen für die sexuelle Liebe, und die war schön und gut, weil sie die Liebe von Christus und Sophia widerspiegelte.»

«Wenn ich das nur gewußt hätte, als ich jung war! In meiner Kirche ist das wahrlich ein wohlgehütetes Geheimnis gewesen!»

«Aber lassen Sie uns diese gnostische Lehre auf das normale Leben anwenden! Nehmen wir zum Beispiel die Stille, das weibliche Prinzip. Kennen Sie nicht diese katzengleichen Frauen, die nie etwas preisgeben? Man weiß nie, ob, und wenn ja, was in ihrem Kopf vorgeht. Auf der anderen Seite gibt es Männer, die das Gegenstück dazu sein könnten. Sie scheinen einen ähnlichen Charakterzug zu haben. Tritt man ihnen zu nahe, wird die Verbindung gekappt. Sie schweigen einfach, und man bekommt ein schlechtes Gewissen, weil man irgendwie unberechtigterweise in ihre Privatsphäre eingedrungen ist. Frustriert und verletzt dringt man stärker in sie, um zu erfahren, was sie denken; und ehe man sich's versieht, hat sich ein Tauziehen entwickelt. Der Mann behält mit seiner Stille die Oberhand, und man bohrt tiefer und tiefer und beschwört dadurch die männliche Tiefe, so wie er umgekehrt die weibliche Stille beschwört. Und wir wissen, wie beeindruckend der weibliche Aspekt beim Mann und der männliche Aspekt bei der Frau manchmal sein können. Klingt meine Deutung zu schön, um wahr zu sein?»

«Nein, weil ich zu gut weiß, wovon Sie reden. Sie haben ganz genau beschrieben, was zwischen Jim und mir abläuft. Ich kenne viele Männer, die nicht über Beziehungsprobleme reden wollen oder reden können. Aber wahrscheinlich gibt es auch ebenso viele Frauen, die zu sehr nachbohren.»

«Die Gnostiker haben sich nicht anders über Archetypen unterhalten, als wir es jetzt tun. Unser Verständnis des Religiösen muß auf menschlichem Denken und menschlicher Vorstellungskraft basieren oder zumindest auf Offenbarungen aus dem Unbewußten. Woher sollte es sonst kommen?»

«Na, ich weiß nicht. Damit bekommen ganz normale Menschen wirklich eine Menge Verantwortung aufgebürdet. Und doch – wenn man an Hiob denkt, der sich besser verhalten hat als Gott, oder selbst wenn man an einen Menschen in meiner Lage denkt, der, nur um weiterleben zu können, eine Charakterstärke aufbringen muß, die einen Heiligen umbringen könnte ...»

Sie schwieg einen Moment lang und blickte durchs Fenster auf ihren Berg. Dann sah sie mir wieder in die Augen.

«Ich glaube wirklich, daß wir heutzutage diesen spirituellen Zusammenhang in der Ehe verloren haben. Wenn ich an meine eigene Ehe und an all die schwierigen Ehen meiner Freundinnen denke, frage ich mich, ob die Institution der Ehe noch irgendeinen Wert hat. Was meinen Sie? Glauben Sie, daß die Ehe bestehen bleibt oder daß es sich überhaupt lohnt, die Schwierigkeiten, die damit verbunden sind, auf sich zu nehmen?»

«Ich weiß es nicht, Sally. Ich glaube, ich habe schon einmal erwähnt, daß ich eine Freundin habe, die unbezahlbar ist – ein gefühlsbetonter Typus. Wir tauschen gerne unsere Ansichten zu dieser Art von Problemen aus. Obwohl wir auf verschiedenen Wegen dort hingelangen, kommen wir doch oft zu den gleichen Schlußfolgerungen – das heißt, falls wir überhaupt zu Schlußfolgerungen kommen! Ihre Ehe wurde vor zehn Jahren geschieden, und seitdem lebt sie allein. Aber an die Ehe glaubt sie trotzdem. Sie meint, der Wunsch nach Vereinigung mit jenem anderen sei in uns allen so stark und reiche so weit zurück, daß er wohl in irgendeinem kollektiven, archetypischen Ort wurzeln und mit dem Selbst verbunden sein muß.»

Ein Empfindungsmensch tendiert dazu, Schwierigkeiten mit symbolischem Denken und symbolischer Vorstellungskraft zu haben. Ihn reizt es, im Alltagsleben archetypischen Mustern zu folgen und auf konkrete, praktische Art und Weise nach Vollendung zu streben. Ein intuitiver Mensch dagegen kann sich lebhaft eine enge Beziehung vorstellen und sogar von sich glauben, psychisch «am Ziel» zu sein, während er in Wirklichkeit vielleicht gerade dabei ist, eine konkrete Beziehung zu zerstören, die ihn «abrunden» könnte. Es kommt oft vor, daß diese beiden Arten von Menschen einander heiraten, und das führt dann zu beinahe unüberwindlichen Schwierigkeiten. Das mag auch teilweise der Grund für Sallys und Jims Schwierigkeiten gewesen sein.

«Meine Freundin ist der Ansicht, daß die Ehe mit ihrer täglichen Belastung im Laufe der Zeit für die meisten Paare diesen psychischen oder spirituellen Zusammenhang verliert, den die Liebe ursprünglich hergestellt hat. Häufig sei dieser Verlust so verheerend, daß dabei auch das Gefühl der Liebe verlorengehe.

Nur wenige Menschen gehen eine Ehe deshalb ein, weil sie sich bewußt psychisch weiterentwickeln wollen. Schließlich ist die Ehe eine praktische Lösung für das Problem der Einsamkeit, und sie stillt den Wunsch nach Sex und Kindern; außerdem soll sie einen lebendigen, liebevollen Rahmen liefern, der den einzelnen Ehepartner bei der Arbeit in der Welt draußen unterstützt. Wenn aber die Ehe nicht darauf abzielt, bei jedem Partner letztlich eine bewußte Beziehung zum Selbst zu fördern, kann es leicht sein, daß die ganzen äußeren Reibungspunkte, die im Laufe einer Ehe auftreten – wenn man etwa finanzielle Rückschläge erleidet, krank wird, den Arbeitsplatz verliert oder sich einer der Partner zu jemand anderem hingezogen fühlt –, zum Verlust dieses ursprünglichen spirituellen, auf das Selbst bezogenen Zusammenhangs führen.

Die Volkskultur hat nie dazu beigetragen, daß die Menschen die Ehe als ein Mittel ansehen, um nach individuellem Bewußtsein zu streben. Meine Freundin ist zum Beispiel in den dreißiger und vierziger Jahren aufgewachsen, als man allgemein der Ansicht gewesen ist – wie das auch in beliebten Kinofilmen und Zeitschriften zum Ausdruck kam –, daß eine junge Frau so lange unvollständig ist, bis endlich ‹der Richtige› kommt. Aber wenn er dann gekommen ist und sie ihn heiratet, fällt der Vorhang und – falls sich nicht irgendwelche Schicksalsschläge ereignen – werden die beiden automatisch eins und leben glücklich und zufrieden bis an ihr Lebensende. Zu der ersehnten Vereinigung kommt es demnach gleich zu Beginn der Ehe, und der handfeste Beweis dafür folgt oft kurz darauf mit der Geburt des ersten Kindes.

Aber direkt unter der Oberfläche dieser Idylle läuft unter Umständen etwas anderes ab. Für diese Frau war ‹der Richtige› vom Typus her vielleicht ihr genaues Gegenteil. Deshalb hat sie sich überhaupt erst so sehr für ihn interessiert. Doch haben sie und er sich dann nicht wie zwei Flüsse zu einem Strom vereinigt, wie es so schön bei ihrer Hochzeitszeremonie geheißen hatte. Statt dessen ist jeder in den unweigerlich auftauchenden Schwierigkeiten isoliert für sich geblieben, weil sie nicht erkannt haben, wie verschieden sie sind. Vielleicht ist einer von beiden seinem inneren Impuls nach Wachstum gefolgt und hat einen neuen Nebenfluß ausgebildet, dem der andere nicht folgen konnte, und der andere hat dann der Beziehung seine Energie entzogen und sie für die Arbeit, für die Kinder oder für jemand anderes eingesetzt. Noch schlimmer ist es, wenn der Strom des Zusammenseins in einem Tümpel mündet – welche Enttäuschung für beide, sehen zu müssen, wie ihre Frischvermählten-Idylle zerbrochen ist!

Das soll nicht heißen, daß man aufhören sollte, nach Idealem zu streben! Es *ist* möglich, die Liebe in einer langjährigen funktionierenden Ehe am Leben zu erhalten. Jungverheiratete leben in einem symbiotischen, unbewußten Zustand. Eine reife Ehe verlangt von jedem Partner, so umfassend autonom wie nur möglich zu sein. Sie erfordert außerdem gegenseitige Achtung, damit jeder in der Zweiergemeinschaft seinen eigenen Geschmack haben und seine Talente, Interessen und Ziele zum Ausdruck bringen kann. Und schließlich erfordert eine reife Ehe noch die psychische Gleichberechtigung, die hoffentlich die moderne Frauenbewegung betreiben wird, wenn erst einmal die wirtschaftliche und rechtliche Gleichstellung durchgesetzt worden ist. Die bewußte Ehe läßt auch Raum dafür, daß man sich mal richtig aufregt und dadurch Spannungen loswird. Diese Art von Ehe ermöglicht jedem Partner, auf die Individuation hinzuarbeiten: Sie spornt den Mann dazu an, für die Frau in sich verantwortlich zu sein, und auf der anderen Seite die Frau, für den Mann in sich verantwortlich zu sein. Falls sich dann jeder in einer runden, vollständigen Weise entwickelt, kann zwischen den beiden Menschen ein Zusammengehörigkeitsgefühl entstehen, das größer ist, als sie es sich bei ihrer Hochzeit erträumt haben.

Meine Freundin meint, daß Kinder, die – wie in ihrem Fall – aus diesen idealisierten Ehen der vierziger Jahre hervorgegangen sind, zwangsläufig darunter leiden, daß die Ehe ihrer Eltern in die Brüche geht, oder sie miterleben müssen, wie ihre Eltern eine Ehe führen, die ohne Lebendigkeit und Schwung ist. Es ist klar, daß diese Kinder sich dann ihre eigene Alternative suchen. Trotzdem ist meine Freundin nicht sicher, ob sie sich auch über die Ursache im klaren sind, die hinter dem Versagen ihrer Eltern steckt.

Sie meint, dieser rätselhafte Wunsch nach Vereinigung mit dem anderen könnte für beide den Anfang eines Bewußtwerdungsprozesses bedeuten. Trotz ihrer Unterschiedlichkeit könnte im Zusammenspiel von Mann und Frau ein gemeinsamer Weg herausgemeißelt werden, wenn die zwei die Ehe mit eben dieser gleichen Zielvorstellung eingehen.»

Ich hätte es Sally nicht verübelt, wenn sie mir wegen dieses langen Vortrags einen Vorwurf gemacht hätte. Doch sie schaute wieder zum Berg hinüber, und als sie mich dann ansah, sagte sie nur: «Ich habe noch nie gehört, daß jemand aus einem solchen Grund geheiratet hätte. Wenn doch nur genug Zeit wäre, daß unsere Ehe sich in dieser Weise entwickeln könnte! Vielleicht würde sie dann ganz anders.»

Zwei Wochen nach meiner Rückkehr teilte sie mir eines Tages am Ende einer Sitzung mit, daß ihr die Ärzte empfohlen hätten, ins Krankenhaus zu gehen.

«Sie wollen sehen, ob ich mir irgendwelche Knochen gebrochen habe. Sie glauben, das könnte der Grund sein, weshalb ich jetzt solche Schmerzen habe. Die Nächte sind fürchterlich. Ich kann nicht anders, ich muß schreien, wenn meine Schmerzen so schlimm sind, und Jim sagt, daß das für die Kinder ziemlich hart ist. Aber ich will um Himmels willen nicht gehen! Ich habe so eine Ahnung: Wenn ich jetzt gehe, ist es vorbei. Dann komme ich nie wieder nach Hause zurück.»

«Aber dort ist es bestimmt erträglicher für Sie, Sally. Wahrscheinlich ist das jetzt für Sie der beste Ort. Ich komme Sie, so oft ich kann, besuchen.»

«Das wäre gut.» Sie überlegte einen Augenblick und sagte dann: «Bevor Sie gehen, will ich Ihnen aber noch einen Traum erzählen.»

*Ich war mit meinem Vater in einem Seebad auf einem Pier. Wir entdeckten ein Theater, in dem etwa fünfzehn junge Leute ein Stück probten. Ich glaube, es war eine leichte Komödie. Es herrschte eine lustige Stimmung. Mein Vater und ich spielten in dem Stück nicht mit. Wir sahen nur zu.*

*Mein Vater ging zur Kasse und ließ seine Brieftasche liegen. Ein Junge fand sie. Er zeigte sie mir, und ich identifizierte sie.*

«Was meinen Sie selbst dazu?»
«Ich weiß nicht, aber das Stück war *Charleys Tante.*»

Für das Publikum ist ein Theaterstück oder -festival eine bewußte kollektive Leistung. Es kann tief in universalen psychischen Mustern wurzeln, von denen die Zuschauer und die Schauspieler, die davon angezogen werden, nichts wissen. Für Sally sprach der Traum das persönliche Problem an, das sie mit ihrem Vater hatte, denn sie assoziierte das Theaterstück, das in ihrem Traum vorkam, bewußt mit ihrem Vater. Seine Bedeutung war für das Unbewußte im Augenblick nicht mehr so groß – er nahm nicht mehr die Vaterrolle ein. Seine Brieftasche liegenzulassen heißt soviel, wie seine Identität zu verlieren.

*Charleys Tante* war seinerzeit ein berühmtes Stück. Es handelt von einem jungen Mann, der sich als alte Frau ausgibt. Es ist ein groteskes Porträt der vom Animus besessenen Frau oder des von der Anima besessenen Mannes – eine Schwierigkeit, mit der Sally und möglicherweise auch ihr Vater zu kämpfen haben. Da das Stück eine leichte und lustige Komödie ist, bildet es einen Gegensatz zu Sallys schwerer und tragischer Situation und damit eine wesentliche Kompensation.

Das Stück ist wahrscheinlich archetypisch, weil es überall so populär war. Doch was Sallys Assoziation so wichtig macht, ist der Umstand, daß die Rolle der Tante den archetypischen Gegensatz von jungem Mann und alter Frau enthält. Diese Kombination, die schon im Traum von Nanny und Aaron vorkam, wurde in neolithischer matriarchalischer Zeit verehrt.

Anschließend erzählte sie mir, früher sei sie bei vielen Stücken, die von der kleinen Theatergruppe in ihrem Ort aufgeführt wurden, als Regisseurin dabeigewesen. Eigentlich hätte sie lieber mitgespielt, als Regie geführt, aber dazu habe sie nicht genug Selbstvertrauen besessen. Nur einmal, in einer von Amateuren aufgeführten Musikrevue, habe sie den Adam gespielt. Das Skript, das auf dem Alten Testament basierte, habe sie gemeinsam mit einer Freundin geschrieben. Auch ihr Vater habe sich fürs Theater interessiert, sagte sie. Er sei in einer kleinen Stadt in Michigan geboren und aufgewachsen, habe eine Ingenieurausbildung abgeschlossen und sei dann aus Rebellion gegen seinen Vater, der auch Ingenieur war, Sänger geworden. Als Jungverheirateter habe er mit einer Gruppe, die *The Junior Orpheum Quintet* hieß, in Varietés gesungen und damit seine Familie ernährt. Während einer Tournee der Gruppe sei der Manager mit dem Auto und den Einnahmen durchgebrannt und habe das Quintett in Kalifornien seinem Schicksal überlassen. Nach einiger Zeit habe ihr Vater die Familie aus Michigan nachkommen lassen. Dadurch sei sie nach Kalifornien gekommen, und aus diesem Grund habe sie auch nie richtig an ihren Vater glauben oder sich bei ihm sicher fühlen können. Es sähe ihm ähnlich, sagte sie, so wie in ihrem Traum seine Brieftasche zu verlieren.

Mit anderen Worten: Da ihr Vater auf sie angewiesen war, konnte sie sich nicht seiner Leitung anvertrauen. Um ihre humorvolle, dionysische Seite auszuleben, mußte sie in der Theaterwelt ihren eigenen Weg finden. Ohne es zu wissen, mochte Sally dadurch, daß sie bei Dramen mitmachte, zu deren tiefer religiöser Wurzel vorgedrungen sein. Als sie Stücke schrieb, Regie führte oder mitspielte, war es ihr möglich gewesen, ihren Emotionen auf kultureller Ebene Ausdruck zu verleihen. Kreative Frauen, vor allem Empfindungstypen, neigen nicht zum Krankwerden, wenn sie ihre biologische Funktion transzendieren und aus ihren archetypischen Bedürfnissen und Impulsen heraus produktiv werden können.

Für mich war es Zeit zu gehen, aber der traurige und nachdenkliche Ausdruck in ihrem Gesicht hielt mich davon ab, gerade in diesem Moment aufzubrechen. Wir schwiegen beide eine Zeitlang, und dann füllten sich ihre Augen mit Tränen. Sie sagte leise: «Oh, Jane, bei meinem Stück dauert der vierte Akt so lange.»

«Die meisten Leute gehen nach dem dritten Akt, Sally. Anscheinend müssen Sie noch weitergehen.»

# KAPITEL ZEHN

Als ich im Krankenhaus das Sechsbettzimmer betrat, in dem Sally die nächsten zwei Wochen verbringen sollte, rief sie mir von der anderen Seite des Zimmers her entgegen. Während ich zu ihr ging, klappte sie das Taschenbuch zu, in dem sie gerade gelesen hatte, und legte es zu dem Bücherstapel auf ihrem Nachttisch. Auf dem Umschlag umklammerten die Hände eines muskulösen Mannes den Hals einer schmalgesichtigen Frau mit verzerrten Gesichtszügen.

«Schmutz und Schund. Ich habe eine Freundin, die sie mir dutzendweise heranschleppt.»

«Wie fühlen Sie sich, Sally? Sie sehen aus, als würde es Ihnen einigermaßen gutgehen.»

«Nein, das kann ich nicht behaupten. Ich fühle mich schrecklich. Ich habe viel stärkere Schmerzen als zu Hause, und was sie mir gegeben haben – irgend so eine Spritze – hilft nicht. Ich habe fast die ganze Nacht wachgelegen; ich kann einfach nicht schlafen. Und wissen Sie, daß Sie heute die erste sind, die mich besucht? Halt, das stimmt nicht. Heute morgen ist der Assistenzarzt dagewesen. Er hat Anweisung gehabt, bei mir eine Lumbalpunktion zu machen, und ich habe mich dagegen gewehrt, weil mir niemand erklärt hatte, warum das nun gemacht werden müßte. Da war er wütend, aber er war nicht halb so wütend wie ich. Warum erzählen die mir nicht, was sie mit mir vorhaben? Man schubst mich hier wegen irgendwelcher Tests herum, von denen ich keine Ahnung habe. Ich werde behandelt, als wenn ich nur eine Nummer wäre und kein

Mensch. Ach, wenn ich doch bloß wieder zu Hause wäre! Hier geht es mir viel, viel schlechter. Und Jim ist heute auch noch nicht gekommen!»

Es sah so aus, als werde sie vom Krankenhauspersonal – und auf eine Art auch von ihrem Mann – sich selbst überlassen. Ihr Mann gab, als ich ihn später anrief, zu, daß er es gewesen sei, den ihr nächtliches Schreien so stark mitgenommen habe, und nicht so sehr die Kinder.

Nachdem Sally das, was sie störte, losgeworden war, konnte sie den einzig positiven Punkt ansprechen, den sie zur Zeit sah. Sie erinnerte sich an einen friedlichen Traum, den sie diese Nacht gehabt hatte. Er sei «sehr schön» gewesen, sagte sie.

*Ich war in der Wüste. Der vierjährige Aaron war wieder mit dabei und seine Mutter Susan. Wir hatten ein Rundhaus gebaut – so etwas wie ein Hogan oder Iglu. Es war nachts, und am Himmel funkelten die Sterne. Es war ein herrlicher, friedlicher Ort, der mich zufrieden stimmte.*

Ihr fiel nichts anderes zu dem Traum ein, als daß er angenehm gewesen sei. Ich sagte ihr, ich glaubte, das Rundhaus stelle das Universum dar, und sein Mittelpfosten oder Rauchfang sei der Ort, an dem Himmel und Hölle mit der Erde verbunden seien. Daß sie ein indianisches oder eskimoartiges Haus gebaut habe, lege die Vermutung nahe, sie sei dabei, gegenüber dem Tod zu einer instinktiven Einstellung zu gelangen, wie Indianer sie hätten – eine, die nicht vom modernen Leben niedergewalzt worden sei.

Der vierjährige Aaron, der bereits im Traum mit dem Surfbrett, dem Traum mit Nanny sowie in Sallys Assoziation zu dem Traum mit den tönernen Musikinstrumenten aufgetaucht ist, weist darauf hin, daß Sally nun ihr Leben vollendet und daß ein neuer Zyklus beginnt. Hätte ein junger, gesunder Mensch diesen Traum gehabt, würde das bedeuten, daß er eine alte Phase abschlösse und in seinem Leben nun eine neue begänne.

Sally freute sich darüber und sagte, daß ihr diese Ideen inneren Frieden gäben – vor allem die Vorstellung, daß das Rundhaus an ein Mandala erinnere.

Variationen dieses schützend umschließenden Symbols waren bei Sally schon in zwei vorhergehenden Träumen aufgetaucht: In einem saß sie, geschützt vor einem Sturm, in einem friedlich-ruhigen Raum und betrachtete kontemplativ drei Lampen; im anderen war sie in einem Kloster in Sicherheit, während draußen ein Krieg wütete. Dr. von Franz erzählte mir von einem Traum, den Jung gehabt hatte, ehe er starb. Darin kam ein ähnliches mandalaartiges Symbol vor. Er war von Keramikgefäßen umgeben, um die herum ein Kreis von Bäumen stand, und eine Stimme sagte: «Fürchte dich nicht, denn du bist geschützt!» Da sah er, daß die Wurzeln der Bäume aus Gold waren und ihn in einem schützenden Geflecht umgaben.

Sally brachte kein Gespräch über sich selbst mehr in Gang, und so verabschiedete ich mich bald von ihr, sagte ihr aber noch, daß ich am nächsten Tag wiederkäme. Im Hinausgehen schaute ich noch einmal zurück und sah, wie sie hastig nach ihrem Kriminalroman griff.

Als ich sie das nächste Mal besuchte, war sie sogar noch unglücklicher und erregter als am Tag zuvor. Sie sagte, sie sei erschöpft, dabei sah sie überraschend gut aus und schien aufgedreht und hellwach zu sein. Vielleicht schätzte das Krankenhauspersonal aufgrund des Eindrucks, den sie äußerlich machte, ihren Zustand falsch ein. Jedenfalls schien sich niemand groß um sie zu kümmern. Sie sagte, sie sehne sich immer noch danach, schlafen zu können, und sie hasse es, von den Ärzten im unklaren gelassen zu werden.

«Und letzte Nacht habe ich so einen unheimlichen Traum gehabt. Ich träumte, daß der Heizkörper neben meinem Bett brennen würde, und ich konnte sehen, wie mein Zimmer von einem rosa Feuerschein erhellt wurde. Ich war schon voller Angst eingeschlafen; von daher war es kein Wunder, daß ich sowas geträumt habe. Mein Chirurg hatte gestern abend auf dem Nachhauseweg kurz bei mir reingeschaut und mir gesagt, daß er mir die Nebennieren rausnehmen will. Außerdem hat er mir mitgeteilt, daß ich demnächst vor einem Gremium von Tumorspezialisten zu erscheinen habe. Ich weiß nicht, was davon mir mehr Angst eingejagt hat.»

«Hat er Ihnen gesagt, warum er operieren will?»

«Nein, natürlich nicht. Und auch kein Wort darüber, wie das Ganze ablaufen soll. Er war genau so wie gestern der Assistenzarzt, der die Lumbalpunktion machen wollte. Beide haben nicht im entferntesten daran gedacht zu sagen, warum.»

Ohne nachzudenken und fast ohne zu wissen, woher ich plötzlich diesen Einfall hatte, erinnerte ich sie daran, daß wir jetzt von ihrem anderen Traum her wüßten, daß sie in ihrem Unbewußten den legendären Salamanderinstinkt besitze und Feuer für sie kein Problem sei.

»Von daher gesehen, ist alles okay, Sally, erinnern Sie sich noch? Sie haben es geschafft zu überleben.»

Daraufhin lehnte sie sich in ihre Kissen zurück, entspannte sich und schloß die Augen.

«Es tut mir leid, aber hätten Sie etwas dagegen, wenn wir heute nicht mehr weiterreden? Ich bin die ganze Zeit schon so müde, und ich glaube, ich kann jetzt schlafen.»

Ich weiß, daß es auf den Patienten eine beruhigende Wirkung hat, wenn man ihn mit dem Unbewußten wieder in Kontakt bringt, aber ich hätte nie gedacht, daß diese simple Feststellung sie derart beruhigen könnte. Ich ging leise aus dem Zimmer.

Auf dem Gang sprach mich der diensthabende Arzt an, weil er mit mir über Sally reden wollte. Ihm war augenscheinlich etwas unbehaglich zumute, als er sagte, sie sei ein ungewöhnlicher Mensch und ein merkwürdiger und außergewöhnlicher Fall. Er sagte, bei ihrer Art von Krankheit wären die meisten Patienten schon längst gestorben; aus diesen Grund könne niemand vorhersagen, wie lange sie noch zu leben habe. Sie könne im Laufe des Jahres sterben oder auch noch acht Jahre weiterleben. Seit der letzten Untersuchung habe sie kein Gewicht verloren, und auch das sei ungewöhnlich. Er fürchte, daß die außerordentlich starken Schmerzen und die damit verbundene Belastung bei ihr leicht zu einer Psychose führen könnten; erst letzte Nacht habe sie im Schlaf immer wieder «Mutter, Mutter!» gerufen. Er glaube, daß sie weniger Schmerzen hätte, wenn man ihre Nebennieren entfernen würde; allerdings könne niemand genau sagen, welche Rolle sie bei der Krankheit spielten. Er sei ziemlich sicher, daß sich die Operation nicht nachteilig auf ihre Psyche auswirken und auch ihre Empfänglichkeit für alles, was mit dem Leben zusammenhänge, nicht verringern würde, aber er könne darauf keinen Eid schwören. Er bat mich eindringlich, Sally davon zu überzeugen, daß sie in jedem Fall dem Rat ihrer Ärzte folgen solle. Ich entgegnete ihm, daß ich das nicht guten Gewissens tun könne, da ich keine Ärztin sei und deshalb nicht wissen könne, was vom medizinischen Standpunkt aus angebracht sei.

In der darauffolgenden Woche war es mir nicht möglich, Sally zu besuchen, weil ich Grippe hatte. Jim und ich blieben – mit Sallys Einverständnis – telefonisch in Kontakt, und er sagte mir, daß eine

Röntgenuntersuchung eine Oberschenkelfraktur am rechten Bein ergeben habe. Der Bruch sei eine Erklärung für die furchtbaren Schmerzen, die sie in diesem Bein habe. Man werde sie operieren und den gebrochenen Knochen nageln oder richten und ihr einen Gipsverband anlegen. Aus anderen Röntgenbildern gehe hervor, daß die Krebswucherungen bei ihr weitaus umfangreicher seien, als die Ärzte bisher angenommen hätten. Tatsächlich gehe es ihr schlechter, als sie geglaubt hätten. Sie habe noch ein paar Wochen, vielleicht sogar Monate zu leben, aber auf keinen Fall ein paar Jahre. Man habe sich nun gegen eine Entfernung der Nebennieren entschieden.

Die erste Nachricht, die Sally mir durch Jim zukommen ließ, war die Schilderung eines Alptraums, den sie in der vergangenen Nacht mehrfach gehabt hatte.

*Es fand ein Pogrom statt. Männer, Frauen und Kinder – Massen orthodoxer Juden, denen das Entsetzen ins Gesicht geschrieben stand – flohen in Wellen, wie es manchmal auf Friesen dargestellt wird. Einzelne Gruppen von ihnen wurden gejagt, und dann jagten diese wiederum irgendwie die anderen. Die Männer hatten klassisch jüdische Merkmale: Sie hatten Locken und schwarze Bärte und trugen schwarze runde Hüte mit flachen Krempen. Kampflustig und mit flatternden Gebetsmänteln schwangen sie die Schriftrollen, die sie in den Händen hielten.*

Für eine Protestantin bildet eine derart starke, das Böse mit einschließende Betonung der jüdischen Thematik ein Gegengewicht zum christlichen Standpunkt. Die Schriftrollen, die man vor kurzem am Toten Meer gefunden hat, zeichnen die jüdischen Wurzeln des Christentums nach. Vielleicht bedeuten die Männer, die kampflustig die Schriftrollen schwingen, daß Sally ihre auf die jüdische Tradition zurückgehenden Wurzeln anerkennen müsse. Juden, die von Juden bedrängt werden, weisen auf die Wahl hin, die Sally hat: Entweder integriert sie das Böse, wie es der feinfühlige Jude tut, oder sie gibt sich dem Bösen hin und wird zum gefühllosen Juden.

Im Traum wechseln Verfolger und Verfolgte: Der Jäger wird zum Gejagten – ein unterschwelliger Hinweis darauf, daß der Mensch sowohl Opfer als auch Ursache seines Schicksals ist. Und mit diesem psychologischen Dilemma hat man es bei Krankheiten zu tun.

Jim erzählte mir, Sally habe das Ganze mit einer Szene aus dem Film *Panzerkreuzer Potemkin* verglichen. In dieser Szene fliehen Leute eine Treppe hinunter und werden dabei von Kosaken niedergeschossen. Aber in ihrem Traum kamen weder Blutvergießen noch Folter oder andere Grausamkeiten vor. Es war eine reine Äußerung nackter, panischer Angst, die Sally die ganze Zeit über zu verringern suchte, indem sie schauerliche Mordgeschichten las. Jim und ich waren beide der Meinung, der Traum zeige, daß der Krebs Jagd auf Sally mache, gerade so, wie die Nazis Jagd auf die Juden gemacht hätten. Und ich dachte im stillen, daß in diesem Traum von neuem ein Thema auftaucht, das schon früher in ihrem Traum vom Gefangensein vorgekommen ist: Sally ist gezwungen, ihre Verantwortung für sich selbst zu erkennen.

Ein paar Tage später schien Jim zwar etwas peinlich berührt, doch gleichzeitig erpicht darauf zu sein, mir von einem anderen Traum zu berichten, den Sally ihm erzählt hatte. Sie hatte gemeint, sie überlasse es ihm, ob er ihn mir erzählen wolle oder nicht. Er sagte, es scheine ihm ein derart merkwürdiger Traum zu sein, daß er ihn mir unbedingt erzählen müsse.

*Eine allumfassende, gewichtige Stimme, von der Sally wußte, daß sie Gottes Stimme war, sagte: «Lasset uns den dürren Boden düngen!» Dann wachte sie auf und merkte, daß sie ins Bett gemacht hatte.*

Dürrer Boden und unfruchtbares Land sind Symbole der Depression, die man bei Krebspatienten häufig antrifft. Aus dürrem Boden und unfruchtbarem Land sind jedoch schon große Religionen und Kulturen hervorgegangen, wie zum Beispiel die in der Wüste um Jerusalem herum entstandene Religion und die großartige Kultur, die der karge Boden Griechenlands hervorgebracht hat.

Symbolisch gesehen ist die Entleerung des Darms Teil des Individuationsprozesses: Um das Höchste zu erlangen, muß man auch das Niedrigste kennen. Der heilige Simon soll zwanzig Jahre in der Wüste verbracht und sich in seinen eigenen Exkrementen gewälzt haben. Fühlt man sich zum Schmutz hingezogen, so kann das mit einem Gefühl der Nähe zu Gott assoziiert werden, während eine Abneigung gegen Schmutz mit einem Gefühl der Ferne von Gott einhergehen kann. Ich habe ein paar junge Patienten aus der alternativen Gegenkultur in diesem Sinne reden hören. Sie haben den Wert des Erdprinzips erkannt und meinen, das Sprichwort «Sauberkeit ist alles!» treffe nur auf eine hygienisch, sterile Gesellschaft wie die unsere zu.

In dem Traum ist Sally nicht Teil von Gott, ist nicht eins mit ihm, sondern wird bei einer gemeinsamen Arbeit mit ihm assoziiert. Diese Aussage ist sogar noch vermessener als diejenige, die in dem bereits besprochenen gnostischen Mythos gemacht wird. Dort hatte es geheißen, daß jeder Mensch, der im Tod gerettet werde, Gott schaue, wenn er sich bei der heiligen Hochzeit mit seinem Engel verbinde. Vermessen deshalb, weil Sally in diesem Fall Gott als Partnerin gleichgestellt ist und gemeinsam mit ihm eine kosmische Aufgabe erledigt. Ich fühlte, sie hatte auf der religiösen Ebene das Ideal der modernen Frau erreicht: dem Manne ebenbürtig und doch anders als er zu sein.

Persönlich gesprochen heißt das, Gott befiehlt Sally, ihre Depression zu überwinden oder – wie die Chinesen sagen – Trauer in Stärke zu verwandeln. Brächte Sally ihre Emotionen auf unverfälschte menschliche Art und Weise zum Ausdruck, statt in Form von wütenden, manipulativen Gefühlsausbrüchen, dann könnte ihr das vielleicht helfen, ihre Depression zu überwinden. So wie die Dinge stehen, hat sie nur auf eine unbeabsichtigte eruptive Art und Weise Verbindung zu ihren Emotionen, wie es das Beispiel der unbeabsichtigten eruptionsartigen, körperlichen Entladung veranschaulicht, die den Weg für diesen Traum bereitet oder ihn möglicherweise auch hervorgerufen hat.

Es sei ein lebhafter Traum gewesen, und sie habe sich gut gefühlt, als sie aus dem Traum erwacht sei, habe sie ihm erzählt. «Ein bißchen näher zum Einssein mit Gott», seien ihre Worte gewesen. Sie habe ihm außerdem erzählt, sie habe nach dem Traum das Gefühl gehabt, daß sie sterben werde, und sie sei damit einverstanden gewesen.

Meiner Meinung nach beschrieb sie so das Gefühl, das man nach einer Art «Gipfelerlebnis» hat. Als Jung 1944 einen Herzinfarkt hatte und dem Tod nahe war, hatte er eine Vision. Er sah das männliche und das weibliche Prinzip – in Form der Allmutter und des Allvaters – die heilige Verbindung eingehen. Für ihn war das ein weihevolles Bild des Selbst. Ich habe andere diese Art des Gipfelerlebnisses schildern hören, entweder auf einer persönlichen Ebene – zum Beispiel als die Vereinigung zweier Liebender – oder auf einer unpersönlichen – als Vollendung einer Aufgabe oder als eine im höchsten Maße befriedigende besondere Leistung. Und anschließend spürten sie, daß sie zu sterben bereit waren, wenn nicht sogar sich den Tod wünschten. Das Stadium der Individuation lädt den Tod in positiver Weise ein. Hat man den Höhepunkt einmal erreicht, ist es, als habe man das Geheimnis des Lebens geschaut – wenn auch nur für einen Moment.

Ich dankte Jim, daß er mir von dem Traum erzählt hatte, und sagte, sich so aus dieser Welt beziehungsweise aus dem persönlichen Ego-Leben zurückzuziehen, erscheine mir als im höchsten Maße weiblich und ungewöhnlich. Meiner Meinung nach deute es sogar auf Unsterblichkeit hin.

Später rief Jim an, um mir mitzuteilen, wie sehr sich Sally für meine Interpretation des Traums interessiert und darüber gefreut habe. Offenbar fing auch er an, sich für ihre Träume zu interessieren, und versuchte nun, deren Sinn zu ergründen. Ich erinnerte mich, wie Jim, als Sally ins Krankenhaus gekommen war, geklagt hatte, daß sie so schwierig sei. Sie sei eine dickköpfige und unnachgiebige Patientin, hatte er gesagt. Als ich entgegnet hatte, ich fände sie enorm mutig, hatte es ein bißchen so ausgesehen, als mißgönne er ihr das. Doch seitdem er für ihre psychische Entwicklung eine wichtige Rolle spielte, indem er mir von ihren Träumen berichtete und ihr wiederum meine Interpretationen übermittelte, hatte sich seine Einstellung gewandelt, und sein Groll schien verflogen zu sein. Er schien jetzt von Sally viel stärker beeindruckt zu sein, und er sagte offen, daß er sie sehr bewundere. Er kam häufiger zu ihr, und er bedankte sich bei mir dafür, daß ich ihm nun genausoviel hülfe wie ihr. Meine einwöchige Abwesenheit erwies sich als glücklicher Umstand. Sie hatte offensichtlich dazu beigetragen, die beiden einander näherzubringen. Die in ihrer Ehe nun spürbare Nähe war der wesentliche äußerliche Ausdruck des tiefgründigen Themas, auf das wir abzielten. Und dieses Thema war auf geheimnisvolle Weise mit dem gemeinsamen Unterfangen im Gottestraum verflochten.

Während dieser Woche wurde Sallys Obeschenkelknochen erfolgreich genagelt. Als ich nach der Operation mit Jim sprach, sagte er, daß ihre Schmerzen jetzt alles andere überschatteten. Sie erhalte Morphium dagegen und außerdem Cortison, damit der Tumor in ihrem Kopf zurückgehe. Doch das Morphium sei nicht so wirksam, wie sie gehofft hätten, und der Druck in ihrem Kopf habe nicht nachgelassen. Er glaubte, daß es mit ihr bald zu Ende gehe.

Sie war nicht in ihrem Bett, als ich sie das nächste Mal besuchte. Ich machte mich zum Schwesternzimmer auf, um herauszufinden, wo sie sei, und war ganz überrascht, als ich sie dann, in einem Rollstuhl sitzend, im Gang entdeckte. Ich hatte nicht erwartet, sie außerhalb ihres Bettes anzutreffen. Wir freuten uns über unser Wiedersehen, und während wir uns unterhielten, schob ich sie im Rollstuhl den Flur entlang. Sie war gesprächig und machte auf mich einen außergewöhnlich lebhaften Eindruck, obwohl sie sagte, sie habe schreckliche Schmerzen. Sie habe ein Gefühl, als stecke ihr Kopf in einem Schraubstock und werde immer weiter zusammengepreßt. Das Morphium lindere die Schmerzen nur unwesentlich. Aber sie erzählte mir, daß sie und Jim während der vergangenen Woche viel besser miteinander ausgekommen seien. Es war ihr anzumerken, wie sehr sie sich darüber freute. Sie hätten häufig über ihre Träume gesprochen. Sogar ihre Mutter habe angefangen, sich für Träume zu interessieren. Erst gestern habe sie Jim von einem herrlich lustigen Traum erzählt, den sie eines Nachts gehabt habe.

«Stellen Sie sich das vor! Es ist ganz und gar ungewöhnlich für meine Mutter, daß sie über irgend etwas Persönliches redet – ja, daß sie überhaupt mit Jim spricht! Denken Sie nur, sie hat geträumt, daß sie auf einem grasbewachsenen Hang gewesen ist, und im Gras hat etwas gelegen, das wie eine große ausgestopfte Katze aussah. Sie ging hin und sah, daß es ein Mann war – ein von Musik- und Tanzfilmen her bekannter Schauspieler. Außer einem Stückchen Stoff, womit er wohl seine Genitalien bedeckt hatte, ist er völlig nackt gewesen. Er erhob sich und ist hinter ihr hergerannt und dann von einer Klippe gesprungen.»

«Ist das nicht enorm, Sally! Sie haben so oft erzählt, wie traurig und verschlossen Ihre Mutter sei. Das wundert mich jetzt überhaupt nicht mehr, wo sich ihre Katze – ihr weibliches Symbol – als Mann entpuppt hat. Offenbar besitzt sie trotz ihrer warmherzigen Art keinen weiblichen Instinkt. Kein Wunder, daß Sie sie nicht zum Vorbild nehmen konnten! In diesem Traum dominiert der Mann mit seiner Vorstellung davon, wie sie sein sollte – die ausgestopfte Katze.»

«Aber jetzt tut sie mir leid. Das alles hier ist einfach zuviel für sie. Vielleicht sollte sie besser nach Hause fahren. Bitte schieben Sie mich wieder ins Zimmer zurück! Ich möchte mich hinlegen.»

Ich erfüllte ihren Wunsch und half ihr ins Bett. Mir war traurig zumute, als ich sah, was – nun so nutzlos – von ihrem Körper noch übriggeblieben war. Ihr eines Auge trat grotesk aus der Augenhöhle hervor. Doch trotz aller Schmerzen und trotz des körperlichen Verfalls, den Sally schon so oft voller Abscheu vorhergesehen hatte, hatte ich den Eindruck, daß sie glücklicher war als zuvor. Möglicherweise lag das an dem Morphium, das sie vielleicht auch mit der unbewußten Seite ihrer Psyche in Kontakt gebracht haben mochte.

Sie schien begierig, die Unterhaltung fortzusetzen, und kam wieder auf das Thema der Träume zurück.

«Sie interpretierten sie so ganz anders, als ich erwartet hatte. Ich hatte immer geglaubt, daß Träume nichts anderes wären als eine getarnte Wunscherfüllung und daß sie nur eine rein persönliche Bedeutung hätten. Aber an ein paar von meinen Träumen muß ich immer wieder denken. Sie bewegen mich so sehr und sind von meinem persönlichen Leben doch so weit weg, daß mir nichts anderes übrigbleibt, als zu glauben, daß sie wertvoll sind und daß sie wohl von irgend etwas anderem herrühren müssen. Aber dann komme ich wieder zur Besinnung und sage mir, daß sie in Wirklichkeit nichts anderes sind als sehr merkwürdige Träume.»

Was für eine entmutigende Bemerkung! Nach all der Arbeit und den ganzen Beweisen – warum fiel es ihr bloß immer noch so schwer, die Realität ihrer Träume zu begreifen? Was brachte sie dazu, sich so hartnäckig dagegen zu sträuben? Sie war so intelligent – warum konnte sie es nicht verstehen?

Oh, ich war des Kämpfens so müde! Und dann fiel es mir ein: Vielleicht litt sie an einer *zu gut* arbeitenden Denkfunktion. Jung hat das Denken und sein Gegenteil, das Fühlen, die rationalen Funktionen genannt, weil sie Daten auf akzeptable und verständliche Weise ordnen. Ich möchte seine Definition ergänzen und sie »organisierende Funktionen» nennen, um diesen Aspekt ihrer Rolle hervorzuheben. Mir scheint es auch hilfreich zu sein, die irrationalen Funktionen, Intuieren und Empfinden, als «sammelnde Funktionen» zu bezeichnen. Jung nannte sie perzeptive oder Wahrnehmungsfunktionen.

Wenn die organisierenden, ordnenden Funktionen zu sehr dominieren, kann es vorkommen, daß sie den Fluß intuitiver Daten oder Empfindungen nicht ins Bewußtsein gelangen lassen. Das bedeutet, daß dem betreffenden Menschen Ahnungen oder sogar tatsächlich gemachte Erfahrungen oder Beobachtungen nicht zugänglich sind, wenn er sie braucht, um zu umfassenderen Schlußfolgerungen zu gelangen. Ein starker Denkertypus kann unter Umständen – vor allem, wenn er schon in einer Richtung voreingenommen ist – sein ganzes Beweismaterial dadurch in ein schlechtes Licht setzen, daß er alles zu schnell in einen Zusammenhang bringt. Er überprüft das, was er denkt, nicht. Seine Gedanken brechen zu schnell hervor; sie drängen sich der Situation auf und verlangen nach Ausdruck. Intelligente Menschen wie Sally kommen manchmal zu oberflächlichen Schlüssen oder scheinen begriffsstutzig zu sein, wenn sie über Themen nachdenken, die für jemand, der ein derart gutes Denkvermögen besitzt, überhaupt nicht schwer zu begreifen sein sollten. Menschen, die ausgezeichnet fühlen und gleichfalls als intelligent gelten, verhalten sich unter Umständen ähnlich. Wenn beispielsweise ein gefühlsbetonter Schriftsteller bei seinem Material zu schnell auf Stil und Form achtet, kann möglicherweise eine Geschichte herauskommen, der es an Tiefgang, Feinheit und Inhalt mangelt.

Bei Menschen, bei denen die irrationalen Funktionen zu stark dominieren, bricht sich das Material ganz willkürlich Bahn; solche Leute verlieren sich dann in ihrem Material und sind nicht in der Lage, es zu ordnen oder auszuwerten. Im Idealfall besteht zwischen den rationalen/organisierenden und den irrationalen/sammelnden Funktionen ein Gleichgewicht. Um Sally meine Idee zu erklären, hätte ich einen weiteren Vortrag über psychologische Typen vom Stapel lassen müssen. Also hielt ich mich zurück und ging, so gut ich konnte, auf ihre Zweifel ein.

«Oh, Sally, wenn ich doch nur Ihre Zweifel zerstreuen könnte! Natürlich sind die Träume, die Sie haben, Produkte Ihres eigenen Lebens, und in diesem Sinne mögen sie merkwürdig sein. Aber sehen Sie denn nicht, daß die Träume Sie auch durch alle Zeitalter hindurch überall auf der Welt mit Menschen verbinden, die den gleichen Problemen ins Auge sehen mußten, mit denen Sie jetzt konfrontiert sind? Wenn Sie das erkennen und wirklich akzeptieren könnten, hätten Sie vielleicht weniger Angst.»

«Ich hätte jetzt nur dann weniger Angst, wenn man mich genauer informieren würde, was mit mir vom Medizinischen her passiert. Eins weiß ich jedenfalls: Wenn man mich so im Ungewissen hält, verschlimmert sich bei mir jedes Symptom.»

Also gut. Offensichtlich wollte sie jetzt – in extrovertierter Weise – nur darüber reden, was im wirklichen Leben vor sich ging, und ich mochte sie zu nichts drängen.

«Dann sagen Sie mir, was könnte Ihrer Meinung nach das Krankenhauspersonal tun – abgesehen davon, daß es Sie besser über die medizinischen Vorgänge informiert –, damit Sie und andere Krebspatienten gelassener sein und es angenehmer haben können?»

Über die Fragen, die dieses Thema betrafen, war Sally sich offenbar im klaren, und sie schien sie mit mir diskutieren zu wollen.

«Nun, zuallererst haben die Leute um einen herum keine Ahnung, was für ein Schuldgefühl man mit sich herumschleppt, weil man Krebs hat. Man fühlt sich, als würde man für irgendein abscheuliches Verbrechen, das man begangen hat, bestraft, aber man weiß nicht, was für ein Verbrechen das gewesen sein soll. Wenn fremde Krankenpfleger, Ärzte oder Schwestern reinkommen und einem, ohne etwas zu sagen, eine Spritze geben oder darauf bestehen, daß man irgendwelche Tabletten nimmt, ohne einem zu sagen, wofür sie gut sein sollen, oder wenn sie einen im Bett irgendwo hinschieben und dann Gott weiß wie lange in irgendeinem Gang auf Gott weiß was für eine Untersuchung warten lassen, kommt einem das alles wie ein Teil der Bestrafung vor. Haben Sie jemals Patienten auf Krankenhausfluren im Bett liegen und darauf warten sehen, daß sie für irgendeine gräßliche Prozedur an die Reihe kommen, und die Leute gehen einfach vorbei und beachten sie überhaupt nicht? Können Sie sich vorstellen, wie einsam, angstvoll und würdelos man sich fühlt, wenn man da so liegt und gesunde Menschen vorbeihuschen sieht, die einen nicht einmal flüchtig angucken. Man fragt sich dann, warum man da liegt und nicht die anderen? Das *muß* an irgend etwas liegen, was man getan hat; irgendwie muß man es verdient haben. Ehrlich – Patienten müssen die ganze Zeit daran erinnert werden, daß auch der Krebs blinde höhere Gewalt ist –, geradeso wie Erdbeben-, Überschwemmungs- und Hungerkatastrophen.»

Ich spürte, hier hatte Sally einen wichtigen Punkt angesprochen: Sie hatte mit ihren Worten angedeutet, daß Menschen, die krank sind, vielleicht auf irgendeiner Ebene wissen, daß Krankheit mit dem Unbewußten zu tun hat (wie gesagt, man ist Opfer, aber auch Ursache seines Schicksals). Als Antwort auf die Frage nach den psychischen Ursachen von Krebserkrankungen schrieb Jung in einem Brief, er habe gesehen, wie ein Mensch, der eine bestimmte psychische Barriere nicht überwinden konnte, Krebs bekommen habe. Aber schließlich gäbe es bei jedem von uns etwas, womit man nicht klarkäme. Ein andermal sagte Jung, daß Schuldgefühle häufig eher vom Unbewußten als von schlechten Taten herrührten. (Natürlich könnte man jetzt darüber nachgrübeln, daß eine schlechte Tat selbst immer vom Unbewußten herkommt.)

«Natürlich, Sally. Wenn sich die Menschen nur daran erinnern würden, daß ...»

«Und dann hat man noch Schuldgefühle, weil man die Familie

im Stich läßt und ihr so viel Umstände macht. Wenn uns doch die anderen Menschen nur helfen würden, mit diesen Gefühlen fertig zu werden!»

Ich spürte auf einmal das Verlangen, das, was sie gerade sagte, festzuhalten, und holte deshalb einen Bleistift und einen Notizblock aus meiner Tasche.

«Ich möchte gerne aufschreiben, was Sie gerade sagen, Sally. Wer weiß, vielleicht habe ich eines Tages Gelegenheit, anderen von Ihren Gefühlen zu erzählen.»

«Ich hoffe, daß Sie das tun. Dann habe ich vielleicht nicht ganz umsonst gelitten. Ja, es ist so wichtig, die anderen wissen zu lassen, wie man sich fühlt. Ich frage mich, warum Leute, die von Berufs wegen mit Krebspatienten zu tun haben, anscheinend nicht begreifen, daß wir so wütend und voll Angst sind. Es würde uns so helfen, wenn sie uns mit diesen Gefühlen nicht alleine lassen würden. Welch eine Erleichterung, wenn wir die Wut und Angst zeigen dürften! Ich muß immer wieder sicher sein können, daß die Schwester wiederkommt, wenn ich das nächste Mal auf den Knopf drücke, auch wenn ich ihr gegenüber gerade vorher explodiert bin oder aus irgendeiner riesigen, namenlosen Angst heraus losgeschrien habe.»

«Vielleicht käme sie nur deshalb nicht, weil sie sich so erschrokken hat.»

«Und dann dieses Um-Hilfe-Bitten-Müssen. Es wäre so viel einfacher, wenn meine Familie und die Ärzte und Krankenschwestern nur besser nachfühlen könnten, was ich brauche, damit ich nicht so oft bitten muß, daß mir jemand hilft. Ich komme mir wie eine Bettlerin vor – als würde ich gar nicht verdienen, um was ich bitte.»

«Für Sie ist das wahrscheinlich noch weitaus schlimmer, mit Ihrem starken Bedürfnis nach Unabhängigkeit. Ihnen ist es noch nie leichtgefallen, um Hilfe zu bitten.»

«Ja, das mag wohl stimmen. Aber wissen Sie, wie hier die Schmerzmittel verteilt werden – das paßt genau dazu, daß ich mir wie eine Bettlerin vorkomme. Sagen Sie mir, was für einen Sinn soll das haben, Krebskranken ein Betäubungsmittel zu verweigern? Spielt es noch eine Rolle, ob man süchtig wird oder nicht? Sicher, die Medikamente sollten pünktlich nach einem Zeitplan ausgeteilt werden; aber wenn wir öfter danach verlangen, sollten wir sie selbstverständlich auch bekommen. Momentan kommen wir uns hier nicht nur wie Bettler vor, sondern man gibt uns irgendwie auch zu verstehen, daß wir Feiglinge sind, wenn wir zu früh nach unseren Medikamenten verlangen. Weil nicht genug Personal da ist, werden die Medikamente sehr oft mit Verspätung ausgegeben. Und wir haben ständig Angst, daß wir sie wieder erst mit Verspätung kriegen; deshalb gehen uns die Betäubungsmittel die ganze Zeit im Kopf rum, auch wenn wir keine Schmerzen haben. Der dauernde Kampf um die Medikamente verdrängt alles andere und lenkt einen von den eigenen Gedanken ab. Ich gebe Ihnen mal ein Beispiel, wie das abläuft. Gestern abend kam die Schwester, um mir Schlaftabletten für die Nacht zu geben, aber sie wollte mir kein Schmerzmittel geben, weil es dafür noch nicht Zeit war. Ihre Haltung wirkte auf mich, als ob sie mich entweder bessern oder bestrafen wollte. Hätte ich das Morphium und die Schlaftabletten gleichzeitig bekommen, hätte ich vielleicht den größten Teil der Nacht durchgeschlafen. So aber bin ich um Mitternacht mit entsetzlichen Schmerzen wach geworden.»

Ein paar Tage später besuchte ich Sally um die Mittagszeit. Ich traf sie vor Schmerzen stöhnend an. Als ihr Blick auf mich fiel, rief sie: «Oh, ich halte das nicht aus! Können die mir nichts gegen die Schmerzen geben? Ich schwöre, ich bringe mich um, wenn das noch länger so geht!»

Ich ging aus dem Zimmer, fand den Assistenzarzt und sagte ihm, daß Sally vor lauter Schmerzen Selbstmordabsichten habe. Eine Schwester, in der ich eine von Sallys Lieblingskrankenschwestern erkannte, kam und gab ihr eine zusätzliche Betäubungsspritze. Schon kurze Zeit später sah Sally wie ein anderer Mensch aus. Sie wollte mit mir über einen Traum der letzten Nacht reden, der ein paar Mal wiedergekommen war. Für eine andere Patientin war im Zimmer ein Sauerstoffzelt aufgestellt worden, und man hatte Sally verboten zu rauchen.

«Ich brauchte unbedingt eine Zigarette – ich war ganz verzweifelt. Die ganze Nacht durch sind mir immer wieder Teile von diesem Traum gekommen.»

*Ich war mit Jim in Chicago. Ich sah uns in blitzlichtartigen Szenen in verschiedenen Stadtteilen – an Straßenecken, im Theater. Auf einmal verbot Jim mir zu rauchen, und ich brüllte ihn deshalb an. Ich schrie: «Du bist blöd, Jim!»*

Dieser persönliche Traum von einer Streiterei hebt einen negativen Aspekt ihrer Ehe hervor, dessen Sally sich nicht bewußt zu sein scheint. Er rückt auch einen feinen Unterschied ins Blickfeld: Hier läuft eine Art der Unterminierung ab, wie sie in vielen Ehen anzutreffen ist, in denen der eine Partner allem äußeren Anschein nach das Sagen hat. Aber in Wirklichkeit besitzt der oder die andere – meist ein gefühlsbetonter Typus – viel mehr Macht und setzt sie auf eine so unbewußte oder versteckte, subtile Art ein, daß man ihn beziehungsweise sie damit nicht offen konfrontieren kann.

Sally hat sich mir gegenüber immer als die Xanthippe hingestellt, die ihren Ärger bei Jim ablädt. Sie mag sich zwar über seine Unfähigkeit beklagen und ihn in ihrem Traum anschreien, er sei «blöd», aber in Wirklichkeit rennt sie gegen Windmühlenflügel an; denn was sie auch sagt oder tut – Jim weiß sich ruhig zu behaupten. Sein Nein zum Suizid, sein Nein zu der Armeedecke, die sie für Sarah ausgesucht hatte, sein Nein zum Rauchen – all das trifft sie an einem wunden Punkt. Er setzt sich durch. Der Traum macht auch deutlich, daß sie auf Jim projiziert: Das Krankenhauspersonal hat ihr verboten zu rauchen, und nicht Jim.

«Das war nur, weil man mir verboten hat zu rauchen. Die Nacht war schrecklich, und daß es hell wurde, habe ich kaum erkennen können.»

«Mir ist aufgefallen, Sally, wie wenig Sie jetzt sehen. Soll ich versuchen, Ihnen ein paar auf Band gesprochene Bücher aus der Blindenbücherei zu besorgen?»

«Ja, das wäre prima.»

«Was für Bücher hätten Sie gerne?»

«Romane. Kriminalromane – und zwar gute, keinen Schund. Aber nichts Technisches und auch nichts Inspirierendes.»

Daß sie keinen Schund wollte, schien sie mir zuliebe gesagt zu haben. Offensichtlich halfen Kriminalromane ihr dabei, den Schatten zu integrieren, die giftige Schlange zu füttern und zu zähmen. – Heute bin ich traurig darüber, daß ich damals die Bedeutung ihres Schlangentraums oder die tieferen Implikationen, die sich aus ihrem wie besessenen Lesen von Kriminalgeschichten ergaben, nicht direkt, sondern erst nach ihrem Tod ganz verstanden habe. Wenn es anders gewesen wäre, hätte ich Sally vielleicht darin unterstützen können, von ganzem Herzen ihrem «Schund» zu frönen und ihre Gelüste auszuleben, oder ich hätte ihr zumindest eine befriedigendere Deutung des Ganzen gegeben. Mir scheint, wir müssen das tun, was die primitiven Völker für ihre bösen Geister getan haben: den unbewußten bösen Impulsen Nahrung geben, sie anerkennen, sie uns auf jede uns mögliche Weise bewußt machen und uns nicht darum kümmern, wie anspruchslos, minderwertig, unnütz oder erniedrigend das, was wir tun, vielleicht erscheinen mag. Vermutlich habe ich damals versucht, Sally von einer Haltung abzubringen, die mir zu der Zeit als zu lähmend erschien.

Als ich nach diesem Besuch aus dem Krankenzimmer trat, kam der Assistenzarzt auf mich zu und bedankte sich, daß ich ihm von Sallys Suizidgefühlen erzählt hatte. Er sagte mir, sie hätten jetzt alles getan, was sie für sie tun könnten, vor allem, da Sally einige ihrer Behandlungsvorschläge zurückgewiesen habe. Da in diesem Krankenhaus grundsätzlich keine chronisch oder unheilbar kranken Patienten behandelt würden, könne man für Sally kein Bett mehr zur Verfügung stellen. Man sei für sie nun auf der Suche nach einem Pflegeheim, in dem sie krankengymnastisch behandelt würde, damit sie wieder beweglicher werde, und in dem es Duschen gäbe, die speziell für Rollstuhlfahrer eingerichtet seien. An einem solchen Ort könne sie sich stärker ihre Unabhängigkeit bewahren. In einem Pflegeheim, so versicherte er mir, sei sie jetzt am besten aufgehoben.

Als er ging, kam gerade die Krankenschwester, die Sally vorhin die Spritze gegeben hatte, und blieb stehen, um mit mir zu reden. Ich erinnerte mich jetzt, daß sie es gewesen war, die Sally einmal eine Augenklappe für ihr blindes Auge gegeben hatte, damit sie mit ihrem guten Auge lesen konnte. Die Schwester zeigte Mitgefühl, als sie über Sally redete, und fragte mich, ob sie irgend etwas tun könne, um ihr in den noch verbleibenden Tagen das Dasein im Krankenhaus zu erleichtern.

«Ich glaube, es würde ihr sehr helfen, wenn Sie ihr häufiger schmerzstillende Mittel geben würden – wann immer sie es braucht.»

«Oh, das kann ich nicht machen. Wissen Sie, in ihr steckt noch eine ganze Menge Leben. Sie kann uns immer noch ganz schön überraschen.»

# KAPITEL ELF

Mitte Oktober wurde Sally mit einem Krankenwagen in ein Pflegeheim in der Nähe ihres Hauses gebracht. Es war ein neues Gebäude, und das ebene Gelände ringsum war noch nicht angelegt und wirkte sehr karg. Die mit Stuck verzierte Außenwand hatte man in einer Farbe gestrichen, deren Ton irgendwo zwischen dem von Senf und Erbsensuppe lag. Die Innenwände waren in einem dürftigen Anstaltsgrün gehalten. Das ganze Gebäude wirkte wie ein billig gebautes Motel, in dem man, wenn einem unterwegs einmal keine andere Wahl bleibt, zur Not eine Nacht verbringen würde. Innen war es trotz der Teppichböden und schalldichten Decken unruhig und laut. Da die meisten Heimbewohner alt waren und schnell froren, war es im ganzen Haus fürchterlich warm. Von überall her klangen Stimmen: Die Patienten, von denen viele senil waren, redeten laut miteinander oder riefen aus ihren Zimmern nach der Schwester. Manche irrten ziellos umher. Da zu wenig Personal vorhanden war, kam es häufiger vor, daß ein Patient irgendwo verlassen in einem Rollstuhl saß, ein anderer nach einem Bad noch unangezogen vergessen worden war und ein dritter, der zur Toilette mußte und sich nicht selbst helfen konnte, vergeblich um Hilfe rief. Allein die Vorstellung, an einem solchen Ort zu sterben, wäre wohl für jeden von uns abstoßend.

Als ich Sally dort das erste Mal besuchte, traf ich sie allein in einem Doppelbettzimmer an. Sie erzählte mir, sie werde so lange allein bleiben, bis man für sie eine passende Zimmergenossin in ungefähr ihrem Alter gefunden habe. Ihr gehe es wieder sehr elend.

Sie könne das kalte, moderne Dekor des Heims nicht ausstehen und sehne sich nach der gemütlichen, weitläufigen Atmosphäre von zu Hause. Im Vergleich zu dieser Umgebung wäre ihr selbst das Krankenhaus lieber. Sie mache sich jetzt ununterbrochen Sorgen, ob sie auch genug Morphium bekommen werde. Während der letzten zwei Tage ihres Krankenhausaufenthaltes habe man ihr eine stärkere Dosis gespritzt, doch hier im Heim habe man ihr wieder weniger gegeben. Als sie dann voller Begeisterung einen Traum schilderte, den sie nach einer Extradosis Morphium in der letzten Nacht im Krankenhaus gehabt hatte, wurde mir klar, daß ihr das Krankenhaus deshalb lieber war, weil sie nun in zunehmendem Maße Betäubungsmittel brauchte.

*Ich fuhr auf einem Wagen, wie man sie von persischen Miniaturen her kennt. Neben mir lagen zwei Leichname auf dem Wagen. Sie waren in weiße Tuniken gehüllt, die am Kragen schön bestickt waren. Der Wagen holperte durch eine mit Seen, Hügeln und Blumen übersäte persische Landschaft, deren Farben ganz intensiv waren. Es war eine lange, angenehme Fahrt.*

Die Art dieses Traumes grenzt ans Psychedelische. Falls das Morphium zu der angenehmen Atmosphäre, die in diesem Traum den Tod umgibt, beigetragen hat, dann hat es sich, vom Psychologischen her gesehen, positiv ausgewirkt, denn der Traum kompensiert die Schmerzen und die Angst, die Sally in der Realität hat. Bei LSD-Versuchen an sterbenden Patienten sind ähnliche Wirkungen beobachtet worden, nur daß die auf die Einnahme von LSD folgenden Visionen vielleicht realer erscheinen, weil sie der Patient in wachem Zustand hat.

«Was meinen Sie zu diesem Traum?»

«Ich weiß nicht recht. Wenn man auf einem Wagen fährt, dann macht man eine Reise, nicht wahr, und die hier deutet wohl auf den Tod hin.»

«Auf eine heitere, gelassene und schöne Art.»

Doch offenbar waren diese positiven Gefühle gegenüber dem Tod nicht von Dauer gewesen. Sally erzählte mir, während der letzten Tage im Krankenhaus habe ihr der Gedanke, sie komme nun in ein Pflegeheim, Angstschauer über den Rücken gejagt, und jetzt, da sie hier sei, sei sie immer noch verängstigt. Ein zweiter Traum, den sie in der Nacht vor ihrer Entlassung aus dem Krankenhaus gehabt hatte, machte deutlich, welcher Art die Befürchtungen waren, die sie gegen den neuen Aufenthaltsort hatte: Irgendwie spürte sie, daß dies in ihrem Leben die letzte Station sein würde.

*Der neue Ort glich einer riesigen Turnhalle. Der Boden war mit Strohmatten bedeckt, auf denen jeweils nur eine kratzige Armeedecke lag. Ich wurde von gehässigen Krankenschwestern herumgeschubst und -gestoßen. Eine von ihnen hob meine Decke hoch und rief: «Die hier hat zwei Beine. Gut! Zwei Arme. Gut! Die ist kein besonderes Problem!»*

Dieser Traum ist von der Angst vor dem Todesprozeß durchdrungen. Da das Unbewußte zwischen Gegensätzen hin- und herpendelt, überrascht es nicht, daß auf einen Traum, in dem das Sterben als eine friedliche Reise dargestellt wird, ein zweiter folgt, in dem es als ein schrecklicher, von bösen Frauen beherrschter Ort erlebt wird.

Der Traum zeigt Sallys Abneigung gegen Frauen in Uniform, gegen Frauen in Machtpositionen. Diese dominanten, gehässigen Frauen – Imitationen inferiorer Männer und gleichzeitig negative Aspekte von ihr selbst – sind auch Aspekte der negativen Mutter*, der zerstörenden Mutter. Sie sind die negativen Figuren, die sich als Schatten hinter der lieben, hilflosen Art von Sallys Mutter verbergen und die durch einen selbsterniedrigenden Animus noch verstärkt werden, auf den sich Sally wohl ihre ganze Kindheit über bezogen hat. Frauen, denen der gesunde Instinkt, nach dem auch Sally die ganze Zeit sucht, fehlt, sind für sie ihr Leben lang ein Problem geblieben. In ihrem kurzen Leben sind die autoritäre Frau, die pseudomännliche, die Hexe und die böse Seite der Erdfrau konstelliert worden, weil Sally das chthonische Element unterdrückt hat. Löst sie dieses Problem, dann hat sie einen wesentlichen Teil ihrer Individuation vollzogen. Bevor sie sich dem nicht stellt, werden ihre Ängste nicht nachlassen.

Dies ist ein kollektiver Traum, weil Turnhallen kollektive Orte sind. Die Größe des Gebäudes deutet aufs Sterben hin, denn man stellt sich vor, wenn man «dahinscheide», schwebe man in unbegrenzte Sphären hinaus. Die Armeedecke, die auch in Sallys Traum vom Einkauf für Sarah eine besondere Rolle spielte, scheint für Sally ein grundlegendes Symbol zu sein. Die Armee, der Soldat im Feld, Stoizismus, Selbstbeherrschung, Kampf – all das sind kollektive Darstellungsformen des Animus.

«Schon wieder diese rachsüchtigen Krankenschwestern!» fuhr Sally aufgeregt fort. «Und jetzt zeigt sich außerdem, daß der Traum mehr oder weniger gestimmt hat. Es fällt mir so schwer, mich an all die neuen Gesichter und den neuen Tagesablauf zu gewöhnen. Ich habe dauernd das Gefühl, hilflos und jedermann auf

Gedeih und Verderb ausgeliefert zu sein, und ich weiß, daß es nur noch schlimmer wird. Ich breche mir bestimmt noch mehr Knochen; ich werde blind und vielleicht taub. Und dazu noch ständig diese Schmerzen! Ich bin jetzt immer mehr auf diese Leute und ihre Hilfe angewiesen. Doch die kümmern sich nicht darum, wenn ich rufe. Wie wird das nur später sein, wenn ich sie noch mehr brauche? Warum hat er das getan, Jane? Warum hat Jim mich hierhergeschickt?»

Dann leise und traurig: «Ich weiß warum. Er hätte es mit mir nicht ausgehalten, wenn ich nach Hause gekommen wäre. Ich bin ihm nicht mehr wichtig.»

«Das stimmt nicht. Sie wissen, daß Sie Jim wichtig sind. Er ist bei Ihnen in Ihrem Leid. Aber Sie brauchen mehr Pflege, als Sie zu Hause bekommen können.»

Wenn ich damals schon gewußt hätte, was mir erst später aufging – daß dieses Pflegeheim gar nicht so schlecht war, wie es für uns beide zuerst den Anschein gehabt hatte –, hätte ich Sally vielleicht helfen können, es so zu sehen, wie es wirklich war, und zu erkennen, daß sie ihre Angst vor einem elenden Tod auf das Pflegeheim projizierte.

Sie weinte. Diese furchtbaren Qualen – warum hatte es gerade sie getroffen? Warum gerade jetzt, wo ihre Kinder noch nicht groß waren? Sie sorge sich um ihre Kinder, vor allem um Sarah, die jetzt, wo sie größer werde, ihre Mutter um so mehr brauche. Wer würde ihr jetzt das Verständnis entgegenbringen, das sie so dringend brauche? Den Besuchen der Kinder sehe sie inzwischen mit Angst entgegen; sie erzählten mit einer solchen Begeisterung von ihrem eigenen kleinen Leben, daß sie selbst sich ausgeschlossen fühle. Sie wisse nicht, was sie ihnen erzählen solle.

Neben Sallys Bett war ein Fenster. Sie wandte sich mit dem Kopf von mir ab dem Licht zu und sagte leise: «Ich bin völlig verzweifelt. Selbstmord ist wohl der einzige Ausweg für mich. Gestern hätte ich mir beinah mit einer Glasscherbe die Pulsadern aufgeschnitten, aber dann habe ich zum Schluß doch nicht den Mut dazu gehabt. Ich habe keinen Mut mehr.»

Einen Augenblick schien auch mich der Mut zu verlassen; dann mußte ich daran denken, daß Sallys Unbewußtes in vielen ihrer Träume ganz deutlich die andere Seite dieser Verzweiflung gezeigt hatte.

«Aber Sally, Sie haben so viel positive Träume gehabt, und die besagen, daß Sie noch einiges zu erledigen haben, ehe Sie sich von dieser Welt verabschieden. Durch die ganzen äußeren Probleme sind Sie in der letzten Zeit von Ihren eigentlichen Aufgaben abgelenkt worden, und das hat die Frau in Ihrem Unbewußten verdrossen. Aber jetzt werden wir uns wieder auf die Psyche konzentrieren, dann kann Ihr Körper Sie auch wieder freigeben.»

Sie drehte sich zu mir und nickte langsam.

«Ich weiß. Sie haben recht. Und wenn ich dann meine psychische Aufgabe erfüllt habe, kann ich vielleicht sterben. Darauf hoffe ich. Mein Leben ist jetzt seit längerem so oberflächlich – auf dem falschen Gleis –, weit weg von dem, was wichtig ist. Ach, wenn ich dem Tod doch nur wieder so gelassen ins Auge sehen könnte wie zu Hause, bevor ich ins Krankenhaus ging. Wissen Sie noch?»

«Ja, das weiß ich noch gut.»

Sie seufzte.

«Vielleicht komme ich wieder da hin, wenn wir über meine Träume reden. Ich habe ein paar gehabt, seit ich hier bin. Ich will sie Ihnen erzählen.»

Ich bin sicher, sie spürte wirklich, daß ihre Träume sie wieder aufs richtige Gleis bringen würden. Aber ich glaube auch, daß ihr Eifer, mir ihre Träume zu erzählen, mit ihren Gefühlen zusammenhing. Sie wußte, wie wichtig die Sprache der Träume für mich ist. Indem sie mir ihre Träume mitteilte, erneuerte sie unsere Beziehung.

«Einer hat von meinem Vater gehandelt.»

*Ich war mit ihm zusammen im «Northwood Park», in dem ich als kleines Kind oft mit meiner Mutter gewesen war. Nur, daß ich im Traum genauso alt war, wie ich wirklich bin, und dazu noch gesund. Wir machten einen schönen Spaziergang um den See herum und sahen uns die Grotten an. Ich fühlte mich mit ihm versöhnt. Ich hatte ihm vergeben, daß er an meiner Geburt schuld war.*

«Mein Vater hat mich in einem Augenblick der Leidenschaft gezeugt, wo er nur an seine eigene Befriedigung gedacht hat. Aber in dem Traum hatte ich ihm seinen Egoismus vergeben. Es war alles in Ordnung.»

Dieser Traum, in dem sie gesund ist, zeigt möglicherweise, wie sie sich in der Phantasie das Leben nach dem Tod oder – sollte sie weiterleben – ihre

Zukunft ausmalt. Es kann auch sein, daß sie unbewußt ihren Vater mit sich nimmt. Eine Tochter, die ihren leiblichen Vater letztlich nicht schätzt, hat vielleicht auf einer unbewußten Ebene ernstlich mit ihm zu tun. Sally muß ihr Vaterproblem irgendwie lösen, weil er eine Komponente ihrer männlichen Seite ist und damit zum Hochzeitsthema gehört, das in ihren Träumen wiederholt aufgetreten ist.

«Ich kann mir vorstellen, wie das gewesen ist, denn zwei Tage nach dem Tod meines Vaters habe ich selbst in einer Art Wachtraum, der so ähnlich war, von ihm geträumt. Ich fühlte dabei seine Gegenwart im Zimmer, und auch wir waren miteinander versöhnt. Irgendwie wußte er, daß ich mich bei den Auseinandersetzungen in der Familie fair verhalten und mich nicht gegen ihn gewendet hatte.»

Zwar sagte Sally nichts, aber aus ihren Augen war der hoffnungslose Ausdruck geschwunden, und sie sah mich interessiert an; also fuhr ich fort.

«Sally, kommt es Ihnen nicht ein bißchen merkwürdig vor, daß Sie in diesem Traum gesund waren? Sie haben auch schon ein paar andere Träume gehabt, in denen Sie gesund gewesen sind.»

Sie schien mir immer noch aufmerksam zuzuhören, gab aber keine Antwort.

«Ist Ihnen jemals in den Sinn gekommen, daß der Tod vielleicht für die hartnäckigsten Probleme in Ihrem Leben eine Lösung bedeuten könnte? Sie sind in dem Traum gesund, und von Ihrem Vater waren Sie nicht mehr enttäuscht. Wenn Sie bedenken, daß in der Realität weder das eine noch das andere zutrifft, dann könnte der Tod vielleicht die Heilung bringen.»

«Ach, wenn Sie doch bloß aufhören würden, auf ein Leben nach dem Tode anzuspielen! Ich habe Ihnen doch schon gesagt, daß ich an so was nicht glaube! Ich hoffe, daß es das nicht gibt – ein Leben nach dem Tode, Reinkarnation oder irgend so einen Quatsch. Ich möchte mich im Tod total auflösen. Ich möchte zu Stein werden und sonst nichts.»

Ein Stein oder Fels, dachte ich, ist jedenfalls ein Symbol für das Selbst. Dafür gibt es zahlreiche Beispiele: unter anderem den «Stein der Weisen» der Alchemisten, den Felsen, auf dem in Jerusalem der heilige Tempel steht, im Islam den schwarzen Stein in Mekka und die Steine der australischen Ureinwohner, die der Überlieferung zufolge die Geister der Verstorbenen in sich bergen.

Aber dies war nicht gerade der geeignete Moment, um Sally solche Gedanken mitzuteilen.

«Nun, wie Sie sich den Tod vorstellen, haben Sie sehr deutlich gesagt, und darüber läßt sich nicht streiten; aber lassen Sie mir wenigstens meine eigene Vorstellung!»

«Wie stellen Sie sich den Tod vor? Ich erinnere mich, daß Sie bei Ihrem ersten Besuch gesagt haben, Sie wollten um Ihrer selbst willen erfahren, was ich durchmache. Ich weiß, daß Sie sich Gedanken darüber machen, was passiert, wenn man stirbt. Was für Gedanken sind das?»

«Ja, ich mache mir Gedanken darüber. Ich behaupte nicht, mehr zu wissen als Sie, aber ich will Ihnen sagen, was ich denke. Viele von diesen Gedanken sind mir auf Wanderungen durch unbekanntes Gelände gekommen, wenn ich allein am Meer oder in den Bergen gewesen bin. Manchmal habe ich am Anfang solch eines Wanderwegs gedacht, daß der Tod vielleicht der allerletzte unbekannte Weg ist; er macht Angst, ist beschwerlich und unter Umständen gefährlich, aber vielleich auch schön und jedenfalls interessant. Wie dem auch sei, ich bin sicher, daß man dazu abenteuerlustig sein muß und sich nicht bremsen darf, wenn man das Beste daraus machen will.

Was psychischer Tod ist, habe ich selbst erfahren. Ich habe auch meine Patienten hindurchgehen sehen, und etwas daran läßt mich glauben, daß er dem wirklichen Tod nahekommt. Beim psychischen Tod muß man eine alte Einstellung – eine alte Haltung, mit der man in der Welt herumläuft – aufgeben, weil sie sich verbraucht hat. Sie funktioniert nicht mehr und hindert einen daran, sich weiterzuentwickeln. Aber unser Ego hängt an der alten Haltung und gibt sie nicht ohne Kampf her – ein Kampf zwischen ihm und dem Selbst, und das stellt seine eigene Forderung nach Veränderung. Nehmen wir zum Beispiel den Typ Frau, die ihr Leben lang kooperativ, hilfsbereit und zuvorkommend gewesen ist und ihre natürlichen negativen Impulse einfach beiseite geschoben hat. Auf einmal kommt alter unterdrückter Groll und Haß auf Leute zum Vorschein, die sie ihrer Meinung nach in die gegenwärtige festgefahrene Lage gebracht haben. Sie ist wütend, und sie muß jemandem die Schuld dafür geben. Also schiebt sie die auf Menschen ihrer Umgebung, die ihr eigenes nicht verwirklichtes Potential verkörpern oder die ähnlich unbewußt leben, wie sie selbst es bisher getan hat. Ist die Wut einmal aktiviert und durchlebt worden, verschwindet sie, aber es kann sein, daß an ihre Stelle Gefühle der Traurigkeit und der inneren Leere treten, die noch längere Zeit anhalten können. Und eines Tages – sie weiß vielleicht gar nicht, wie ihr geschieht und warum ihr Ego letztlich aufgibt und sie von der Wut, dem Bedürfnis nach Schuldzuweisung und der Depression erlöst – ist auf einmal ein Gefühl von Frieden, Versöhnung und Freiheit da. Sie fühlt sich anders – zumindest für eine Weile.

Ein anderer Typ Frau mit einem starken Ego, die sich anderen überlegen fühlt, gerät vielleicht eines Tages mit jemand aneinander, der all das verkörpert, was sie bislang als minderwertig angesehen hat. Plötzlich wird sie sich vielleicht ihrer eigenen Schwächen bewußt und beginnt, an ihrem Urteil zu zweifeln. Sie sieht ein, daß sie nicht genug weiß, um andere zu beurteilen; sie kennt sich ja selbst nicht einmal richtig. Und dann wird sie eines Tages – vielleicht ebenfalls ohne zu wissen, wie ihr geschieht – von dem Kampf und auch von ihrer alten arroganten Haltung erlöst. Sie wird ein neuer Mensch.

Also, ich stelle mir vor, daß mein wirklicher Tod in etwa in diese Richtung gehen wird – nur in einem viel größeren Maße. Liegt die Pforte des Todes erst einmal hinter mir – und das ist vielleicht der schlimmste Teil des ganzen Erlebnisses –, gehe ich, so stelle ich mir gern vor, an den Ort des kollektiven Unbewußten, der mir im Laufe der Jahre recht vertraut geworden ist, weil ich dort schon so oft in meinen Träumen gewesen bin. Wenn ich mit dem physischen Tod konfrontiert bin und mein Leben aufgeben muß, wird das vielleicht ganz ähnlich sein, als ob ich beim psychischen Tod eine veraltete Einstellung aufgebe. Wenn mir das Ego nicht mehr zu schaffen macht, könnte ich Teil allen Lebens werden: der Bäume, der Winde, des Wassers und aller wilden Lebewesen. Und wer weiß, was uns nach dem Kampf, den wir «Sterben» nennen, auf der anderen Seite erwartet. Vielleicht haben wir dort das gleiche Gefühl von Versöhnung und Frieden, das wir empfinden, wenn beim psychischen Kampf das Ego aufgibt.

Nun, was wirklich ablaufen wird – natürlich habe ich da ernste Bedenken. Ich kann mir vorstellen, daß ich ähnliche Bedenken – natürlich nicht so ernste – hätte, wenn ich zum ersten Mal LSD nehmen würde. Einerseits besteht die Möglichkeit, daß ich einen schlechten Trip erwische, aber andererseits kann es auch sein, daß ich eine wunderbare Bewußtseinserweiterung erlebe. Ich müßte einfach zu einer vertrauensvollen Einstellung finden und daran glauben, daß die Natur und mein Schicksal positiv sind. Das gilt für jedes abenteuerliche Unternehmen, das einen in unbekannte Gefilde führt, warum sollte man also nicht auch gegenüber dem Tod zu einer solchen Einstellung finden?»

«Aber dazu muß man Vertrauen haben.»

Wieder wandte Sally ihr Gesicht dem Fenster zu. Als sie mich dann ansah, fragte sie nur, ob wir nun weitermachen und einen anderen Traum untersuchen könnten – einen, von dem sie immer wieder einzelne kurze Stücke geträumt habe.

*Ich war mit einer anderen Schülerin zusammen in der High School in einem Klassenraum. Irgendeine große Katastrophe – wahrscheinlich eine Explosion – stand direkt bevor. Jedesmal, wenn sich das Unglück zu ereignen drohte, streckte ich die Hände aus und hielt die Katastrophe auf. Wenn ich das tat, ließ jedesmal meine schreckliche Angst nach, aber das Unglück drang immer wieder auf mich ein. Das andere Mädchen kannte ich nicht. Ich konnte sie nicht sehen, aber sie war so alt wie ich.*

Eine Explosion steht manchmal für einen Zusammenstoß oder ein Aufeinandertreffen von Gegensätzen, in diesem Fall dem Bewußten und dem Unbewußten – eine dramatische, wichtige Erfahrung. Andererseits kann solch ein Zusammenstoß unter Umständen zu Geisteskrankheit führen. Vor einer Weile hatte Sally geäußert, es sei ihr zu gefährlich, das Unbewußte auszuloten. Vielleicht war dieser Gedanke aus ihrer unterschwelligen Angst, geisteskrank zu werden, entstanden. Das erwähnte «Aufhalten» hatte sie vielleicht in der Vergangenheit angewandt, um das bedrohliche Unbewußte zurückzuhalten.

Explosionen bedeuten außerdem eine rasche Ausbreitung oder Vermehrung in dem Sinne, daß zu viel zu schnell geschieht, um noch kontrollierbar zu sein – wie etwa bei einer Bevölkerungsexplosion, einer atomaren Kettenreaktion oder einer bösartigen Zellwucherung im Falle von Krebs.

Sally hatte eine einzige Assoziation zu dem Traum: In der Nacht, in der sie das geträumt hatte, hatte sie aus irgendeinem Grunde das Gefühl gehabt, in der Schule zu sein.

«Haben Sie Angst um sich gehabt?»

«Nein, ich habe versucht, das andere Mädchen zu beschützen. Irgendwie habe ich ihr Leben in Gefahr gebracht gehabt, und nun habe ich das Unglück – wahrscheinlich den Tod – von ihr abgehalten. Wenn ich jetzt darüber nachdenke, dann muß das Mädchen Sarah gewesen sein, obwohl wir im Traum eigentlich gleich alt waren. Ja, ich bin sicher, es war Sarah. Sie ist gestern abend noch hiergewesen. Ich habe solche Angst, daß sie von mir die Anfälligkeit für Krebs erbt, weil wir so eng miteinander verbunden sind. Genau – das ist das Unglück gewesen, vor dem ich sie zu beschützen versucht habe: vor dem Krebstod.»

Ich frage mich, ob die Tatsache, daß sie im Traum gleichaltrig waren, bedeutet, daß Sally sich mit Sarahs eigenständiger Entscheidung identifiziert – eine der ersten integrierten Schulen in ihrem Bezirk zu besuchen. Ich fragte mich auch, ob Sally nicht vielleicht weniger davor Angst habe, daß Sarah Krebs bekäme, als davor, daß ihre blonde Tochter einen Schwarzen heiratete. Für das Zusammenführen von Gegensätzen würde eine solche Verbindung einen der dramatischsten, problematischsten und unberechenbarsten Rahmen abgeben, die man sich nur denken kann, und sie würde in sich sowohl ein kreatives als auch ein destruktives Element bergen. Ein derart radikaler Schritt mochte für Sally vielleicht die Situation symbolisieren, mit der sie sich gerade selbst konfrontiert sah.

Ich sagte ihr, ich glaubte, es sei vielleicht ihr starkes Verbundensein mit Sarah, das sie am Leben erhalte.

«Aber ich mache mir wirklich solche Sorgen, was mit ihr wird, wenn ich nicht mehr da bin.»

«Ich werde versuchen, mit ihr in Verbindung zu bleiben, Sally. Vielleicht kommt sie zu mir, wenn sie Schwierigkeiten hat.»

«Das ist nett von Ihnen. Und übrigens: Sie hat gestern abend gemeint, was für ein Glück ich hätte, daß ich Sie habe.»

«Dann denkt sie vielleicht daran, zu mir zu kommen, wenn sie mich braucht.»

Anschließend äußerte ich die Ansicht, daß eine willentliche Handlung vom Ego herkomme; folglich sei es das Ego, das sie am Leben erhalte. Ich wies darauf hin, daß man für gewöhnlich das Ego und den Körper symbolisch miteinander identifiziere und daß beide sich dem Selbst beugen müßten, allerdings erst dann ganz, wenn wir stürben. Mir fiel auf einmal auf, wie müde sie aussah, und ich schwieg. Sie rieb sich den Arm.

«Oh, das tut weh, und mein Kopf genauso. Ich kann mich kaum auf das konzentrieren, was Sie sagen. Ach, wenn doch bloß die Tür aufgehen würde und ich meine Schmerztabletten bekommen würde! Aber nein – bitte bleiben Sie doch! Da ist noch ein anderer Traum, zu dem ich Ihre Meinung brauche.»

*Ich befand mich in einem riesigen Saal, in dem Hunderte von Menschen ihre Stimme für eine Wahl abgaben. Man wählte an einer Art Schalter, und vor dem Schalterfenster wimmelten so viele Menschen durcheinander, daß es mir nicht gelang, dort hinzukommen und meine Stimme abzugeben. Ich verpaßte die Gelegenheit total.*

«Es ist wieder Pat Brown gewesen, der sich um den Gouverneursposten beworben hat. Was mich daran erinnert, daß Jim gestern erst mit Verspätung hergekommen ist, und als er endlich kam, hat das Schmerzmittel nicht mehr gewirkt. Deshalb ging es mir dann schlecht.»

«Mit anderen Worten: Er hat wieder mal versagt.»

«Ganz genau. Sie erinnern sich also auch an den alten Traum.»

«Ja, aber dieser ist anders, nicht wahr? Er deutet an, daß Sie Ihre Stimme gerne für diese Person abgeben würden und damit zeigen würden, daß Sie ihr vertrauen, aber irgendwie werden Sie von einer Einstellung blockiert, die durch die Menschenmenge verkörpert wird. Sie müssen schärfer unterscheiden lernen.»

«Aber wie kann ich Jim vertrauen, wenn er so dumme, gedankenlose Sachen macht! Schauen Sie, später hat er dann die Kinder vorbeigebracht. Er kam mit ihnen genau zur Essenszeit – gerade in dem Moment, in dem ich alles Essen über mich ausgegossen habe, weil ich nicht richtig sehen konnte.»

«Na schön, Sally, Jim ist nicht vollkommen – aber wer ist das schon? Manchmal macht er eben einen Fehler. Wie soll er wissen, was Sie fühlen, wenn Sie es ihm nicht sagen? Ab und zu ist jeder von uns ungewollt ein Stümper. Sie sind sich vielleicht nicht bewußt, wie sehr er Ihnen allein dadurch hilft, daß er Sie so viel von Ihrer Spannung loswerden läßt, wenn Sie diese ganze Wut auf ihm abladen. Und ich weiß, Sie wären die erste, die zugibt, wie rücksichtsvoll und großzügig er die ganze Zeit ist.»

Ihr traten Tränen in die Augen.

«Ich weiß. Warum muß ich nur auf diesen negativen Sachen so herumreiten? Warum habe ich ihm gesagt, daß er heute abend nicht mehr herkommen soll, wo ich ihn doch jetzt schon so vermisse? Warum fällt es mir so schwer, ihm meine Gefühle, meine Liebe und Wärme zu zeigen?»

«Ich weiß es nicht, Sally. Es ist merkwürdig, wie manche Leute es schaffen, einen anderen Menschen trotz der krassesten Fehler zu lieben, während das anderen einfach nicht gelingt. In Ihrem Traum möchte Ihre menschliche Einstellung, die ebenfalls durch die Menge verkörpert wird, ihre Stimme für den menschlichen, stümperhaften Brown oder Jim abgeben; aber irgendwie schaffen Sie, als Individuum, es nicht, da hinzukommen, um es zu tun. Anscheinend bringt Ihr Unbewußtes Sie mit der Menschheit in Kontakt, aber irgend etwas scheint mit dem Kontakt, den Sie zu der Menge haben, nicht zu stimmen, und das hindert Sie daran, mit Jim in Verbindung zu treten. Ich vermute, der Traum sagt Ihnen, daß Sie in Ihrer schrecklichen Isoliertheit von Jim erwarten, daß er für Sie alles und jeder ist. Und natürlich kann er das nicht sein; also versagt er, oder – noch schlimmer – er schweigt oder kommt nicht mehr, und dann fühlen Sie sich noch mehr isoliert.»

«Aber was soll ich tun? Ich vermisse es so, unter Menschen zu sein. Ich beneide sie, ich beneide Jim.»

«Es muß für Sie die Hölle sein, so allein zu sein. Aber wenn Sie versuchen könnten, Jim nur als einen einzelnen Menschen zu sehen und ihn nicht damit zu belasten, daß er für Sie die ganze Menschenmenge sein soll, vielleicht könnten Sie es dann schaffen, zu dem Fenster vorzustoßen.»

«Und ihm meine Stimme zu geben.»

«Genau. Wir stimmen, denke ich, beide darin überein, daß dieses mühsame Aufbauen einer Beziehung zu ihm in der Ehe furchtbar wichtig ist; Ihre Individuation steht dabei auf dem Spiel. Aber das Schalterfenster hat noch eine zweite Bedeutung. Wenn Sie erst einmal die Gefühle, die Sie in Wirklichkeit für Jim hegen, zum Ausdruck gebracht hätten, könnten Sie sich an dem Schalter eine Fahrkarte für eine Reise kaufen – eine Reise an ganz unbekannte Orte. Ich selbst sehe wegen meines Alters meine Träume, die vom Reisen handeln, immer als Todesträume an. Ich glaube, daß Reisen für alte Leute tatsächlich eine Möglichkeit ist, das Symbol des Todes, das sie drängt, real werden zu lassen. Ist Ihnen je aufgefallen, wieviel alte Leute reisen? Sie trotten, einem inneren Zwang folgend, um den Globus und versuchen, sich gegenseitig zu übertrumpfen, wer an den meisten und schönsten Orten gewesen ist. Vor lauter Anstrengung scheinen sie manchmal völlig erschöpft zu sein, aber sie machen weiter.»

Sie lächelte und unterbrach mich mit den Worten: «Auch Sie sind, scheint's, in der Welt recht weit herumgekommen!»

«Ja, und ich weiß, daß es eben dieses Symbol ist, das mich antreibt, aber ich hoffe, nicht gerade so unbewußt. Ich habe nur noch eine größere Reise vor, die mich reizt: nach Ägypten, wo meine tiefsten Wurzeln liegen – das spüre ich jetzt. Ich bin sicher, was mich in Gang hält, ist unter anderem eins: Wenn es für mich an der Zeit ist, diese Erde zu verlassen, möchte ich so viel wie möglich von dem gesehen und erlebt haben, was ich hinter mir lassen muß. Wenn ich auf Reisen bin und es mir schwerfällt, mich an einem neuen Ort an die Atmosphäre zu gewöhnen, denke ich manchmal, daß das Sich-an-eine-neue-Umgebung-anpassen-Müssen eine Art individuierende Vorbereitung auf den Tod ist. Zumindest gibt es dem Reisen in meinen Augen eine ganz andere Dimension.»

«Es hat im Traum aber geheißen, daß ich meine Chance verpaßt habe.»

«Das muß nicht für lange sein, Sally. Ich erinnere mich, daß Sie geträumt haben, Sie wären in Paris – in dieser schönen, von Ihnen schon seit langem bewunderten, sternförmigen Weltstadt. Ganz ohne Zweifel haben Sie da mit Erfolg eine innere Reise zuwege gebracht. Diesmal werden Sie vielleicht von Wegelagerern aufgehalten – aber vielleicht gilt das nur für den Augenblick.»

Sie sah erschöpft aus, deshalb verabschiedete ich mich von ihr und sagte ihr noch, daß wir uns bald wiedersähen. Im Hinausgehen konnte ich es nicht vermeiden, etwas zu einem Bild anzumerken, das an der Wand hing. Es war eins von diesen Bildern mit knallbunten Blumen in einer Blumenschale, wie sie in Motelzimmern zu finden sind.

«Mir wäre lieber, Sie würden statt dessen eins von Ihren Mandalas hier aufhängen.»

«Nein, das möchte ich nicht. Wenn ich da eins hinhängen würde, könnte ich es doch kaum sehen, und wenn, dann wäre es mir peinlich. Würden Sie bitte beim Rausgehen jemand fragen, ob ich jetzt meine Schmerzmittel kriegen kann?»

# KAPITEL ZWÖLF

In den nächsten drei Wochen änderte sich kaum etwas an ihrer depressiven und verzweifelten Stimmung, auch wenn ich Sally manchmal für einen kurzen Moment als ruhig, ja beinahe gelassen empfand. Ich besuchte sie etwa dreimal pro Woche. Wenn ich ins Zimmer kam, bat sie mich jedesmal, ehe wir unser Gespräch begannen, das Kopfende ihres Bettes hochzudrehen, damit sie sitzen konnte. Doch bevor ich zu ihr hineinging, suchte ich zuerst die Stationsschwester auf, um zu hören, wie es um Sally stand. In der ersten Woche erzählte sie mir, daß Sally häufig weine, vor allem, wenn ihre Kinder zu Besuch gewesen seien. Da die Schwester, wie es schien, von mir gern ein paar Ratschläge haben wollte, sagte ich, sie könne mit Sally ruhig offen reden; Sally sei inzwischen durchaus in der Lage, über ihre Angst vor dem Tod zu sprechen. Die Stationsschwester erwiderte bedauernd, daß sie selbst und das übrige Personal dazu nicht in der Lage seien.

Mit viel Mühe konnte Sally ein bißchen gehen, und sie verbrachte jeden Tag eine Weile außerhalb ihres Bettes in einem Rollstuhl. Mir fiel auf, daß sie häufig große Schmerzen hatte, obwohl sie die Schmerzmittel jetzt in stärkeren Dosen erhielt. Mit der Zeit wurde sie jedoch gelöster und erzählte des öfteren, daß sie nachts recht gut geschlafen habe und auch tagsüber ohne große Probleme etwas dösen könne. Ihr Sehvermögen lasse allerdings immer stärker nach. Sie könne ihre Kinder kaum sehen, wenn sie zu Besuch kämen, und sie halte ihren Besuch auch nur etwa zweimal pro Woche aus. Ich sah, welche Schwierigkeiten es ihr bereitete, sich eine

Zigarette anzustecken, und ich machte mir Sorgen, daß sie sich dabei leicht selbst anzünden könnte. Ich begann, so unauffällig wie möglich, die Zigaretten für sie anzustecken. Mir fiel außerdem auf, daß Sally ihr Zeitgefühl verloren hatte. Als ich sie einmal nach dem Datum fragte, wischte sie meine Frage mit einem «Ich weiß es nicht!» beiseite, so als hätte mir klar sein müssen, daß ich ihr diese Frage nicht stellen könne.

In dieser Zeit schien es ihr starke Sorgen zu bereiten, daß sie körperlich zusehends verfiel, und ich versuchte, sie immer wieder dazu anzuhalten, über ihre Ängste zu reden. Sie hatte im rechten Arm Schmerzen. Sie fürchtete, er könne gelähmt werden und sie müsse dann lernen, ihren schwachen linken Arm zu gebrauchen. Sie hatte auch Angst, sich erneut etwas zu brechen, wenn sie morgens ihre paar Schritte ging, und sie ärgerte sich, daß sie dazu überhaupt noch kräftig genug war. Der Gedanke, sie könne irgendwann nicht mehr in der Lage sein, sich mitzuteilen, flößte ihr panische Angst ein. Könne sie sicher sein, daß sie zur Linderung ihrer Schmerzen Morphium bekomme, wenn sie im Koma sei und nicht mehr sprechen könne? Sie gab zu, daß manche ihrer Ängste vielleicht unbegründet seien. Aber vor fünf Jahren, als sie die Sorge geäußert habe, ihre Knochen könnten brechen oder sie könnte blind werden, hätten die Ärzte diese Ängste nur verharmlost. Jetzt könne sie ihnen nicht mehr vertrauen.

Mir war klar, daß Sally unter ihrer Morphiumsucht litt. Doch die Schuldgefühle wegen ihrer Drogenabhängigkeit, die durch die in der Anstalt herrschende Verteilungspraxis noch verstärkt wurden, hielten sie davon ab, sich irgend jemandem anzuvertrauen. Ich glaube, Ärzte täten gut daran, Krebspatienten im Endstadium zu ermutigen, offen über ihre Angst vor Schmerzen und vor dem Tod zu reden, und auch nicht zurückzuhalten, daß sie Angst haben, süchtig zu werden, und ihre Gedanken hauptsächlich um die Frage kreisen, ob sie die schmerzlindernden Mittel auch in einer ausreichenden Dosis bekommen.

«Sally, ich versichere Ihnen, wenn Sie im Koma wären, würde ich alles in meiner Macht Stehende tun, um sicherzustellen, daß Sie regelmäßig Ihre Medikamente erhalten. Ich rate Ihnen auch, sich mit Ihrem Arzt gutzustellen, damit er dafür sorgt, daß Sie Morphium bekommen, wenn Sie im Koma liegen.»

«Darüber brauche ich mir, glaube ich, keine Gedanken zu machen. Wir verstehen uns mittlerweile besser. Erst gestern hat er mir gesagt, er verspüre kein Verlangen mehr danach, an mir neue Medikamente auszuprobieren. Er will mich jetzt in Ruhe lassen.»

Sie stellte immer wieder die Frage, warum ausgerechnet sie diese Qualen erleiden mußte. Ich glaubte, ihr vielleicht einen Teil ihrer Verzweiflung nehmen zu können, indem ich ihr empfahl, sich in einer archetypischen Rolle zu sehen – vielleicht als eine Art weiblicher Hiob, über dessen Geschichte wir schon mehrfach gesprochen hatten. Ich erzählte ihr von Jungs Gedanken, daß Hiob im religiösen Drama einen Wendepunkt markiere, der zur Menschwerdung Gottes geführt habe. Ehe er mit Hiob zusammengetroffen sei, habe Gott sich in einem Zustand göttlicher Bewußtlosigkeit befunden. Deswegen sei Hiob gezwungen gewesen, durch Qualen zu einem höheren Bewußtseinszustand – zur Individuation – zu gelangen, und dann habe Gott ihn dadurch wieder einholen müssen, daß er in Christus Mensch geworden sei. Jung habe die Vermutung geäußert, daß Menschen, die gezwungen seien, durch Schmerzen, Konflikte oder Psychosen zu einem höheren Bewußtseinszustand zu gelangen, die Last der zukünftigen Welt trügen. Aber in dieser heroischen Rolle mochte Sally sich nicht sehen.

«Nein, das trifft auf mich einfach nicht zu. Das paßt nicht.»

«Weil Sie nun mal kein Mann sind? Ich glaube, deshalb paßt es nicht. Wie können wir Frauen uns auch als Heldinnen im männlichen Sinne erleben! Das ist, als wenn man einer Theorie folgen soll, statt einem warmen, vielseitigen, menschlichen Vorbild. Das ist der Fluch, den der christliche Mythos für uns birgt. Uns fehlt das weibliche Gegenstück zu Gott. Ein Vorbild, dem Sie vielleicht folgen können, ist das, von dem Sie geträumt haben – wo Sie und Gott Partner gewesen sind.»

«Also ... ich weiß nicht recht.»

Offenbar hatten meine Worte Sally verschreckt. Sie hing ihren Gedanken nach. Das erinnerte mich daran, wie sie reagiert hatte, als ich ihr erklärte, ihr Mandala sei ihr Gotteskonzept.

Erst nach einer ganzen Weile fuhr Sally fort: «Da ist aber noch etwas: Für Hiob war alles in Ordnung, nachdem er sein Schicksal akzeptiert hatte. Für ihn war das die Lösung. Aber ich kann meins nicht akzeptieren.»

In diesen Wochen berichtete sie von drei Träumen. Zwei handelten von ihrem Vater, der bald kommen sollte. Sie sah seinem Besuch mit Schrecken entgegen und war deshalb über ihren frohen Traum erstaunt.

*In einem Hollywood-Studio wurde ein lustiges Musical gedreht. Ich befand mich auf der Bühne. Ich war Anfang Zwanzig und mitten drin. Ich trug ein schwarzes Trikot und einen Rollkragenpulli. Ganz offensichtlich fehlte zum Abschluß der Produktion noch eine Nummer, und ich fing plötzlich an zu singen – ein Lied von Rodgers und Hart, «My Funny Valentine». Ich sang es mit großem Talent in einem durch. Das schlug ein. Ich bekam eine Rolle in dem Film angeboten und nahm an.*

*Alles eilte zur Probe. Mein Vater war W. C. Fields. Ed Wynn war mein Lehrer. Gemeinsam brachten sie mir bei, was man in einer Komödie an subtilen Einzelheiten beachten muß. In einer Szene sollte ich über ein mit Sandwiches beladenes Buffet springen, und Ed Wynn zeigte mir, wie man so tun kann, als wenn es ein Teich wäre, indem man einen Zeh in die Sandwiches taucht.*

Erneut wird die besondere Bedeutung des Vaters in einem Traum hervorgehoben, in dem Sally gesund ist. Das erste Mal erschien er, als er einer Probe von *Charleys Tante* zuschaute, und dann beim Spaziergang im Northwood-Park. Diesmal tritt er als W. C. Fields für Sally in der Rolle des Lehrers auf. In allen ihren Träumen vom Vater oder einem Vaterersatz ist Sally gesund – außer einem Traum, der lange vor dieser Serie liegt. Vielleicht erkennt Sally innerlich jetzt endlich ihr väterliches Erbe an.

Wenn sie als Kranke davon träumt, gesund zu sein, bezieht sich das auf die Zukunft. Vielleicht muß sie diese verschiedenen Potentiale jetzt – wie in dem Traum von Paris – in ihrer Phantasie ausleben – oder sogar in ihrem Leben nach dem Tode, falls es das gibt. – Doch welche Implikationen sich daraus auch ergeben mochten – mit Sally konnte ich darüber keinerlei Vermutungen anstellen.

Ein Clown bringt Gegensätze zusammen; er respektiert keine Grenzen. Er ist zugleich weise und tölpelhaft, unbeholfen und ungemein behende, tragisch und komisch, feige und mutig, und er ruft nicht nur Empörung hervor, sondern erweckt auch Sympathie. Er schlägt, ohne einen Unterschied zu machen, um sich und haut alles um, was ihm im Weg ist. Er kümmert sich mit unendlicher Zärtlichkeit um das winzigste bißchen Leben. Er ist archetypisch: eine Verkörperung des Trickster*. Seit Anbeginn der Zeit hat der Clown – ähnlich wie die Naturelemente – neues Leben gefördert, in dem er etablierte, veraltete Konventionen beiseitegefegt hat. Er ist fähig, Risiken einzugehen und schwierige Situationen hocherhobenen Hauptes durchzustehen, ohne die Konsequenzen zu kennen. Er ist die verkörperte Lebensenergie, steht aber auch mit dem Tod in Verbindung. Er riskiert Kopf und Kragen und entkommt wie durch ein Wunder. Er spielt mit dem Tod.

Diese Figur ist auf eine Art ein männlicher Teil der chthonischen Welt, der aus der Tiefe zu uns kommt, durch die Hintertür hereinspaziert und uns, ohne daß wir es wissen, berührt. Er ist Geist – mit eigenen Gesetzen;

er kommt und geht, wann und wie er will. Bei vielen Indianerstämmen symbolisiert der Coyote diese Figur. In griechischen Fruchtbarkeitsriten, die zweifellos auf matriarchalische Zeiten zurückgehen und aus denen anscheinend die Tragödie und die Komödie hervorgegangen sind, wurde der phallische Fruchtbarkeitsgott Dionysus mit Orgien, ausgelassener Fröhlichkeit, komischen Possen und närrischen Obszönitäten geehrt. Diese Riten hatten mit dem Leben und der Regeneration zu tun und nicht mit dem Tod.

Wäre es Sally als Mädchen erlaubt worden, ihre wahre Natur zum Blühen zu bringen, dann hätte ihre grundlegende verkürzende, «misanthropische» Art sie vielleicht dazu gebracht, Komikerin zu werden. Sie hätte dann ihre vorurteilsbehafteten Ansichten auf kreative Weise in Humor verwandeln können, wie W. C. Fields das mit so großem Erfolg getan hat.

Ihre unentwickelten Gefühle werden recht zutreffend mit Hilfe des sentimentalen Liedes «My Funny Valentine» zum Ausdruck gebracht. Eine unentwickelte Funktion, die in einem Traum auftaucht, bricht sich auf kindlich-frische Weise und mit jugendlicher Energie Bahn.

Die Figuren W. C. Fields und Ed Wynn beziehen sich wohl auf die Clowns, die die Gegensätze zusammenbringen und in dieser Rolle die transzendente Funktion verkörpern. Für Sally könnte es gewiß hilfreich sein, über diese Traumfiguren zu meditieren und sie ins Bewußtsein zu integrieren. Auch die lockere, wenig steife Haltung des Komikers könnte ihr nützlich sein.

In diesem Traum hat Sally an einer kollektiven, allgemeinen Fröhlichkeit teil. Im Leben trägt sie die schwere Last des drohenden Todes allein. Diese beiden Zustände sind gegensätzliche Teile ihres gesamten Wesens. Können wir da nicht vermuten, daß sich im Tod etwas findet, das mehr ist als die Summe dieser Teile?

«Was meinen Sie dazu, Sally?»

«Es war ein wunderbarer Traum. W. C. Fields ist tatsächlich mein Lieblingskomiker. Ich glaube, er ist sehr gescheit gewesen – ein wirklich großer Künstler. Und Ed Wynn habe ich auch sehr gemocht. In den dreißiger Jahren ist mein Vater einmal in seiner Radioshow aufgetreten. Er war ein Clown und konnte die Leute zum Lachen bringen.»

«Ja, in meiner Jugend waren das die beiden Komiker, die uns zum Lachen gebracht haben, egal wie schlecht es uns gegangen ist.»

Sally sagte, sie sei sehr glücklich gewesen, als sie aus diesem Traum erwachte. Aber weil er in einem so großen Gegensatz zu ihrem wirklichen Leben stehe, sei sie danach tagelang deprimiert und niedergeschlagen gewesen. Der Traum habe lebhafte Farben gehabt und war spannend, intensiv und voller Humor.

«Ich bin sicher, daß damit versucht werden sollte, die große Traurigkeit in meinem Leben durch übermütigen, komischen Spaß auszugleichen.»

Es war wirklich eine erhellende, aus Sallys Tiefen kommende Aussage der Freude. Unbeeinflußt vom Ego und von ihrem erschreckenden körperlichen Zustand sandte ihr die Psyche durch den Traum diese freudige Botschaft. Jungs Vorstellung von der Objektivität der Psyche wurde dadurch so klar veranschaulicht, weil dieser Traum in einem solchen Gegensatz zu Sallys ernüchternder Situation stand. Unglücklicherweise hatte ich damals nicht die Zeit, den Traum genauer zu untersuchen, und so konnte Sally seine eigentliche Wucht nur teilweise spüren.

Sie sagte mir, sie sei sicher, daß sie das Showtalent von ihrem Vater geerbt habe, aber sie habe sich nie zugestanden, ihrer Neigung nachzugeben und Schauspielerin zu werden. Hemmungen und Belastungen hätten die Freude und Fröhlichkeit, die Teil von ihr seien, unter sich begraben. Sie wisse, daß die komische Seite ihres Wesens zum Vorschein gekommen wäre, wenn man ihr nur die Gelegenheit gegeben hätte, sie auszudrücken.

«Vielleicht gehen Sie in diesem Traum zurück, um das zu leben, was Ihnen vorher nicht möglich gewesen ist, wie in dem Traum, wo Sie nach Paris gefahren sind.»

Für jemanden, der nicht vom Tod bedroht ist, bedeutet ein Traum, der ihn vom Alter her in die Vergangenheit führt, eventuell nur eine Regression, denn die psychische Energie ist normalerweise sowohl regressiv als auch progressiv. Ein Traum, in dem man viel jünger ist, kann aber auch eine Konsolidierung, ein Füllen von Lücken ankündigen. Er kann auch bedeuten, daß der oder die Träumende einen Schritt zurückgeht, um dann zwei Schritte voranzugehen – besonders im Hinblick auf ein wichtiges Hauptproblem. Aber da Sally wohl in naher Zukunft sterben würde, nahm ich an, daß die Träume, in denen sie jünger war, darauf hindeuteten, daß sie im Sterbeprozeß eine Alterslosigkeit erlebte, wie sie alten Leuten eigen ist, die tief und ganz gelebt haben. Genau wie die alten Menschen war auch Sally dem kollektiven Unbewußten nahe, in dem Vergangenheit, Gegenwart und Zukunft eins werden.

«Normalerweise ist das Leben beides, schlecht und gut. Und noch etwas: W. C. Fields und Ed Wynn verkörpern das Chaos, das zwangsläufig vor einer Veränderung da ist. Mit ihren närrischen Possen reißen sie alles Starre ein, und so kann etwas Neues kommen – vielleicht eine neue Einstellung.»

Für einen Augenblick schien die ungelebte Künstlerin in ihr lebendig zu werden. «Mag sein, aber für mich sind sie nichts als Spaß und Lachen gewesen.»

«Glauben Sie, daß Ihre Überernsthaftigkeit die verantwortungslose Einstellung Ihres Vaters kompensieren sollte? Haben Sie seine Karriere als Sänger mit seiner Unzuverlässigkeit in Verbindung gebracht?»

«Vielleicht – ich weiß es nicht», sagte Sally ungeduldig. «Aber was ich weiß, ist, daß ich immer gern gesungen habe. Nicht für andere, sondern einfach so für mich. Insgeheim habe ich mich als die große deutsche Sängerin Lotte Lehmann gesehen. Ich habe alle populären Lieder und viele französische Chansons auswendig gekonnt. Besonders gern habe ich auch die Lieder von Schubert, Schumann und Hugo Wolf gehabt. Erinnern Sie sich noch an meinen Traum mit der dreieckigen LP mit den französischen Liedern? Musik habe ich schon immer geliebt. Aber ich weiß heute, daß ich die Leichtigkeit, die in mir steckt, nicht ausleben konnte, weil mir meine Eltern keine Sicherheit gegeben haben.»

Den zweiten Traum, von dem sie in dieser Zeit zu berichten wußte, hatte sie drei oder vier Nächte lang immer wieder gehabt. Sie hatte ihn mir nicht erzählt, weil sie ihn für unwichtig gehalten hatte. Er sei sowieso eher halb Phantasie als ein wirklicher Traum gewesen, meinte sie.

*Ich zog in verschiedene große, alte Häuser um und machte jede Nacht einen oder mehrere Umzüge. Meine Mutter war bei mir und half mir, den Flügel an den richtigen Platz zu stellen und die Zimmer für Sarah und Beth auszusuchen. In jedem Haus standen die Möbel der Kinder schon an ihrem Platz: Frisierkommoden mit Spitzenunterwäsche und anderen weiblichen Accessoires – Dinge, die sie in Wirklichkeit nicht haben. Im Wohnzimmer hingen alte Blumengemälde an den Wänden; sie waren ganz anders als die Bilder, die ich besitze oder die ich mir aussuchen würde. Das Zimmer war mit einem weichen blaugrünen Teppichboden ausgelegt. Die Möbel waren im Stil der frühamerikanischen Epoche – ganz nach dem Geschmack meiner Mutter. An Farben gab es Blau – wie blauer Nebel im Wind –, Grau, Grün und Steingrau. In allen Zimmern kamen Weiblichkeit und Gefühl betont zum Ausdruck, und es herrschte eine angenehme und gemütliche Atmosphäre.*

«Was für ein positiver Traum von Ihrem weiblichen Erbe, Sally! Sie verschwenden gewiß keine Zeit! Wenn man im Traum in eine andere Wohnung zieht, deutet das normalerweise auf eine große innere Veränderung hin. Ein Umzug, der – genau wie eine Reise – ein Bemühen um Individuation ist, kann auch den Tod ankündigen. Schließlich gehen wir, wenn wir sterben, an einen neuen Ort.»

«Falls wir überhaupt irgendwo hingehen ... aber wir wollen damit nicht schon wieder anfangen. Ich möchte über meine Mutter reden. Im Traum habe ich so ein gutes Gefühl zu ihr gehabt. Ich habe ihren guten Geschmack schätzen gelernt. All das, was warm und menschlich ist, damit ist sie wirklich im Einklang. Von meinem Geschmack her habe ich bislang immer zum Funktionalen und Raffinierten tendiert, aber ich glaube, wenn ich ich selbst hätte sein können, wäre mein Geschmack wohl eher so wie ihrer gewesen.»

Sie erzählte mir, ihre Mutter habe als Dreijährige ihre Eltern verloren. Beide waren wir der Meinung, daß sie wahrscheinlich das auslebte, was in ihrer Mutter zwar potentiell vorhanden war, von dieser aber nicht verwirklicht werden konnte: Initiative zu ergreifen und einmal gesteckte Ziele auch zu erreichen. Dies könnte auch erklären, warum Sally entgegen ihren eigenen unmittelbaren Gefühlen so sehr nach intellektuellen Leistungen strebte. Einmal mehr war ihre Mutter in signifikanter Weise in ihren Träumen aufgetreten – diesmal, um für sie ein warmes, menschliches psychisches Zuhause zu schaffen.

Sally sprach häufig von ihren Kindern, deren Zukunft sie nicht mehr erleben würde. Deswegen war sie bekümmert und auch wegen all der Dinge, die sie schon jetzt nicht mehr mitbekam. Und während es ihr auf der einen Seite gefiel, daß die beiden inzwischen völlig mit ihrem eigenen Leben beschäftigt waren, schmerzte es sie auf der anderen doch immer noch. Ich spürte ihre Befürchtung, daß den Kindern der Besuch bei ihr nun völlig gleichgültig sein könnte. Ich bemühte mich, zu betonen, daß die beiden nur deshalb so beschäftigt, glücklich und frei seien, weil sie zu ihnen ein so gutes Verhältnis habe. Wenn sie ihnen nicht erlaubt hätte, sie selbst zu sein und ihr eigenes Leben zu leben, dann wären die zwei jetzt an sie gefesselt und auf sehr viel negativere Art und Weise in ihre Krankheit verstrickt. Ich versuchte, Sally zu zeigen, wie tapfer sie und Jim es vermieden hätten, Sarah und Beth mit ähnlichen Dingen zu belasten, wie sie sie von ihren Eltern aufgebürdet bekommen habe.

Das schien sie zu trösten, und sie sagte, Jim sei Sarah gegenüber jetzt großzügiger geworden, und er gehe mit beiden Kindern wunderbar um.

«Die Kinder sind zu Jim und mir sehr viel offener, als ich es zu meinen Eltern gewesen bin. Ich bin froh, daß sie einen besseren Start gehabt haben als wir früher; da kann ich einigermaßen sicher sein, daß sie es schon schaffen werden. Ich habe als Kind zweifellos das Gefühl gehabt, daß ich manches entbehren mußte. Ich kann mich nicht daran entsinnen, daß ich je das gekriegt hätte, was ich haben wollte. Ich habe es besonders entbehrt, daß ich keine Geschwister hatte. Ich war völlig allein mit Eltern, die nur wenig für mich tun konnten.»

«Aber Ihre Kinder entbehren nichts, Sally, und sie sind wahrscheinlich auch nicht krebsanfällig. Eins stimmt zwar: Sie werden ihre Mutter verlieren und dadurch etwas entbehren müssen. Aber da Sie so tapfer sind und die beiden nicht länger an sich binden wollen, geben Sie ihnen die Möglichkeit, frei zu sein. Wenn Sie an die zwei keine Erwartungen mehr stellen, braucht keine von ihnen sich ihrem wahren Wesen zu entfremden. Dann werden die beiden nicht dadurch eingeengt, daß sie die Bedürfnisse von Ihnen ausleben müssen, statt ihre eigenen auszuleben. Ich glaube, das ist für ihre Gesundheit sehr wichtig.»

Sally schien erfreut zu sein, wie sich in letzter Zeit das Verhältnis zwischen ihr und Jim entwickelt hatte. Sie hatte offen zum Ausdruck gebracht, daß sie ihn abends gerne bei sich hätte, und überließ es ihm nun nicht mehr, ihre Wünsche und Gefühle zu erraten. Sie sagte, seine Besuche seien ungezwungener geworden und manchmal würden sie beide ganz vertraut bis spät in die Nacht miteinander reden. Dennoch frage sie sich, ob es überhaupt möglich sei, einander je ganz zu kennen. Ich schlug ihr vor, sie sollten vielleicht versuchen, in Momenten, in denen sie sich gut verstünden, einander so ehrlich wie möglich zu sagen, wie jeder den anderen gerade sehe. Das hieße, dem anderen jeweils sowohl seine negativen als auch seine positiven Züge zu beschreiben. Ich sagte, ich glaubte, daß es auf diese Weise vielleicht möglich sei, ihre Wahrnehmung voneinander zu bereinigen.

«Je besser Ihr Verhältnis zu Jim ist, desto besser ist das Bild, das sich die Mädchen von der Beziehung zwischen Frau und Mann machen. Dann haben sie eine bessere Chance, selbst einmal eine gute Ehe zu führen; sie sind dann nicht gezwungen, erst einmal unzählige ungelebte Teile der Ehe ihrer Eltern auszuleben. Ich glaube, bei einer Ehe gibt es Verästelungen, die weit über das betroffene Ehepaar hinausgehen.»

Es war mir klar, daß Sallys Vater nur deshalb in dieser Zeit die Familie besuchen kam, weil Sally ihm des öfteren gesagt hatte, daß wir uns knapp verpaßt hätten beziehungsweise daß sie ihn direkt im Anschluß an meinen Besuch erwarte. Er tauchte im dritten Traum, den sie mir in dieser Zeit erzählte, von neuem auf. Sie hatte ihn fünf Tage nach dem zweiten Traum gehabt, und er handelte wiederum von einem Umzug in ein altes Haus.

*Diesmal war es ein großes, altes, weißes Haus – wahrscheinlich ein Fachwerkhaus. Es hatte riesige Zimmer mit weißgestrichenen, holzgetäfelten Wänden. Im größten Raum, der vermutlich das Musikzimmer war, stand in der Mitte ein viereckiger Flügel – ein Bechstein. Dieses Zimmer führte noch zu einem anderen Raum, wahrscheinlich dem Wohnzimmer. Es waren keine anderen Möbel zu sehen, und es hingen keine Bilder an den Wänden. Die Böden der einzelnen Räume waren mit Perserteppichen bedeckt, mit Isfahans. Sie waren älter und hatten abstraktere Muster als meine eigenen. Ich klappte die Klavierbank auf und suchte in den Notenblättern nach unbekannter volkstümlicher Musik. Zum Haushalt gehörten mein Vater, sein Vater und ich. Meine Mutter und Jim und die Kinder waren nicht da – zumindest war mir ihre Anwesenheit nicht bewußt.*

Bei diesen zwei Träumen vom Umziehen, die im Abstand von nur fünf Tagen kamen, finden sich Ähnlichkeiten und Unterschiede. Doch das wichtigste Element, das ich in den kombinierten Träumen sehe, ist das Zusammenrücken der Gegensätze, vor allen Dingen ein positives Zusammenkommen von Sallys weiblichem und männlichem Erbe. Ihre Eltern, die jetzt gleichwertig sind, sind für Sally zum demokratischen psychischen Rahmen geworden. Die Perserteppiche erinnern an einen ihrer letzten Träume, in dem sie mit dem Tod durch eine persische Landschaft fährt. Sie bedeuten möglicherweise, daß die friedliche Todesszene nun zu einem Bestandteil ihres psychischen Hauses geworden ist.

Anders als der gewöhnliche dreieckige Flügel in dem Traum mit ihrer Mutter läßt der in diesem Traum vorkommende viereckige Flügel, der durch ihr männliches Erbe zu ihr kommt, Sally intellektuell und künstlerisch die Bedeutung der Vollständigkeit oder Totalität erfassen. Wenn sie auf diesem Instrument populäre Lieder spielt, wird ihr Talent mit ihrem menschlichen, gefühlsmäßigen, weiblichen Erbe verbunden. Der Flügel ist somit ihr Individuationsinstrument.

Seit Anbeginn der Zeit hat man Zahlen eine Bedeutung zugesprochen. Traumsymbole wie Sallys Turm bedeuten die Zahl eins. Mehrfach sind die Zahlen drei und vier in Sallys Träumen aufgetaucht. Im ersten der aufeinanderfolgenden Träume vom Umziehen treten vier Personen und ein dreieckiger (dreiseitiger) Flügel auf; im zweiten sind es drei Personen und ein viereckiger (vierseitiger) Flügel. Die Zahlen drei und vier tauchen auch in Träumen auf, die vom vierjährigen Aaron handeln; ebenso: Beth, die drei oder vier ist, sich aber wie eine Neunjährige (dreimal drei) verhält – Sally, die still vor drei Lampen meditiert – ein Segelboot mit einem hübschen Paar und dessen vierjährigem Sohn (insgesamt drei Personen) – und eine chinesische Mutter von vier Kindern.

Der Jungschen Theorie zufolge steht die Drei für Aktivität, Prozeß, Bewegung, Kampf, Bemühung und Verständnis. Wegen ihrer Dynamik wird sie mit dem Männlichen und dem Geist in Verbindung gebracht. Das Christentum – eine Religion, die von einem Patriarchen dominiert wird – wird durch die Dreifaltigkeit symbolisiert, die – anders als die Religion des alten Ägypten – den weiblichen Aspekt des Göttlichen außer acht läßt. Für jemanden, der nicht vom Tod bedroht ist, bezieht sich die Drei auch auf das Zeitliche, Dynamische, Sich-Entwickelnde, Wachsende, Vitale und Kreative. In ihrer strukturellen Form ist sie ein Dreieck. Das Dreieck bewegt sich, weil es unvollständig ist; es läßt das Viereck vorausahnen. Die Drei bedeutet auch die Lösung für eine durch Dualismus entstandene Konflikt- oder Sackgassensituation, in dem man das dritte Element zwischen die zwei setzt oder es ihnen hinzufügt. Durch die Drei wird das theologische – im Gegensatz zum emotionalen – Erleben von Religion betont.

Die Vier bedeutet Vollendung. Sie ist außerdem weiblich und symbolisiert die Erde: Der Kompaß hat vier Richtungen. Das Viereck bewegt sich nicht; es steht für das Zur-Ruhe-Kommen. Bei den Sandzeichnungen der Navajo wird die weibliche Figur durch einen viereckigen Kopf bezeichnet; die männlichen Figuren haben runde Köpfe. In Form eines Quadrats wird die vier zu Meditationszwecken benutzt; sie liegt dem Mandala zugrunde – genau wie der Kreis, der ebenfalls das Ganze ist. Vier ist eine Zahl, die dem Osten zugeordnet ist – im Gegensatz zur aktiven Drei des Westens. Sie steht eher für das Sein als das Tun.

«Erzählen Sie mir, welche Gedanken Ihnen zu diesem Traum kommen, Sally!»

«Das Haus mag vielleicht um 1905 gebaut worden sein – so um das Geburtsjahr meines Vaters herum. Seine Mutter war auf eine altmodische, damenhafte Art musikalisch, und mein Vater ist ihr wahrscheinlich nachgeschlagen. Als kleiner Junge hat er schon Unterricht in Stimmbildung bekommen, und für einen Jungen in Big Bend, Michigan – zweitausend Einwohner – war es zu der Zeit ganz schön ungewöhnlich, Gesangsstunden zu nehmen.»

«Ganz sicher. Diese Art von Nonkonformismus ist bestimmt etwas Besonderes gewesen. Aber was mir bei dem Traum auffällt, ist, daß es wieder ums Umziehen geht. Wir haben schon von den Zusammenhängen gesprochen, die im Traum zwischen Umziehen, Reisen und Tod bestehen. Und diesmal ist das neue Haus ganz weiß. Haben Sie gewußt, daß Weiß in China die Farbe des Todes ist?»

«In China, ja. Was glauben Sie, warum taucht in manchen von meinen Träumen China auf? Ich bin mit meinem Papst in Chinatown spazierengegangen und mit meiner chinesischen Freundin in einem Restaurant zum Essen gewesen.»

«Das ist nicht so überraschend. In Kalifornien ist der Einfluß der Chinesen seit der Pionierzeit zu spüren. In unserer Kultur bringt man Weiß eigentlich eher mit Hochzeit als mit Tod in Verbindung – das Hochzeitskleid und der Brautschleier etwa sind weiß. Und manchmal bezieht es sich aufs Bewußtsein, von daher könnte man sagen, daß Tod, Hochzeit und Bewußtsein miteinander zusammenhängen. Das Bewußtsein kann auch das Sexuelle mit einschließen; wenn man einen Menschen im biblischen Sinne erkennt, heißt das, daß man ihn sexuell kennt.»

«Tod, Bewußtsein, Hochzeit und Sex – Sie stellen merkwürdige Zusammenhänge her. Ich weiß nicht.»

«Außerdem ist der Traum fast ein Umkehrbild von diesem anderen, den Sie vor ein paar Tagen gehabt haben.»

«Umkehrbild?»

«Nun, Ihr voriger Traum hat von der weiblichen Linie der Familie gehandelt. Soweit ich mich entsinne, haben Sie und Ihre Mutter in einem Haus, das etwas Gefühlsbetontes und Weibliches an sich gehabt hat, Zimmer für die Mädchen ausgesucht. Aber in dem Traum hier herrscht ein männlicher Ton. Außer Ihnen selbst kommt darin nichts Weibliches vor. Es ist ein sachlich-nüchterner Ort. Das einzige Bindeglied zwischen den beiden Träumen scheint der Flügel zu sein.»

«Das in dem anderen Traum war aber nur ein ganz gewöhnlicher Flügel. Dieser Bechstein ist ein sehr seltener und besonderer Flügel – so einer, den man jeden Tag sorgfältig pflegen muß.»

«Die Art, wie Sie das sagen, läßt mich an eine Meditation oder ein Gebet denken – etwas, das man jeden Tag mit Hingabe tut. So wie Sie früher die Mandalas gemalt haben, nach denen Sie dann den ganzen Tag mit sich selbst zufrieden waren.»

«Ja, das stimmt. Um solch einen Flügel zu pflegen, braucht man die gleiche Konzentration wie für das Malen eines Mandalas. Ich habe immer noch deutlich diesen außergewöhnlichen Flügel vor Augen, mitten in dem riesigen weißen Raum. Und es ist das zweite Mal, daß ich im Traum Musik mit meinem Vater in Zusammenhang bringe. Erinnern Sie sich noch an meinen Traum von W. C. Fields? Nur, daß der ordentlich lustig war. An dem Traum jetzt ist nichts Lustiges dran.»

«Ja, ganz und gar nicht – das ist nicht zu übersehen. Und Sie haben gesagt, daß das Haus weiß und kahl gewesen ist. Keine Bilder an den Wänden und nichts, was ihm Wärme verliehen hätte. Und trotzdem haben Sie in dieser ernsten Atmosphäre nach Noten gesucht, weil Sie unbekannte populäre Lieder spielen wollten. Was für ein Gegensatz! Auch die Pflege des Flügels ist eine ernste Sache, wie Sie gerade gesagt haben. Das muß wirklich ein sehr ernster Traum gewesen sein.»

Auch Sallys Gesichtsausdruck wurde jetzt ernst.

«Ja, ich glaube, ich verstehe.»

Nachdem wir ihren Traum diskutiert hatten, wollte sie über ihren Vater reden. Sie war sehr beunruhigt, vor allem, weil er gesagt hatte, er leide unter Herzbeschwerden und habe wahrscheinlich nicht mehr lange zu leben. Er hatte erklärt, falls er stürbe, würde er alles Jim und den Kindern vermachen. Doch erstens, sagte sie, wisse sie, daß seine Ängste in Wirklichkeit grundlos seien. Die Familie habe diese Geschichte mit dem Herzleiden schon ein paarmal mitgemacht. Außerdem, wenn er stürbe, hätte ihre Mutter Anspruch auf das gesamte Erbe. Wenn Jim überhaupt etwas erben würde, sagte sie, dann wären das wahrscheinlich ein Geschäftschaos, Schulden und das Problem, ihre Mutter und Großmutter versorgen zu müssen.

«Sehen Sie, ich habe schon früher mitansehen müssen, wie er sich selbst bemitleidet hat. Ich weiß noch, wie er gejammert hat, weil er keine Arbeit hatte. Die ganze Familie hat manchmal tagelang dagesessen und auf den einen Anruf gewartet, der ihm irgendwo einen Job als Sänger vermitteln sollte. Aber der Anruf ist selten gekommen.»

Manchmal sind sich Leute wie Sallys Vater nicht bewußt, wie stark ihre Bindung zu einem ihnen nahestehenden todkranken Menschen ist. Sie bekommen dann leicht das Gefühl, von dem Betreffenden mit in den Tod gezogen zu werden. In ihrem Traum, in dem sie gesund war und mit ihrem Vater einen schönen Spaziergang machte, hat Sally diese Situation vielleicht vorausgesehen. Menschen, die zu Sterbenden in engem Kontakt stehen, haben oft das Gefühl, das sei ansteckend. Das mag teilweise erklären, warum Krankenschwestern und Ärzte so häufig sterbende Menschen meiden. Ethnologen berichten von derartigen Reaktionen bei primitiven Völkern, aber in der modernen Gesellschaft ist dieses Thema noch nicht aufgegriffen worden. Vielleicht steckt hinter den Begräbniszeremonien und dem Trauern unter anderem der Versuch, mit der von dem Sterbenden ausgehenden ansteckenden Wirkung fertig zu werden. Die Zeremonien bieten dem Lebenden eine Art Schutzschild, der ihn psychisch von dem Verstorbenen trennt.

Ich war nicht überrascht, als Sallys Vater eines Tages hereinkam und für sich und seine Tochter ein Stück Kuchen mitbrachte. Er war ein attraktiver, charmanter Mann, aber er machte wirklich irgendwie den Eindruck, als käme er nicht ganz zurecht. Beim Reden sprang er nervös von einem oberflächlichen Thema zum anderen. Er aß seinen Kuchen und verließ dann das Zimmer. Sally seufzte.

«Das große Baby. Kommt es Ihnen nicht auch so vor, als würde er inständig darum bitten, daß man sich um ihn kümmert?»

«Und trotzdem taucht er in Ihren Träumen als positive Figur auf?»

«Oh, ich weiß», seufzte sie.

Als ich dann hinausging, kam Sallys Vater im Gang eilig auf mich zu. Er griff nach meiner Hand, drückte sie fest und sah mir dabei forschend in die Augen.

«Wenn Sie sie doch nur vor all dem hier hätten sehen können!»

«Aber ich sehe sie doch jetzt, und ich finde sie wundervoll. Ich bewundere sie sehr.»

«Sie ist mir immer eine Stütze gewesen ...»

Er schien noch etwas anderes sagen zu wollen, aber ihm traten Tränen in die Augen, und er wandte sich ab.

# KAPITEL DREIZEHN

Während des folgenden Monats besuchte ich Sally, so oft ich konnte. Nicht, daß sie mich gebeten hätte, häufiger zu kommen. Als ich es ihr anbot, hatte sie gesagt, sie wolle nicht, daß ich meine Zeit vergeudete. Ich mußte sie erst davon überzeugen, daß ich bei ihr sein wollte; daß ich dabei war, mein Arbeitsvolumen zurückzuschrauben und daß ich der Ansicht war, viele meiner Analysanden seien bei meinen Kolleginnen und Kollegen genausogut, wenn nicht sogar besser aufgehoben. Ich sagte ihr, daß ich nicht nur persönlich an ihr interessiert sei, sondern auch an dem, was ich von ihr lernte und was anderen Menschen – wozu ich auch mich zählte –, die mit der gleichen Realität konfrontiert seien, eventuell helfen könnte. Vor allem wolle ich gerade jetzt so viel wie möglich bei ihr sein, weil wir uns Mitte Dezember zwei Wochen lang nicht sähen, da ich dann mit meinem Mann, der einen Urlaub dringend nötig habe, nach Bora Bora führe.

So war ich in jenen Wochen also häufig bei ihr und sah traurig mit an, wie ihre verschiedenen Körperfunktionen langsam nachließen. Schon zu Beginn dieser Zeitspanne konnte sie kaum noch sehen. Sie sagte, es scheine ihr, als würde es nachmittags nun früher dunkel. Anfangs konnte sie noch die Lunch-Päckchen genießen, die Jim oft vorbeibrachte, wenn ich gerade bei ihr war. Aber am Ende dieses Zeitraums war sie völlig blind und konnte nicht mehr alleine essen. Doch jedesmal, wenn ich ihr anbot, sie zu füttern, wollte sie nichts davon wissen; sie aß in meinem Beisein nicht mehr. Am Anfang des Monats konnte sie noch ein paar Schritte gehen; sie saß des öfteren für eine kleine Weile auf einem Stuhl oder in einem Rollstuhl, und häufig traf ich sie bei meinen Besuchen im Bett sitzend an. Später wurde sie dann völlig bettlägerig und war manchmal so erschöpft, daß sie, wenn ich sie besuchen kam, nur ihren Kopf etwas höher gelagert haben wollte. Ihre Schmerzen nahmen ständig zu, vor allem im Kopf, und in beiden Oberschenkeln hatte sie nun Schmerzen. Sie hatte neben den Morphiumspritzen bis dahin auch Schmerztabletten bekommen, doch nun wurde es für sie zunehmend schwieriger, Medikamente oral einzunehmen, weil sie häufig brechen mußte. Dadurch wurde sie noch zusätzlich geschwächt.

Viele Wochen lang hatte Sally das Doppelzimmer für sich allein gehabt, aber als das Pflegeheim sich füllte, wurde eine neue Patientin – eine vierzigjährige Frau, die an der Parkinsonschen Krankheit litt – zu ihr aufs Zimmer gelegt. Diese Patientin konnte keinen Stuhl und Urin mehr halten, konnte nicht selbständig essen und war nicht imstande, irgend jemandem ihre Bedürfnisse mitzuteilen. Zuerst war Sally ganz aufgebracht und klagte, daß sie nicht einmal ungestört sterben könne. Beiden Frauen fiel das Schlafen schwer, denn sie hielten sich die ganze Nacht hindurch gegenseitig wach, weil immer wieder die eine oder die andere von ihnen etwas brauchte. Durch die Anwesenheit dieser völlig abhängigen, körperlich immer mehr nachlassenden Frau, deren Inkontinenz für Sally besonders schwer zu ertragen war, wurde Sallys Angst vor der eigenen Hilflosigkeit noch verstärkt. Offenbar behandelten die Krankenschwestern diese Patientin wie ein kleines Kind, flochten ihr Bänder ins Haar, sprachen in Babysprache mit ihr und redeten ihr beim Essen gut zu. Sally fand ihr Verhalten abstoßend. Doch waren die Schwestern immerhin so rücksichtsvoll, uns allein zu lassen, wenn ich kam. Sie schoben dann die andere Frau mitsamt ihrem Bett hinaus, und ich öffnete jedesmal die Fenster ganz weit, um das stickig-warme Zimmer zu lüften.

Anfangs beklagte sich Sally bitter über die im Pflegeheim herrschenden Zustände. Am Abend sei das Haus von einem Lärm wie in einem Irrenhaus erfüllt. Gereizt und aufgebracht erzählte sie mir, wie «schludrig» man auf ihre körperlichen Bedürfnisse eingehe. Aber im Laufe der Zeit gewann sie eine andere Einstellung und beklagte sich weniger und wenn, dann mit weniger scharfen Worten. Sie gewöhnte sich an ihre Zimmergenossin. Ich glaube, die zwei Frauen lernten sogar, sich irgendwie zu verständigen. Sally begriff mit der Zeit, daß sie nicht die einzige war, um die man sich nicht genug kümmerte; sie konnte hören, daß auch andere Patienten immer wieder nach der Schwester riefen.

Zumindest die halbe Zeit über schien Sally sich jedoch in einer extravertierten Phase zu befinden. Sie zeigte sich an verschiedenen Themen interessiert, war lebhaft und erzählte viel von ihren Freundinnen, über deren Kommen sie sich nun mehr zu freuen schien und deren Besuch sie jetzt vielleicht mehr brauchte als je zuvor. Sally füllte bei ihnen immer noch die Rolle der Vertrauten aus. Manchmal war ich erstaunt darüber, wieviel eigene Probleme sie ihr anbrachten. Doch sie schien dankbar für ihr Vertrauen zu sein. Sie redete mit ihnen über ihre Freizeitaktivitäten, über gemeinsame Bekannte, über Kunst und darüber, was in der Stadt so passierte. Zweifellos hatten ihre Freundinnen nun, da sie selbst nicht mehr sehen konnte und ihr die meisten Möglichkeiten für ein extravertiertes Verhalten verwehrt waren, für sie eine wichtige Ventilfunktion.

Es machte ihr Spaß, in dieser extravertierten Weise von ihren Kindern zu erzählen. Sie redete angeregt über Sarahs Pioniergeist – ganz anders als sie in diesem Alter. Sarah wage es, ihren eigenen Interessen und Gefühlen zu folgen. Sie sei in ihren schwarzen Lehrer verschossen: «Stellen Sie sich vor, ihr erster Schwarm!» Sally erzählte, wie stolz Beth auf ihre guten Noten sei, wie gut sie sich anpassen könne, wie prima Sarah reiten und nähen könne, daß sie gerade irgend etwas aus Glasperlen anfertige, daß sie in der Schule ein neues Theaterstück probe und daß sie langsam den Kinderschuhen entwachse.

Die Beziehung zu Jim war wechselhaft – manchmal angenehm, manchmal das genaue Gegenteil. Auch die Schwierigkeiten zwischen ihnen erklärte Sally auf eine extravertierte Art und Weise: Er fühle sich minderwertig, weil er an den Dingen, die sie so quälten, nichts ändern könne, und seine Frustration behindere ihre Beziehung. Beide seien sie Tatmenschen und deshalb so feindselig zueinander. In ihrer Ungeduld könnten sie es nicht ertragen, daß alles so langsam gehe.

Meines Erachtens projizierte sie wieder ihre eigene Psyche auf Jim, wie sie es auch schon in einem ihrer Briefe getan hatte, als sie schrieb, daß sie beide vom Typ her gleich seien.

Ein Element entzog sich dabei ihrer extravertierten Einstellung und blieb während der ganzen Zeit nahezu konstant, und das war der Umstand, daß sie sich ganz gebannt mit dem Schlechten und Bösen beschäftigte. Ihr ganzes Dasein war davon geprägt. Ihr Leben, meinte Sie, sei ganz und gar schlecht. Für sie existiere überhaupt nichts Gutes. Sie sagte, sie könne sich mittlerweile an nichts Gutes in ihrer Vergangenheit mehr erinnern, und obwohl sie wisse, daß es tatsächlich gute Zeiten gegeben habe, könne sie ihrer Erinnerung nicht mehr trauen. Selbst in der Existenz ihrer Kinder würde sie nichts Gutes entdecken, da sie schlechten Einflüssen ausgesetzt seien, vor denen man sie nicht schützen könne. Ich erinnerte sie daran, daß sie selbst mir einmal erzählt habe, wie oft es Fälle von wahlloser, willkürlicher, destruktiver «höherer Gewalt» gebe. «Höhere Gewalt» bezeichnet in der Juristensprache einen Fall von ungeheurer Zerstörung. Dieser Begriff ist eine Art «Versprecher», die unbewußte Erkenntnis, daß im Gotteskonzept sowohl Gutes als auch Böses oder Schlechtes mit eingeschlossen sein kann. Ich sprach davon, wieviel Schlimmes Hunderttausende von Vietnamesen durchgemacht hätten, und sagte ihr in diesem Zusammenhang, daß sie nicht als einzige Böses erleiden müsse. Aber diese Bemerkungen halfen ihr damals nicht.

Sallys Negativität verstärkte bei mir die Überzeugung, daß die Familien und die Freunde von Schwerkranken und Sterbenden wissen sollten, daß diese oftmals böse und pervers erscheinen. Ich fragte mich damals (und tue das auch heute noch), ob es möglich sei, daß am Ende des Lebens das Böse über den Menschen einfach hereinbreche, die Oberhand gewinne und ihm mit seiner allumfassenden Kraft keine Chance lasse, oder ob dieses Problem vielmehr vom Schatten herstamme, analysiert werden könne, und so der Betreffende die Möglichkeit hätte, selbstverantwortlich etwas dagegen zu tun.

Manchmal, wenn ich bei diesem Problem mit dem Bösen nicht mehr weiterwußte, unterhielt ich mich mit meinem Kollegen darüber, der Sally in meiner Abwesenheit betreut hatte. Er fragte oft nach ihr; er interessierte sich auch weiterhin für sie. Er meinte, ich solle versuchen, ihr zu vermitteln, daß sie das Böse irgendwie als einen normalen Teil des Lebens akzeptieren müsse – wie im *I Ging,* wo Licht und Dunkel sich abwechseln. Ihr Platz sei jenseits von Gut und Böse, und deshalb müsse sie lernen, darüberzustehen. Da für ihren Animus die gewöhnlichen Betätigungsfelder blockiert seien, müsse dieser sich nun dem spirituellen Problem zuwenden. Wenn Sally ihr Schicksal akzeptiere und nicht mehr gegen es ankämpfe, wenn sie sich in Gottes Hand begebe und – wie die Chinesen sagen – «mit dem Herzen denke», dann stehe sie über den sich widerstreitenden Gegensätzen. Dann denke sie auf spirituelle und nicht auf intellektuelle Weise – nicht als Denkertypus. Ich dachte, es helfe ihr vielleicht, wenn ich ihr empfehlen würde, sich dem Bösen frontal zu stellen, offen mit ihm zu kämpfen und sich ihm in ihrer Vorstellung und Phantasie zu überlassen, anstatt es – wie ein Mann – verstandesmäßig festzunageln. Das wäre der Weg der Frau.

In der ersten Hälfte dieses Monats wußte Sally von mehreren lebhaften Träumen zu berichten, später klagte sie, daß sie sich an keine Träume mehr erinnern könne, weil die vielen Medikamente sie ganz stumpfsinnig machten. Der erste Traum, den sie mir erzählte, war ein Alptraum, der ihr Kopfzerbrechen bereitete.

*Ich ging zwischen zwei Häusern eine enge Gasse hinunter und schwebte dabei etwa einen halben Meter über dem Boden. Ich trug eine Menge großer Pakete, die voller Haushaltswaren waren, und wegen der Pakete fiel es mir sehr schwer, mich zwischen den beiden Gebäuden hindurchzuzwängen. In einem der Pakete befand sich ein riesiges Einmachglas, das so ähnlich aussah wie das, in dem ich immer die Essiggemüse eingemacht habe.*

«Dieses Über-dem-Boden-Schweben erinnert mich irgendwie an Ihren Traum von der Fahrt auf dem persischen Wagen. Die Medikamente haben möglicherweise mit beiden Träumen etwas zu tun.»

«Das könnte sein. Aber, apropos Pakete: Als die Kinder am Wochenende da waren, hatten sie so viel über Thelma und die ganzen Probleme im Haushalt zu erzählen. Ich vermute, daß der Traum davon gehandelt hat.»

Da ich nicht wollte, daß sie in ihrer wörtlichen Deutung steckenblieb, sagte ich, daß sich dieses Durch-einen-engen-Gang-Hindurchmüssen wahrscheinlich auch darauf beziehe, daß sie das Hausfrauenleben oder das irdische Leben loslasse, um ihre eigenen Ziele weiterzuverfolgen. Sollte das der Fall sein, dann bedeute das einen radikalen Einstellungswandel. Was sie darauf entgegnete, verblüffte mich.

«Ja, wenn man sich durch einen Raum hindurchzwängen muß, der zu eng ist, ist das gerade so wie bei einer Geburt. Finden Sie es nicht merkwürdig, daß die ganzen Träume das gleiche zu sagen scheinen? Es geht ständig um Wiedergeburt.»

Dies war das erste Mal, daß sie eine solche Idee für möglich hielt.

Ein paar Nächte später hatte sie einen Alptraum, der ihr mehr Angst machte als der vorhergehende.

*Ich war ein Krüppel – was ich jetzt ja auch bin – und saß in einem Rollstuhl draußen auf dem Gang. Ich wartete darauf, hereingeholt und vor Gericht gestellt zu werden. Ich hatte Angst. Ich dachte: «Warum soll ich vor Gericht gestellt werden, wenn ich nicht einmal richtig stehen kann?»*

*Zwei Frauen schoben mich in einen großen Saal und gingen dann zu den anderen, die zu Gericht saßen. Es waren fünfzehn Leute, etwa die Hälfte davon Männer, die andere Hälfte Frauen. Sie hatten Polizeiuniformen an, nur waren diese gelb. Sie saßen auf Holzklappstühlen, und ich setzte mich auch auf einen – mitten unter sie. Die Leute waren von ihrer Einstellung her völlig neutral, und die Atmosphäre im Raum war keineswegs bedrohlich, aber irgendwie hatte ich das Gefühl, ich müsse da unbedingt raus, und so brachte ich mich dazu, aufzuwachen.*

Dieser Traum von einer Gerichtsverhandlung deutet auf das religiöse Thema vom «Jüngsten Gericht» hin – ein Thema, das sich in Zusammenhang mit dem Tod bei allen Religionen findet. Bei den alten Ägyptern gab es den Mythos, daß die Mächte der nächsten Welt die Seele in eine Waagschale legten und auf die andere Seite der Waage eine Feder kam, um so die Reinheit der Seele zu beurteilen. Im vorliegenden Traum ist Sally krank, folglich bezieht sich diese Prüfung auf ihr jetziges weltliches und nicht auf ihr auf die Zukunft gerichtetes Bewußtsein.

«Fällt Ihnen dazu irgend etwas ein?»

«Ich frage mich bloß, warum ich so unbedingt herauswollte – warum ich weglaufen mußte. Vielleicht mußte ich es gar nicht, aber ...»

«Dieses Weglaufen-Wollen könnte mit Ihrem alten Autoritätsproblem zusammenhängen, Sally. Gerichtet zu werden bedeutet, daß man eine Autorität oder Amtsgewalt anerkennen und sich ihr unterwerfen muß. Das fällt Ihnen schwer – vor allem, wenn einige der Autoritätspersonen Frauen sind, wo Sie doch die Erfahrung gemacht haben, daß Frauen nur zu oft inferior oder minderwertig sind – Pseudomänner.»

«Das ist wahr. Außerdem erinnere ich mich daran, daß ich im Traum gedacht habe: ‹Oh Gott, ich bin so schwach. Warum muß ich überhaupt vor Gericht gestellt werden?›»

Ja, warum eigentlich? dachte ich in diesem Moment unwillkürlich. Sie war inzwischen so mager und zerbrechlich – ein Blatt, das der Herbstwind bald davontragen würde. Und dieses schreckliche, hervorquellende, blinde Auge!

«Ähnlich geht es Ihnen wohl sicher damit, daß Sie schon so außer Gefecht gesetzt sind und sich immer noch in einem nicht enden wollenden Individuationsprozeß mit sich selbst auseinandersetzen müssen. Ich meine, der Traum sagt auch das. Aber ich glaube auch, daß hinter diesen Botschaften eine andere tiefgründigere zu finden ist. Die Gerichtsszene gibt dem Traum einen archetypischen Rahmen, vor allem bei der nicht bedrohlichen, neutralen Atmosphäre, die Sie schildern. Dies ist außerdem nicht Ihr einziger Traum von einer Gerichtsentscheidung. Ich glaube, beim ersten Mal ging es darum, daß Ihre Hochzeit verschoben werden sollte, erinnern Sie sich noch?»

«Stimmt. Der Hilfssheriff mit der Vorladung. Und dann das Gefängnis.»

Sie wurde munter. Es schien, als schöpfe sie ihre Energie aus einer besonderen Quelle der Lebenskraft. Ich spürte, daß ich in gleicher Weise fortfahren konnte.

«Meiner Ansicht nach ist die Autorität, die in diesem Traum angesprochen wird, nichts anderes als Ihr Schicksal – als die Natur. Und deshalb müssen Sie sie akzeptieren, genauso wie Mutter Erde sich im Einklang mit der unerschütterlichen Bahn der Sonne, des Mondes und der Sterne bewegt. Haben Sie Ihren Traum von Gott vergessen? Die pseudogoldenen Uniformen beziehen sich wohl auf die Sonne, und die Sonne wird schon seit Anbeginn von den Menschen als höchste – männliche und weibliche – Autorität verehrt. Und wenn der Tod Ihr Schicksal ist, brauchen Sie keine Angst vor ihm zu haben. Der Tod ist für jedes Leben das, was die untergehende Sonne für jeden einzelnen Tag ist.»

«Ja, aber das Gelb der Uniformen ist ein unangenehmes falsches Gold gewesen.»

«Nun, Gelb soll auch mit der Phantasie zusammenhängen. Wenn das stimmt, dann erscheint es in Ihrem Traum vielleicht auf negative Art und Weise. Sie sind jetzt in Ihrem Leben mit etwas konfrontiert, das umfassend verstanden sein will. Wenn Sie doch nur einen Weg finden könnten, um sich mit dem unangenehmen Aspekt der goldenen Farbe anzufreunden, damit daraus die wahre Farbe der Sonne werden kann!»

«Ich weiß. Ihr Licht ist mir immer noch unangenehm und macht mir vor der Zukunft Angst. Nein, dieser Traum bietet mir wirklich nichts, an das ich mich halten kann.»

Mit dieser Bemerkung wischte sie die momentane Bestätigung fort. Die Angst, die sie aus ihrem Traum hatte aufwachen lassen, war immer noch in ihr. Ich dachte, es sei das Beste, ihr jetzt etwas Zeit zu lassen und später noch einmal in anderer Weise auf das Thema zurückzukommen.

Mit Farbensymbolik wird schon seit Urzeiten gearbeitet. In der Jungschen Psychologie werden die Farben häufig mit den vier Funktionen in Zusammenhang gebracht. Gewöhnlich steht Blau, die Farbe des klaren Himmels, für Denken. Rot, die Farbe der Leidenschaft und des pulsierenden Blutes, symbolisiert Fühlen. Gelb, die Farbe der Sonne und ihrer Strahlen, wird mit Intuieren gleichgesetzt. Und Grün, die Farbe der Vegetation, steht für Empfinden. Farbvariationen haben ebenfalls eine Bedeutung. Blasse Farben können auf einen Mangel an Vitalität hindeuten. Farbkombinationen wie etwa Purpur (Blau und Rot) lassen darauf schließen, daß die Gegensätze vereinigt sind, etwa bei Themen, die mit königlichen oder priesterlichen Dingen zu tun haben. Orange (Gelb und Rot) scheint bei Menschen, denen Gefühlsäußerungen nicht vertraut sind, auf Unausgeglichenheit und Unberechenbarkeit hinzuweisen. Negative Variationen wie das Pseudogoldene in diesem Traum oder eine unangenehme Malven- oder Himbeerfarbe deuten auf Schwierigkeiten hin.

Als ich später den Traum von dem Gerichtsprozeß mit meinem Kollegen besprach, meinte er, er finde meine Assoziation (gelb – Sonne) zutreffend. Er ergänzte noch, was er über die Inka- und die alte ägyptische Kultur wußte. In diesen Kulturen regierte der Sonnengott an der Spitze der Hierarchie und verkörperte im kleinen die Ordnung und die Befolgung der Gesetze des Universums. Sally, sagte er, sei zweifellos mit den natürlichen Lebensgesetzen uneins, da sie es nicht schaffe, das Leben so zu akzeptieren, wie es sei. Obwohl ich mich bemüht hätte, ihr die chthonischen Bestandteile ihrer vorangegangenen Träume zu verdeutlichen, sei sie immer noch gegen den bereichernden, dunklen Aspekt des Lebens eingestellt. Für sie sei das Dunkle immer noch böse, und da es, um das Helle zu akzeptieren, notwendig sei, auch das Dunkle zu akzeptieren, habe in ihrem Traum zwangsläufig das Gelbe – das Helle – unangenehm sein müssen. Sie könne nicht über dem Dunklen und dem Hellen stehen, solange diese für sie negativ seien. In ihrem Traum von Gott sei sie gezwungen gewesen, ihr Schicksal zu akzeptieren. In ihrer Sehnsucht nach dem Tod habe sie aber jetzt die Bedeutung dieses Traumes aus den Augen verloren und zu ihrer nihilistischen Verliererhaltung zurückgefunden. Das falsche Gold habe die Oberhand gewonnen.

Auch als ich nicht bei Sally war und anderen Dingen nachging, dachte ich immer wieder daran, daß wir an diesen Traum irgendwie anders herangehen mußten. Aus irgendeinem Grunde kreisten meine Gedanken immer wieder um die Zahl fünfzehn – die fünfzehn Richterinnen und Richter in dem Traum. Ich erinnerte mich vage daran, daß sie schon einmal von dieser Zahl geträumt hatte, und als ich meine Aufzeichnungen durchging, fand ich ihren Traum von den fünfzehn jungen Leuten, die fröhlich *Charleys Tante* probten – ebenfalls in einer archetypischen Atmosphäre. In meinen Aufzeichnungen fand ich noch etwas, das in diesen Zusammenhang zu passen schien. Sally gegenüber erwähnte ich es wohl nur, weil sie am Anfang unserer nächsten Sitzung meinte: «Ich habe die ganze Zeit über die fünfzehn Leute nachgedacht – warum fünfzehn?»

«Das habe ich mich auch gefragt. Dr. von Franz hat mir einmal zur Zahl fünfzehn etwas erzählt, das ich so faszinierend fand, daß ich es in meinem Notizbuch festgehalten habe. Anscheinend hat im alten China die Fünfzehn die Matrix der Symmetrie symbolisiert, was das gleiche wie Harmonie, Ordnung und Friede ist.»

«Harmonie, Ordnung und Frieden in einer Zahl? Wie ist das möglich?»

«Damals gab es etwas, das als *Lo Chou's River Plan* bezeichnet wird – Chinas numerische Konzeption des Universums. Es war ein Quadrat, gleichmäßig in neun kleine innere Quadrate aufgeteilt, von denen jedes eine Zahl enthielt. Zusammengezählt ergaben jeweils drei der Zahlen, die entweder vertikal, horizontal oder diagonal in einer Reihe standen, immer fünfzehn. Es war der einzige Zahlensatz, der sich in dieser Weise arrangieren ließ. Er war einzigartig. Die Chinesen haben behauptet, daß Lo Chou das Quadrat von einer großen Schildkröte oder einem drachenartigen Wesen bekommen habe, das aus der Tiefe aufgetaucht sei. Von daher gesehen könnte es eine spontane Schöpfung der tiefsten unbewußten Ebene gewesen sein – möglicherweise aus Lo Chous Unbewußtem.»

«Meinen Sie, das könnte der Grund sein, warum Zahlen schon immer eine Bedeutung für mich gehabt haben: Weil sie aus diesen Tiefen heraufkommen?»

«Das ist möglich. Jedenfalls haben sie auch für mich schon immer einen Sinn gehabt. Anscheinend gibt es nichts Unverrückbareres, Reineres, Ganzheitlicheres als eine Primzahl. Jung hat gesagt, daß Zahlen in Träumen zwar spontan auftreten, daß sie sich uns aber erst dann symbolisch offenbaren, wenn wir ihre Primfaktoren herausfinden. Ihre Fünfzehn ist zum Beispiel drei mal fünf. Jung hat sich sehr für Zahlen interessiert – besonders gegen Ende seines Lebens, als er zu der Ansicht gekommen war, daß sie vielleicht das Bindeglied zwischen Psyche und Körper, zwischen Geist und Materie seien.»

«Oh, das interessiert mich! Das scheint mir den Dingen wirklich auf den Grund zu gehen. Und denken Sie nur: In meinem Traum bin ich Teil des Ordnungsprinzips gewesen! Ich war genau in der Mitte!»

«Ja, tatsächlich. Außerdem hat Ihr Traum das gleiche gleich zweimal gesagt, denn dasselbe Prinzip läßt sich auch auf das Symbol der Sonne anwenden. Die Sonne hört nicht auf zu scheinen, egal wie bleich sie wirkt. Sie ist berechenbar. Ihr Lauf ist so unveränderlich wie Raum und Zeit.»

«Was mir aber immer noch ein Rätsel ist, ist die neutrale Atmosphäre.»

«Nun, wir haben uns schon über andere Träume von Ihnen unterhalten, in denen die gleiche Atmosphäre geherrscht hat. Ich denke da an das Paar in dem Traum mit dem Surfbrett und an Nanny und den roten Fruchtsaft in den Pokalen. Aber ich glaube, in den Träumen sind Sie gesund gewesen, von daher dürften die nichts mit der Gegenwart zu tun gehabt haben. In dem Traum jetzt sind Sie krank. Möglicherweise deutet er an, daß Sie mit dem Tod in Berührung gekommen sind beziehungsweise mit ihm gerungen haben. Falls das zutrifft, ist es kein Wunder, daß Sie sich selbst wachmachen mußten und da rausmußten.»

«Aber diese fünfzehn Polizistinnen und Polizisten waren neutral. Sie haben mich nicht bedroht. Es ist merkwürdig, daß Polizisten in Uniform sich so neutral verhalten.»

«Na, wenn Sie sich das einmal überlegen – sollte die Polizei nicht für Gesetz und Ordnung stehen, gerade so wie die Sonne, die Sterne und die Jahreszeiten?»

Sie nickte und schien mit meiner Antwort zufrieden zu sein.

«Wahrscheinlich sollte ich versuchen, in den Schwesternhelferinnen hier etwas Positives zu sehen, obwohl sie mich manchmal vernachlässigen. Auch sie tragen Uniform, aber deshalb müssen sie noch nicht unbedingt schlecht sein. Trotzdem begegne ich ihnen mit Unwillen. Außerdem muß ich zugeben, daß irgend etwas in mir auch meiner Familie mit Unwillen begegnet und es ihr verübelt, daß sie ohne mich so gut zurechtkommt. Es ist, als wenn ich schon weg wäre. Ich bin für sie zu nichts mehr nütze.»

Durch diese Bemerkung wurde mir klar, wie real das Ringen mit dem Tod in dem Traum für sie gewesen war.

«Nein, Sally, das ist einfach nicht wahr. Sie spielen – als Familienmitglied – in diesem ‹Quartett› noch immer eine wichtige Rolle, auch wenn Sie das nicht so sehen können. Ich gebe zu, die anderen sind besser dran als Sie, aber Sie sind keine Ausgestoßene. Sie tragen für die ganze Familie die Last der Konfrontation mit dem Tod – das ist Ihre Rolle. Wie Sie diese Rolle ausfüllen, ist für Ihre Familie sehr wichtig. Jetzt weiß sie das vielleicht noch nicht, aber später wird sie es wissen.»

Sie erwiderte nichts darauf, aber mir schien, als wolle sie, daß ich weitermachte.

«Ich will Ihnen sagen, als was ich die Familie unter anderem ansehe. Ich glaube, eine Familie hat etwas Archetypisches an sich – wie kürzlich in Ihren zwei Träumen. Sie stellt ein Ganzes dar, in dem nicht nur der Gegensatz von Mann und Frau enthalten ist, sondern auch das Element des Erfolgs und des Mißerfolgs oder Versagens. Dasjenige Familienmitglied, das die Last des Mißerfolgs – manchmal in Form von Krankheit – trägt, stellt die vierte oder inferiore Funktion der Familie dar. Er oder sie kann entweder die Familie herunterziehen oder die Lösung für das Familienproblem sein. Sehr oft wird die Kranke oder der ‹Versager› von den anderen unbewußt zum Schatten der Familie herabgesetzt und wird niemals als Träger der Lösung gewürdigt oder dafür geschätzt, daß er (oder sie) für die Familie die Last ihres Versagens oder Mißerfolgs trägt. Für die Gesellschaft füllt der Clown oder Komiker diese Rolle aus, indem er diese Last trägt. Wenn ich an Ihren Traum von W. C. Fields zurückdenke, meine ich, daß er gerade aus diesem Grunde so wichtig gewesen ist. Er war eine Bestätigung dieser grundlegenden Wahrheit, weil in ihm die Versagerfigur positiv dargestellt wurde – wie immer beim Clown. Würden die Dinge anders stehen, denke ich gerade, hätten Sie vielleicht Ihr Leben ändern können, indem Sie Ihr Talent als Komikerin genutzt hätten, so wie sie das in dem Traum getan haben.»

Dort, wo ihr wahres Talent blockiert war, war sicher eine Menge Energie aufgestaut worden. Und da sie blockiert war, hatte sie sich wohl in Form von Krebs gegen Sally gewandt. Wenn Krebszellen wuchern, ist das letzten Endes ein negatives Zeichen von Energie.

Etwa fünf Tage nachdem Sally geträumt hatte, vor Gericht zu stehen, erzählte sie mir eines Nachmittags einen Traum, den sie vorher gehabt hatte, als sie kurz eingenickt war.

*Sie kamen mich im Pflegeheim besuchen. Ich lag im Sterben, und Sie hielten mich in den Armen. Sie erzählten mir eine alte Indianergeschichte von den ‹Diggers›. Ich hatte keine Angst vor dem Sterben.*

Sie schien etwas verlegen zu sein, als sie mir diesen Traum schilderte. Ich erinnerte mich, daß sie mir, als wir uns das erste Mal getroffen hatten, von einem Traum erzählt hatte, in dem ihre Freundin Carla sie in den Armen hielt. Als sie mir damals den Traum schilderte, war sie noch viel verlegener gewesen – wohl, weil sie ihn zu einer Zeit gehabt hatte, als sie gerade wieder neue Kräfte sammelte, nachdem sie schon fest mit dem Tod gerechnet hatte. Ich meinte, dieser Traum, der so kurz auf den anderen vom Gerichtsprozeß gefolgt war, zeige, daß sie aus jenem gelernt habe. Ich erinnerte sie an noch einen anderen Traum vom Sterben, in dem sie nachts auf eine funkelnde Stadt hinabgeblickt hatte. Auch er war positiv gewesen – alles war in Ordnung. Dann bat ich Sally um mehr Einzelheiten zu dem letzten Traum.

«Sie haben mir eine Geschichte von ‹Coyote› oder vom ‹Weißen Wolf› oder der ‹Froschfrau› erzählt. Jedenfalls ist es eine von den indianischen Legenden gewesen, die ich vor dem Einschlafen im Radio gehört hatte.»

Irgendwie konnte ich mich gut in ihren Traum einfühlen und hörte mich auf einmal von den Chumash-Indianern erzählen, die man früher irrigerweise «Diggers» nannte und die mir in meiner Kindheit ein Begriff gewesen waren. Ich erzählte Sally von den weißen Coyoten auf unserer Ranch und von meiner Kindersuche nach dem weißen Hirsch. Diese Albinos waren zwar äußerst selten, aber es hatte doch immer die Möglichkeit bestanden, auf einen zu treffen. Sallys Traum rief in mir viele alte Erinnerungen an die Wildnis wach, die ich mit ihr teilte. Ich erklärte ihr, daß der weiße Wolf beziehungsweise der weiße Coyote als Gott oder Aspekt des Selbst für die Indianer ein äußerst wichtiges Symbol darstelle. Der Coyote verkörpert Kreativität. Er ist ein Erdsymbol, das sowohl Gutes als auch Böses in sich vereint. Er kennt die chthonische Welt. Er ist für die Indianer das, was W. C. Fields und Ed Wynn in den zwanziger und dreißiger Jahren für unsere Gesellschaft waren. Er hat weder Anfang noch Ende und steht außerhalb des Gesetzes. Mit seinen Streichen wühlt er alle möglichen Dinge auf und bringt die Leute dazu, in neuen Bahnen zu denken, indem er sie in peinliche und manchmal auch schreckliche Situationen bringt. In vielen indianischen Legenden ist er eine zentrale Figur.

«Ich habe schon so lange nicht mehr von einem Tier geträumt. Wissen Sie, ich bin froh, daß meine Kinder dort, wo sie leben, der Natur so nahe sind. Ich halte das für sehr wichtig.»

Da Sally immer ein Stadtmensch gewesen war, brauchte sie vielleicht diese natürliche Seite des Lebens, um ganz zu werden. Das erklärte einen Aspekt unserer Beziehung: Aufgrund meiner Herkunft war ich mit der Tierwelt vertraut. Für Sally könnte das Tier ein Bindeglied zum Selbst sein. In diesem Fall gliche es der vierten Funktion.

Ich erzählte Sally von einer alten Indianerin, die wir im Südwesten in der Wüste gesehen hatten. Sie saß vor einer aus Reisig gefertigten Hütte – ganz allein und meilenweit von ihren Leuten entfernt. Unser Fahrer, ein Navajo-Indianer, erklärte uns, daß sie auf ihren Tod wartete.

Sallys Gesicht leuchtete auf.

«Das erinnert mich an ein Buch, das ich einmal gelesen habe, es hieß *Eskimo*. Darin macht sich eine alte Frau auf, um sich dem Tod zu stellen. Ich glaube, es ist besser, wenn man rausgeht und sich dem Tod stellt, als wenn man wartet, bis er einen einholt.»

«Vielleicht haben sie genau das in dem Traum getan, in dem Sie in der Wüste diese hoganartige Hütte gebaut haben.»

Als ich mich bei meinem nächsten Besuch Sallys Zimmer näherte, hörte ich sie ausrufen: «Mein Gott! Hört das denn nie auf?!»

Sie wälzte sich im Bett hin und her. Gleichzeitig mit mir kam eine Krankenschwester ins Zimmer und gab ihr eine Spritze, um die Schmerzen zu lindern. Als ihre Schmerzen nachgelassen hatten, fragte ich sie, ob das jetzt ein neuer Schmerz sei.

«Ich muß gestern nacht im Schlaf den Oberschenkel, der genagelt worden ist, irgendwie falsch gedreht haben. Er hat mir am Morgen so weh getan, daß ich den Arzt holen lassen mußte. Der hat gesagt, auch wenn der Knochen wieder gebrochen wäre – man könnte jetzt nichts mehr tun; ich müßte die Schmerzen eben, so gut es geht, ertragen. Da wären wir also. Es ist genau so, wie ich erwartet habe. Direkt nachdem ich mit dem Arzt geredet hatte, habe ich einen Traum gehabt. Auch er zeigt, wie sehr ich schon abgebaut habe. Da ist aber auch diese merkwürdige Wendung. Hören Sie mal her!»

*Ich nahm an einem Ärztekongreß teil, der in einem großen Raum stattfand. Die Wände, die Decke und der Boden des Raumes waren mit schwarzem Filz bedeckt. Ich befand mich inmitten des ganzen Treibens und trug eine Uniform oder ein Kleid, das ganz weiß war und schillerte und leuchtete. In der Saalmitte waren allerlei Gerätschaften und Apparate zu sehen. Es liefen etwa fünfundzwanzig Ärzte im Raum herum; sie trugen weiße Kittel und Hosen. Sie standen kurz vor einer Entdeckung. Die Luft knisterte vor Spannung.*

Dieser Traum ähnelt dem vom Gerichtsverfahren, aber er gibt Hoffnung. In beiden Träumen gleicht sich die Stimmung; in beiden herrscht eine merkwürdige Atmosphäre. Sally ist wiederum die zentrale Figur, und wie in dem Traum vom Gericht tauchen auch hier Uniformen auf. Sally trägt in diesem Falle eine besondere Uniform, während die anderen ihre normalen weißen Kittel anhaben.

Die schwarzen Filzwände, die alles Licht absorbieren, deuten auf einen Blackout hin. Das schillernde, leuchtend weiße Kleid steht zu diesem Schwarz in extremem Gegensatz; die Gegensätze treten hier dramatischer als je zuvor in Erscheinung. Sally trägt das merkwürdige weiße Licht des Bewußtseins gegen die Schwärze der Nacht an. Könnte es sein, daß ihr Tod prophezeit wird? Könnte es sein, daß die bevorstehende Entdeckung der Tod ist – die endgültige Befreiung? Wenn es so wäre, ergäben sich in der Tat magische und wunderbare Folgerungen; es wäre etwas, auf das man gespannt sein könnte. In diesem Traum akzeptiert Sally den Tod, denn sie befindet sich inmitten des Dramas der Gegensätze. Sie ist nicht bei der pseudogoldenen Einstellung stehengeblieben, sondern hat sich weiterentwickelt.

Am wichtigsten ist, daß Sally an dem Kongreß gleichberechtigt teilzunehmen scheint. Es gibt Anzeichen dafür, daß sie dabei ist, für sich selbst zu einer Autorität zu werden, statt in der Rolle der hilflosen, abhängigen Patientin zu verharren. Das ist eine Voraussetzung für die Individuation. Ein weiterer Hinweis auf die Individuation ist das Alter der Ärzte. Vierzig ist nicht nur ein mittleres Alter, die Lebensmitte, sondern ist vier – die Zahl der Vollständigkeit, der Totalität – mal zehn. Ich habe schon viele Träume gehört, in denen das Alter derjenigen, die sterben mußten, vierzig Jahre war.

«Sally, sehen Sie, daß der Traum eventuell sagt, der körperliche Verfall sei eigentlich unwichtig, weil die Lösung des ganzen Problems fast da ist?»

«Das finde ich ja gerade so seltsam.»

Um diese Zeit herum erzählte Sally mir noch einen anderen Traum.

*Ich war auf einer Auktion, die im Freien, am Strand, stattfand, und als es um drei reich verzierte, viktorianische Stühle ging, bot ich mit. Sie sollten fürs Eßzimmer sein. Wegen dieser beabsichtigten Anschaffung kam es zwischen Jim und mir zu einer heftigen Auseinandersetzung. Ich gab zu, daß ich die Stühle weder wollte noch brauchte, aber sie waren so günstig zu bekommen. Jim sagte mir, es sei ein großer Fehler, aus einem solchen Grund irgend etwas zu kaufen. «Kauf dir nur das, was paßt und richtig ist – egal zu welchem Preis; alles andere laß liegen!» sagte er. «So, jetzt weißt du meine Meinung, und nun tu, was du nicht lassen kannst!» Ich beschloß, die Stühle nicht zu nehmen.*

«Wissen Sie, ich habe erst in den letzten paar Jahren gelernt zu warten, bis ich genug Geld hatte, um mir das Richtige zu kaufen, anstatt einen Kompromiß einzugehen und mir nur das Billige, das ich mir leisten konnte, zu kaufen.»

«Nun, das Einkaufen kann zu einer Frage des Denkens und Fühlens werden, scheint mir. Menschen, die vom Denken bestimmt werden – und auch empfindungsbestimmte Menschen –, sprechen leicht auf Sonderangebote an. Anders als gefühlsbetonte Menschen werden sie von dem Wert, der den Sachen innewohnt, weniger beeindruckt. Bei Sonderangeboten muß man oft einen Kompromiß eingehen, und dabei ist dann die Funktion des Fühlens nicht wirklich beteiligt, denn die bedeutet, daß man entweder für oder gegen etwas ist; bei ihr ist etwas entweder passend oder unpassend, wertvoll oder nicht.»

«Und ich glaube mittlerweile, daß Jim nicht der gleiche Typ ist wie ich. Vielleicht ist er letzten Endes doch ein gefühlsbestimmter Typ, und aus dem Grund habe ich mich im Traum dann seiner Autorität gebeugt und beschlossen, die Stühle nicht zu kaufen.»

«Ja, aber denken Sie daran: Der Jim im Traum, das sind auch Sie gewesen – Ihr Bemühen um Gefühl. Sie haben sich endlich von Ihrem inneren Führer, Ihrem Gefühl, beeinflussen lassen.»

«Das mag stimmen, und doch haben wir uns gestritten; also gibt es zwischen uns immer noch irgendwelche Reibungspunkte. Im Moment sind wir uns wirklich nicht sehr nah. Und ich weiß, daß es da nicht gerade nützt, wenn ich meine Wut an ihm auslasse. Wenn er sich bloß dazu äußern würde, was zwischen uns beiden geschieht und uns daran hindert, uns nah zu sein!»

«Ich bin auch Ihrer Meinung, Sally, daß er ein gefühlsbestimmter Typus ist. Ich glaube, daß er dazu noch introvertiert ist, und solche Leute können sich oft nicht verständlich machen. Und weil er so ein Typus ist, kann er auch die Kritik und die Wut nicht ertragen, die Sie von Zeit zu Zeit loswerden müssen. Wenn Sie negativ geladen sind, zieht er sich zwangsläufig zurück – aber das kann man nun mal nicht ändern.»

Wenn es Sally gelänge, so dachte ich, die Schwierigkeiten darauf zurückzuführen, daß sie beide unterschiedliche Typen seien, würde sie sich vielleicht nicht mehr so verletzt fühlen; dann würde die Beziehung von ihrer Seite her nicht noch zusätzlich erschwert werden. Sie beide hatten nicht die Zeit, um an den Reibungspunkten zwischen ihnen viel zu ändern, und ich war deshalb bestrebt, Sally begreiflich zu machen, daß ein Großteil ihrer gemeinsamen Schwierigkeiten daran lag, daß sie beide – genau wie andere miteinander verheiratete gegensätzliche Typen – sehr wenig Objektives voneinander wußten. Ich wollte Sally nicht mit dem Gefühl des Versagens belasten, das hätte ihre nihilistische Haltung nur verstärkt.

Sie kam von neuem auf ihr altes Problem zu sprechen, daß sie und Jim nicht mehr miteinander schliefen. Ich erinnerte sie an einen ihrer ersten Träume über das Thema Hochzeit und Ehe, der nach ihrer eigenen Assoziation von ihrer Hochzeit mit Jim gehandelt hatte. Ich sagte ihr, daß ihr Unbewußtes die Hochzeit offensichtlich zum wichtigsten Punkt auf ihrer Liste gemacht habe und es für das Unbewußte gleichgültig sei, ob es sich um eine spirituelle oder sexuelle Vermählung handele.

Bei meinem letzten Besuch in diesem Zeitraum war Sally ungewöhnlich müde, und während sie an diesem Tag ruhte, las ich ihr Auszüge aus Jungs Schriften vor, die sich mit den Archetypen beschäftigen. Ich kam auf das Thema der Trickster-Figur in der Mythologie zu sprechen und füllte es mit eigenen Gedanken über

Coyote und eine ähnliche Figur aus der römischen Mythologie namens Merkur aus. Sally lächelte, als ich das Wort «Trickster» aussprach, und sagte: «Ich habe gewußt, daß Sie im nächsten Atemzug Coyote erwähnen würden.» Sie hatte im Radio noch mehr Indianergeschichten des Autors Jaime de Angulo gehört, die sich um Coyote als Trickster drehten. Ich sagte ihr, der Trickster – Coyote und Merkur oder Hermes – sei eine Figur, die verschiedene Dinge zusammenführen könne. Er versöhne Gegensätze miteinander, und – wenn man den Tod als Gegenpol zum Leben ansieht – dann söhne er die Lebenden mit dem Tod aus. Ich erinnerte Sally daran, daß sie geträumt hatte, sie läge sterbend in meinen Armen und ich erzählte ihr eine Geschichte von Coyote; sie reagierte auf diese Bemerkung mit einem freudigen Laut.

Auf einmal begann sie leise zu klagen, ihr Leben sei ganz und gar schlecht. Sie sagte, sie wisse, daß sie eigentlich an die Existenz des Guten glauben sollte, wo doch Jim und ihre Freunde und ich so gut zu ihr seien und auch einige der Helferinnen warmherzig und hilfsbereit für sie sorgten, obwohl sie sie doch gar nicht kannten. Aber trotz dieser Anhaltspunkte sei das Gute für sie nie ganz wahr.

Das Gute war für Sally deshalb nie ganz wahr, weil sie nicht akzeptieren konnte, daß es aus dem Schlechten oder Bösen hervorging. Sie hatte eben einen Zusammenhang zwischen Coyote – einer Figur, zu der sie sich hingezogen fühlte – und dem Schlechten in ihrem Leben gesehen. Hätte ich damals so viel gewußt wie heute, hätte ich ihr vielleicht helfen können, das Schlechte stärker zu akzeptieren, indem ich hervorgehoben hätte, daß Coyotes Kreativität normalerweise wenig mit angepaßtem Verhalten und Gutsein zu tun habe.

«All das Gute habe ich schon am Anfang meines Lebens gehabt», fuhr Sally fort. «Jetzt bekomme ich all das Schlechte. Es ist, als wenn ich in einem düsteren, engen, endlosen Korridor wäre.»

Ihre Worte kamen aus weiter Ferne. In diesem Moment schien Sally kaum noch in ihrem abgezehrten Körper zu stecken.

«Sie sind in einem Tunnel, nicht wahr?»

«Ja, ganz genau.»

Ich erzählte ihr, was mir zu diesem Thema einfiel. Anscheinend tauchen Tunnel in Träumen von Menschen auf, die nicht wissen, wohin sie unterwegs sind, die sich festgefahren fühlen und nicht wissen, wohin sie sich wenden sollen – bei Menschen also, deren Leben sich gerade in einem Übergangsstadium befindet. Alles ist düster, unbekannt und sinnlos und bleibt es auch so lange, bis man am anderen Ende wieder ans Licht kommt und die Depression nachläßt. Tunnel weisen auf das Thema des psychischen Todes und der psychischen Wiedergeburt hin. Ich sprach davon, daß der Geburtskanal einem Tunnel gleiche, und ich erinnerte sie daran, daß sie geträumt hatte, sie müsse sich in einer engen Gasse zwischen zwei Gebäuden hindurchzwängen; auch dort sei es dunkel und schwierig gewesen. Ihr Schweigen und ihre Unzugänglichkeit zwangen mich nun, positiver zu werden.

«Sally, sehen Sie denn nicht: Wenn da Dunkelheit ist, gibt es bald auch Licht! Wo Schlechtes ist, muß es auch Gutes geben. Zu allem gibt es einen Gegenpol. Bisher sind Ihre Träume so herrlich kreativ gewesen. Ich bin sicher, daß sie all das Schlechte kompensieren, mit dem Sie tagtäglich konfrontiert sind. In der Hinsicht haben Sie recht, wenn Sie sagen, daß nur das Schlechte wirklich ist. Aber ich muß Sie immer wieder an das erinnern, was fehlt. Erinnern Sie sich noch an Ihren Traum von dem Ärztekongreß? Da hat ein Durchbruch kurz bevorgestanden!»

Mit einem Ruck kam sie aus weiter Ferne zurück und sah mich wütend an.

«Ein Durchbruch? Das könnte nur ein Durchbruch zum Schlechten sein. Eine Überraschung? Das könnte nur eine böse Überraschung sein. Sehen Sie das denn nicht? Um mich herum ist nur Schlechtes. Und da bin ich nun mal und werde nie mehr woanders sein!»

Ihr Gesicht bekam wieder Farbe, und ihre Stimme hatte einen kräftigen, beinah frohlockenden Klang. Ich konnte nicht begreifen, warum sie so aufs Schlechte hin orientiert war. Aber die darin enthaltene Energie hatte ihre Lebensgeister wieder geweckt.

# KAPITEL VIERZEHN

Sallys Gedanken kreisten immer mehr um das Schlechte und Böse, und mir wurde zunehmend klarer, daß wir mit Hilfe des Archetyps des Trickster Zugang zu diesem dunkelsten Bereich finden konnten. Sally schien instinktiv zu wissen, daß diese Figur ihr nun helfen könnte, die starren Grenzen ihres Verstandes zu überschreiten. Vielleicht ließ sich das Böse oder Schlechte integrieren, das – wie es ja bei Coyote zum Ausdruck kommt – zugleich unerhört, unberechenbar, subtil und raffiniert ist. Während ich Sally dazu etwas vorlas, schaute ich ab und zu auf und sah, daß ihr Gesicht vor Interesse aufleuchtete; so wußte ich, daß wir auf dem richtigen Weg waren. Diese Figur war nicht nur bedeutungsvoll in Sallys Träumen aufgetaucht – vor allem in dem von W. C. Fields –, sondern war auch stark in den Kriminalgeschichten vertreten, die sie sich jetzt gerne auf Schallplatten anhörte.

Dann begann ich, ihr auch über andere Archetypen etwas vorzulesen, und war bemüht, mich dabei nach den Themen zu richten, die sie selbst gerade ansprach. Als sie mir zum Beispiel von Sarahs Reitkünsten erzählte, las ich ihr etwas über die Symbolik des Pferdes vor. Sally schien ein großes Bedürfnis danach zu haben, sich den Symbolen der Natur zu nähern – den Sternen, dem Mond, der Sonne, dem Meer, den Tieren, den Bäumen und der Erde. Tatsächlich schien sie jetzt die meiste Zeit über tief in sich selbst zu leben.

Ich las ihr etwas über den Mutterarchetyp vor. Aus Jungs *Symbole der Wandlung* las ich Hiawathas «Lied vom Tod» sowie einen Abschnitt, der beschreibt, wie die Sonne im Dunkel der Nacht versinkt und stirbt. Ich las ihr etwas über Hiawathas Großmutter Nokomic vor, die eine Art Erdweisheit verkörpert. Sally sagte, sie empfinde all das als gut, und so wußte ich, daß sie, trotz ihres Leidens und ihrer Schmerzen, offensichtlich psychische Nahrung brauchte, die sie auf diese Weise bekam. Obwohl sie sich nicht genug konzentrieren konnte, um zwischen meinen Besuchen über das Vorgelesene nachzudenken, schien sie doch allein das Erlebnis des Zuhörens zu befriedigen.

Während der nächsten vierzehn Tage ging ich jeden Tag für eine Weile zu ihr, denn ich wußte, daß es für sie eine mühselige, häufig schmerzvolle und angsterfüllte Zeit war. Außerdem war ich mir der Tatsache bewußt, daß ich schon bald für zwei Wochen verreisen würde. Sally äußerte wiederholt, daß sie sterben wolle – würdevoll sterben, in ein friedliches Vergessen versinken. Allerdings gab es in diesen zwei Wochen später auch Zeiten, in denen alles, was ich tun konnte, darin bestand, ihr kurz etwas vorzulesen, während sie mit geschlossenen Augen zuhörte und nur dann etwas sagte, wenn irgend etwas sie tief drinnen anrührte. Sie sagte mir wiederholt, es helfe ihr sehr, daß ich ihr etwas von den Archetypen vorläse. Ich wurde mit der Zeit immer überzeugter davon, daß Sally von diesem Material in die andere – archetypische – Welt gezogen wurde, die sie betreten mußte. Das war vielleicht der Weg, sie mit der Individuation und dem Tod bekannt zu machen.

Sie sagte, sie rufe im Schlaf immer noch «Mutter!», und ein Mann, der in einem Zimmer am Ende des Ganges im Sterben liege, rufe es auch. Aus diesem Grund gefalle es ihr besonders zu hören, daß das Meer ein Muttersymbol sei, von dem das Leben herkomme und zu dem es zurückkehre.

Der Ruf nach der Mutter bei so vielen sterbenden Patienten legte für mich die Vermutung nahe, daß zwischen dem Tod und dem Mutterarchetyp vielleicht ein Zusammenhang besteht. Es stärkte meine wachsende Überzeugung, daß Frauen sich besonders gut als Therapeutinnen für sterbende Menschen eignen.

Sally erwähnte, daß sie schon oft vom Meer geträumt habe. Wir unterhielten uns über den phonetischen Zusammenhang zwischen dem deutschen, lateinischen und französischen Wort für «Meer» und dem jeweiligen Wort für «Mutter». Als Sally daran gedacht hatte, Missionarin zu werden, hatte sie, worin wir beide übereinstimmten, vielleicht mit Hilfe von «Mutter Kirche» nach dem Mutterarchetyp gesucht, und zwar, weil sie selbst eine unzulängliche Mutter gehabt hatte.

«Alles Leben hat seinen Ursprung im Meer. Das ist auch die Meinung der Wissenschaft. Ich wünschte, Sie könnten versuchen, sich das Meer als die Mutter vorzustellen, nach der Sie im Schlaf rufen. Dann könnte das Unbewußte vielleicht den Rest erledigen und das friedliche Vergessen herbeiführen, nach dem Sie sich sehnen.»

«Nein, das wird niemals so einfach für mich sein. Für mich wird sich nie etwas Gutes ereignen. Das Sterben wird für mich ein entsetzlicher Kampf sein. Am Ende steht dann der Tod.»

«Oh, Sally, ich wünsche mir sehr, Sie würden Ihre Sicht erweitern! Ich erinnere mich, wie Sie einmal zugegeben haben, daß viele Ihrer Träume die Wiedergeburt zum Thema haben. Auch das Meer bedeutet Wiedergeburt.»

«Ich will nur ewigen Frieden – sonst nichts. Ich will nur ins Meer zurücksinken. Für mich könnte sich niemals etwas Gutes ereignen – auch im Tod nicht. Da bin ich mir sicher.»

Wieder einmal mußte sie das Negative auf den Tisch bringen, und wieder einmal mußte ich für sie positiv sein. Wäre sie eine normale Patientin gewesen und keine Frau, auf die der Tod wartete, hätte ich sie allein gelassen, damit sie zu den Tiefen ihres Negativismus hinabgelangen könne. Doch eine normale Patientin war sie nie gewesen, und so wagte ich es nicht. Ich empfand sie als nicht stark genug dazu. Deshalb brachte ich für sie das Positive ein, ohne jemals zu wissen, ob meine Entscheidung richtig war.

Eines Nachmittags, während sie still ruhte, las ich ihr einen Abschnitt über das regressive Verlangen, zur Mutter zurückzukehren, vor. Für Menschen, die – so las ich – statt sich zurückziehen zu können, die Herausforderung des Lebens annehmen müßten, konstelliere ein derartiges Verlangen den Archetyp der schrecklichen Mutter – den verschlingenden Aspekt der Mutter – und symbolisiere die fürchterlichste Gefahr. Sie öffnete die Augen und stieß atemlos hervor: «Ja, genau so ist es!»

Wieder einmal war ich beeindruckt, wieviel stärker Sally sich vom Schlechten und Bösen angezogen fühlte als von irgend etwas sonst und wie das ihre Lebensgeister zu wecken schien. Es sah fast aus, als wäre sie danach süchtig. Vielleicht regte die Vorstellung von der schrecklichen Mutter Sally deshalb so an, weil sie bei ihr psychische Lücken schloß. Bei ihrer eigenen Mutter fanden sich keinerlei Elemente einer menschlichen Manifestation der schrecklichen, verschlingenden archetypischen Mutter. Hätte sie etwas mehr davon gehabt, wäre sie für Sally eventuell eine echtere und bessere Mutter gewesen. Für Sally hätte sich dann vielleicht aus der unbekannten Seite ihrer Mutter etwas Positives ergeben.

Allerlei Fragen stürmten auf mich ein. Wie ließ sich dieses Böse oder Schlechte, das Sally lähmte, verstehen? Hatten diese bösen Kräfte Sallys verdrängte chthonische Sinnlichkeit, die sich im Schatten verbarg, infiziert? War Sallys Widerstandskraft durch die grausame, lange Krankheit schon so sehr geschwächt, daß es nicht mehr in Frage kam, mit Hilfe des Bewußtseins diese Kräfte abzulenken? Konnte es sein, daß das, was Sally damals dazu gedrängt hatte, Missionarin zu werden – was immer das auch gewesen sein mochte –, auf der Kehrseite dieses Hingezogensein zum Bösen enthielt? Lag diese Verbindung mit dem Bösen aus irgendeinem unbekannten, lebenslang gültigen Grund ihrem Wesen zugrunde? War es eine Verbindung mit einer Eigengesetzlichkeit – weit umfassender, unpersönlicher und unterordnender als alles, was wir sonst im menschlichen Leben kennen? In ihrem Traum von Gott war Sally seine gleichberechtigte Partnerin gewesen. War sie nun mit Gottes anderer Seite – dem Bösen – verbunden?

Ich dachte an ihren Traum von der Schlange, die an einem Rad festgebunden war. Damals war Sally von der Schlange genauso fasziniert gewesen wie jetzt vom Bösen. Ich erinnerte mich, wie sie sie trotz des Risikos, gebissen zu werden, hatte füttern müssen, und sagte ihr, daß in ihrer Einstellung, alles sei böse und schlecht, vielleicht etwas Positives stecke. Indem sie alles als schlecht ansehe, setze sie sich zwar keinen Überraschungen oder Enttäuschungen mehr aus, verhindere aber auch, daß sie noch auf etwas hoffen und nach etwas streben könne. Wenn alles so schlecht stehe, daß es nur noch besser werden könne, könne der Tod eventuell auf eine unterschwellige Art und Weise positiv sein. Vielleicht, so sagte ich, sei das eben ihre Art, aufzugeben, mit der Landschaft zu verschmelzen, im Tod zu nichts zu werden, damit sie endlich Ruhe und Frieden finden könne. Möglicherweise hoffte Sally unbewußt darauf, sicherzustellen, daß nach dem Tod etwas Gutes – eine Wiedergeburt – geschehe, indem sie jetzt dem Schlechten und Bösen auf diese Weise ihren Respekt zollte.

«Vielleicht konzentrieren Sie sich auf das Schlechte, um sicherzugehen, daß Sie den Frieden finden, den Sie suchen.»

«Irgendwo schon – ja. Aber ich tue es auch, um zu verhindern, daß ich in der Zeit, die mir noch bleibt, von irgend etwas überrascht werde.»

Das konnte ich ihr nachfühlen. Erst jetzt begriff ich, daß sie das Böse vor sich herschieben mußte. Sie sagte, sie habe ihre negative Einstellung bekommen, als sie ins Krankenhaus gebracht und wegen der Oberschenkelfraktur operiert worden sei. Damals fing ihre Sehkraft an nachzulassen, und die große Hoffnung, die sie sich nach meinen ersten Besuchen machte, habe sich dadurch zerschlagen, weil sie nun weder lesen noch Mandalas malen konnte. Ich dachte unwillkürlich, daß meine Abwesenheit im Spätsommer zu ihrem Gefühl der Hoffnungslosigkeit wahrscheinlich mit beigetragen hatte. Jetzt verging die Zeit so langsam; es fiel Sally sehr schwer, die Monotonie ihres Lebens zu ertragen.

In dieser Phase sagte sie mir einmal: «Nur zwei Dinge helfen mir: die Blindenbücher und Sie.»

Dann lächelte sie.

«Ich meine das nicht so, in der Reihenfolge. Aber die Bücher halten länger als Sie.»

Die wohlbegründeten Ängste vor dem körperlichen Verfall verfolgten Sally auch weiterhin. Sie erzählte mir, sie sei letzthin nicht in der Lage gewesen, eine Schallplatte mit einer Kriminalgeschichte umzudrehen, weil ihr Arm zu schwach war. Sie sprach wieder davon, daß sie Angst davor habe, in ein Koma zu fallen und dann vor sich hinvegetierend am Leben gehalten zu werden. Ich versicherte ihr erneut, daß Jim das niemals zulassen würde. Ihr Arzt würde sich um sie kümmern, wenn das geschähe, dessen sei ich gewiß. Sie erzählte mir, erst kürzlich sei der Arzt ins Zimmer gekommen und habe ihr ein besonderes Mittagessen mit einem Glas kühlen Weißweins gebracht. Diese Geste habe sie rührend gefunden. Dennoch könne sie sich nicht darauf verlassen, daß der Arzt tue, was sie wolle.

Da ihre Schleimhäute häufig ausgetrocknet waren, fiel ihr das Atmen und Schlucken bisweilen schwer; vor allem nachts hatte sie große Angst, wenn sie nicht mehr richtig Luft bekam. Wir waren beide der Ansicht, daß ihre Furcht, keine Luft mehr zu bekommen, eine Angst vor dem Tod sei. Ich hielt es für unbedingt erforderlich, daß wir weiterhin miteinander über ihre Angst vor dem Tod redeten. Heute glaube ich tatsächlich, daß es Sally gelang, den Kontakt zu ihrer Familie und ihren Freundinnen und Freunden aufrechtzuerhalten, weil sie sich bei unseren Treffen bemühte, sich dem Problem des Todes zu stellen und ihre Ängste auszusprechen. Wäre es ihr nicht ermöglicht worden, sich darum zu bemühen, hätten ihre Ängste – unabhängig davon, ob sie sie angesprochen hätte oder nicht – zwischen ihr und den Menschen, die sie besuchen kamen, eine Barriere geschaffen. Wegen ihrer eigenen Ängste vor dem Tod hätten die Besucher nicht mit Sallys verdrängten Ängsten zurechtkommen können.

Zu Beginn dieser Phase berichtete Sally von einem lebhaften Traum. Die Örtlichkeit, so sagte sie, sei ihr nicht vertraut.

*Ich war in einem Pflegeheim – etwas ausgefallener und luxuriöser als das hier, aber ansonsten genauso: modern und ganz und gar reizlos. Ich war krank, konnte aber herumlaufen. Ich beschloß, nach draußen zum Schwimmbecken zu gehen und stellte fest, das es fast wie ein Hallenbad war: Es war von einer Zeltstoff-Pergola überdacht. Ungefähr fünfzig oder sechzig verkrüppelte und verunstaltete Männer, die vom Alter und Aussehen her ganz verschieden waren, lagen am Rand des Beckens. Sie hatten Narben, und es fehlten ihnen einzelne Gliedmaßen, aber sie hatten keine Schmerzen. Was ihnen zugestoßen war, gehörte offensichtlich der Vergangenheit an. Die Männer waren sonnengebräunt.*

*Eine alte, gebrechliche, dürre Krankenschwester kam aus dem Haus. Sie packte mich und zog mich mit den Worten fort: «Das hier ist nur für Männer!»*

In den ersten Jahrhunderten nach Christus waren überdachte Schwimmbecken im Nahen Osten oftmals Teil der Kirchengebäude. Die Basiliken von Rom besaßen außerdem Becken für die Taufe. Die verkrüppelten Männer symbolisieren den Animus, der eine Art Regeneration oder Taufe durchmacht. Als Repräsentant einer auf die äußere Welt gerichteten Aktivität ist der Animus nach und nach gestutzt worden. Die Arme und Beine sind abgetrennt worden, um Gelegenheit für eine spirituelle Entwicklung zu geben.

Sonnenbräune ist ein Zeichen, eine Kennzeichnung. Die sonnengebräunten Männer verkörpern Sallys Animus, und zwar den noch unverwirklichten, denn sie treten in einer Gruppe auf. Gleichzeitig aber wird der Animus durch die Gruppe besonders hervorgehoben. Es ist, als hätten diese Männer, die ebenso wie Sally Qualen gelitten haben, «Gott geschaut»; als hätten sie sich der Sonne ausgesetzt und seien von ihren Strahlen und auch durch das Eintauchen in das Wasser des Beckens geheilt worden. Hätte Sally in wachem Zustand Gott geschaut, dann – so stelle ich mir vor – hätte sie vielleicht eine spontane Heilung erfahren.

Als ich geraume Zeit später mit Dr. von Franz die symbolische Bedeutung der Sonnenbräune diskutierte, meinte sie, diese könne darauf hindeuten, daß Werte sozusagen von außen nach innen gelangen. Das Dunkelwerden des Äußeren bedeutet, daß das, was außen war, nun nach innen gewandert beziehungsweise in einen inneren Wert verwandelt worden ist. Im Tod ist es, als würde ein Geheimnis des Lebens nach innen gelangen, wobei dann die Außenseite dunkel wird. Der Tod ist die dunkle Außenseite.

Wiederum steht Sally unter der Fuchtel der alten Krankenschwester - der kontrollierenden, bedrohlichen Frau, die wie ein inferiorer Mann, ungeachtet der näheren Umstände, die Vorschriften einhält und Sally von dem Heilpotential fernhält, das im Schwimmbecken vorhanden ist. Sallys unbewußte Identifizierung mit der negativen Seite ihrer Mutter – die sie als hexenartige Frau, als Frau ohne Instinkt verinnerlicht hat – ist möglicherweise das eigentliche Böse, das sie von den Tiefen fernhält, die ihr die Männer am Beckenrand wünschen. Aufgrund dieser Identifizierung setzt Sally sich so herab und fürchtet den körperlichen Verfall über alles und glaubt, ohne ihren Körper sei sie nichts. Sallys Mutter hätte die Anweisungen der Krankenschwester sicherlich nachgebetet. Sie hätte wohl kaum gutgeheißen, daß ihre Tochter sich einer Gruppe von Männern anschließt, die in den Tiefen gewesen waren und «Gott geschaut» hatten.

«Am nächsten Morgen bin ich ganz früh mit diesen fürchterlichen klopfenden Schmerzen aufgewacht – genau diese Kopfschmerzen, die ich noch nie aushalten konnte. Ich habe nach der Krankenschwester geläutet, aber es ist niemand gekommen. Ich habe entsetzliche Angst gekriegt. ‹Mutter!› habe ich gerufen. Ich wollte raus. Ich habe mich danach gesehnt zu sterben.»

«Sie haben nach der Mutter gerufen, die für Sie wie Nanny wäre: die sorgende Mutter, die Ihnen helfen würde, instinktiv zu sterben.»

«Oh ja. Und die mich von dieser schrecklichen Frau wegholen würde. Die Schwester hat mich wissen lassen, daß ich in diesem Heilwasser nichts zu suchen habe – es war nur für Männer. Da war etwas Gutes, das ausschließlich für sie da war. Ich durfte daran nicht teilhaben – genauso wie ich jetzt an Jims Leben nicht teilhaben kann. Warum haben Frauen so oberflächliche, langweilige Rollen? Jim hat schon immer ein besseres Leben gehabt als ich. Sogar als ich noch gesund war, ist es so gewesen. Er hat immer schon mehr Freiheiten gehabt. Und inzwischen ist es gar keine Frage, wer ein besseres Leben hat. Er kommt rum, kann geschäftlich verreisen – in ein paar Tagen macht er das schon wieder. Er kann mit Freunden zusammensein und auf Parties gehen – heute abend kann er mich nicht besuchen kommen, weil er auf eine Party geht. Dafür hasse ich ihn. Ich beneide ihn – das ist es. Ach, wenn ich doch nur laufen könnte!»

«Na, kein Wunder, daß Sie neidisch sind – wer wäre das nicht! Aber schauen Sie sich Ihren Traum genau an: Die Männer halten Sie nicht zurück!»

«Das ist wahr. Es ist die Frau in mir, die das für die Gesellschaft durchdrückt. Wenn da nicht ihre Rachsucht wäre, hätte ich vielleicht schon vor langer Zeit mein eigenes Leben gelebt. Vielleicht wäre ich dann jetzt nicht krank.»

Es war Anfang Dezember, als sie mir zum letzten Mal einen Traum schilderte.

*Jim und ich waren auf einer Art jüdischem Wohltätigkeitsbasar. Ich war krank und saß im Rollstuhl. Es gab Leute, die handgefertigte Sachen verkauften, und außerdem viele andere, die zwischen den Ständen hin- und hergingen. Wir trafen ein paar alte Freunde von uns, die Beckers. Die suchten für mich einen Platz, an dem ich mich hinlegen konnte, und verschwanden dann wieder. Während ich mich hinlegte, schob Jim meinen Rollstuhl zu einem Tisch hinüber, an dem Erfrischungen ausgeschenkt wurden, besorgte auch für sich einen Stuhl, den er neben meinen Rollstuhl stellte, und kehrte dann zurück, um mich zu holen. Als wir schließlich zusammen am Tisch anlangten, saßen zwei alte Damen auf unseren Stühlen. Ich erkannte diejenige, die in meinem Rollstuhl saß. Sie ist in unserer Stadt in verschiedenen Clubs aktiv, und ich mag sie. Aber sie weigerte sich, von meinem Stuhl aufzustehen, weil sie dort zuerst gewesen sei, wie sie sagte.*

*Zwei Polizisten kamen und erboten sich, die Frau aus meinem Rollstuhl zu entfernen, wenn ich sie anzeigte, aber das wollte ich nicht. Jim und ich beschlossen, nach Hause zu fahren.*

«Ihre Assoziationen?»

«Nächste Woche ist Chanukka. Unsere Freunde, die Beckers, die mich vergangene Woche besucht haben, sind Juden. Und sie haben mir erzählt, wie sie mit ihren Töchtern, die genau so alt sind wie Sarah und Beth, Chanukka feiern. Ich glaube, die Feiertage sind zum Gedenken an die Flucht der Juden aus Ägypten. Wie dem auch sei – es ist ein Lichterfest, an dem getanzt wird. An jedem der acht Abende dieses Festes wird eine Kerze angezündet.»

Die in den Clubs engagierte Frau, das ist auch Sally – der Teil von ihr, der nicht aufgeben will und zu sagen scheint: «Du kannst mir keinen Bären aufbinden!» Sally kann diese schlechte alte Angewohnheit anscheinend nicht ablegen. Jetzt ist es dafür wahrscheinlich zu spät. Sie leidet zu sehr unter Schmerzen, Erschöpfung und Hoffnungslosigkeit, um noch die Kraft zu haben, diese Angewohnheit zu ändern.

Wiederum ist die Polizei nicht bedrohlich. Auf dieser Ebene kann Sally Autorität akzeptieren.

Die Flucht aus Ägypten – Sallys irrtümliche Assoziation – stellte vielleicht etwas Neues in ihrem Unbewußten dar, das dabei war, sich von der pseudomännlichen, autoritären Frau (der Club-Frau), einem weiblichen Gegenstück zu König Herodes, abzuwenden. (Mit dem Chanukkafest wird in Wirklichkeit die Rettung Israels durch die Makkabäer gefeiert, die als Erlöser angesehen wurden.) Wie die Hexen-Schwester verkörpert auch die Club-Frau die negative, patriarchalische Wirkung auf die Frauen, die den weiblichen Neuaufbruch bedroht. In der Vergangenheit hatte Sally das innere Leben verleugnet und sarkastisch negiert. Im Unbewußten war nun die alte Ordnung (König Herodes) dabei, abzutreten.

Bei der Besprechung des Traumes tauchte die Idee des Monotheismus auf, und wir unterhielten uns darüber, wie der Überlieferung zufolge das Christuskind (symbolisch das Selbst) von Joseph und Maria nach Ägypten gebracht worden war, um dem Erlaß des Königs Herodes beziehungsweise dem Bösen zu entgehen. Herodes, die weltliche Macht, fürchtete die Konkurrenz der spirituellen Macht in Christus; daher war es ein Krieg zwischen der irdischen und der spirituellen Welt.

Ich sagte Sally, daß die Club-Frau in dem Traum meiner Meinung nach eine Art Jagdhund-Animus sei, der ihre Weiterentwicklung blockiere.

«Sie ist aber eine sehr nette Frau», entgegnete sie traurig.

Nach diesem regressiven Traum vom Aufgeben bemerkten Jim und ich bei Sally eine Veränderung. Sie schien ihre Willenskraft verloren zu haben, und von da an wirkte sie sehr viel stiller und ferner. Jim erzählte mir, daß er häufig bei ihr am Bett sitze und nur ihre Hand halte. Ihr falle das Reden schwer, aber sie scheine ihn nah bei sich haben zu wollen, und es dauere nun immer länger, bis sie ihn bitte zu gehen. Dieser körperliche Kontakt schien jetzt in ihrem Leben der wichtigste Aspekt zu sein. Jim wußte das, und er begann sich zu fragen, ob er die geplante Geschäftsreise nicht besser absagen solle. Aber ich sagte ihm, er solle nur fahren. Wir wüßten seine Reiseroute, und ich würde ihn nötigenfalls anrufen und bitten zurückzukommen. Ich hoffte verzweifelt, er würde verstehen, daß sich für Sally eine der letzten Aufgaben in diesem Leben auf ihre Beziehung zu ihm konzentrierte.

Weihnachten rückte näher. Sally sagte mir, es bedeute ihr nichts und sie wolle damit nichts zu tun haben. Es habe sie geärgert, daß Jim sie gebeten habe mitzuentscheiden, was man wem in der Familie schenken solle.

«Ich kann mir ganz gut vorstellen, wie Ihnen dabei zumute ist, Sally. Für Sie muß das alles oberflächlich erscheinen. Sie fühlen jetzt auf einer viel tieferen Ebene, und Kollektivität ist da unwichtig.»

«Gut, daß Sie das sagen – jetzt geht es mir gleich besser; vor allem, weil ich wegen gestern abend noch ein bißchen ein schlechtes Gewissen habe: Ein paar Schulkinder sind hier im Heim gewesen, um Weihnachtslieder zu singen und uns Geschenke zu bringen, und ich habe sie hinausgeworfen.»

«Das kann ich verstehen.»

Sie erzählte mir mit ziemlichem Vergnügen, daß sie und Jim sich in der Vergangenheit zu Weihnachten und zum Geburtstag tropische Fische geschenkt hätten. Das liege viele Jahre zurück, und diese Fische hätten sie längst nicht mehr, aber jetzt, zu Weihnachten, begännen sie damit, den Kindern tropische Fische zu schenken. Sally hörte aufmerksam zu, als ich ihr die wunderschönen Fische beschrieb, die es rings um Bora Bora gebe, wohin ich ja bald fahren würde.

Am nächsten Tag erzählte sie mir, daß sie in der Nacht mit einer entsetzlichen Angst aufgewacht sei. Es sei zwar nichts Ungewöhnliches für sie, voller Angst aufzuwachen, aber bisher sei es eher eine unbestimmte Angst gewesen; diesmal jedoch sei sie ganz klar deshalb aufgewacht, weil «ihr tropischer Fisch unbedingt ihre Aufmerksamkeit gebraucht» habe. Es sei ihr schwergefallen, den Krankenschwestern ihre Angst zu erklären, weil es nur eine Einbildung gewesen war. Wir überlegten, womit diese Angst zu tun gehabt haben könnte. Ich war auf reine Vermutungen angewiesen und deutete die Angst folgendermaßen: Jim und Sally hatten sich in all den Jahren tropische Fische geschenkt, und in diesem Jahr wollten sie ihren Kindern welche schenken; ich hatte erwähnt, daß ich schon bald die schönen Fische von Bora Bora sähe. Die Fische symbolisierten den Kontakt, den Sally mit uns allen hatte; und nun hatte sie den Kontakt zu den Kindern größtenteils verloren. Mit dieser Erklärung konnte Sally etwas anfangen.

Dann las ich ihr alles vor, was ich in Jungs *Symbole der Wandlung* über Fischsymbolik finden konnte. Vieles davon befaßte sich mit dem Thema Tod und Wiedergeburt, und diesmal wandte Sally nichts dagegen ein. Sie schwieg und hörte aufmerksam zu.

Sehr leise und mit geschlossenen Augen sagte sie dann: «Es ist merkwürdig, wie sehr Kinder die Geschichte von Jonas und dem Wal mögen. Ich glaube, diese Geschichte ist wohl überall auf der Welt tief unten in der Psyche als Thema vorhanden. Ich schaue auf das Aquariumglas – es zeichnet ein Muster auf die Wand.»

Sally hatte einen flüchtigen Blick in die Welt der Archetypen getan.

Bei meinem letzten Besuch meinte sie: «Sie können ruhig wegfahren. Wir haben in letzter Zeit sowieso nichts anderes tun können, als einfach beisammen zu sein. Ich freue mich, daß dieser Bekannte von Ihnen, der Analytiker, wieder vorbeikommt.»

Ich sagte ihr, daß ich ihrem Wunsch gemäß Jim gebeten hätte, einen Tag früher nach Hause zu kommen. Er habe sein wichtigstes Meeting hinter sich und könne es deshalb einrichten, schon am morgigen Tag wieder da zu sein.

«Ist er verärgert gewesen? Bin ich die alles verschlingende Mutter, wenn ich ihn bitte zurückzukommen?»

Obwohl ihre Worte anklingen ließen, daß sie wegen dieser Bitte ein schlechtes Gewissen hatte, hörte ich aus ihnen doch auch heraus, daß es ihr Vergnügen bereitete, auf der Seite des Destruktiven zu sein.

«Nein, Sally. Jim muß wissen, daß Sie ihn wollen und daß Sie ihn brauchen und ihn gern haben. Sie zeigen ihm Ihre wahren Gefühle, wenn Sie zum Ausdruck bringen, daß Sie ihn jetzt nah bei sich haben wollen.»

Als ich ihr anbot, von Bora Bora etwas für die Kinder mitzubringen, willigte sie freudig ein. Ich war gerührt, denn vorher hatte sie von mir niemals etwas annehmen wollen.

Mit ihrer Einwilligung schien sie mir auf ihre Weise zu sagen, daß ich fahren solle. Ich spürte, daß sie genau wie ich wußte, daß die Analyse zu einem Ende gekommen war, daß wir aber Freundinnen bleiben würden, egal was auch geschehen mochte. Bei den letzten drei oder vier Besuchen hatte sie mich gebeten, ihr etwas vorzulesen, da sie zu sehr unter dem Einfluß von Beruhigungsmitteln stehe, um zu reden. Sie beklagte sich nicht und war mir gegenüber warmherzig. Sie redete nicht mehr von dem Bösen, das sie gequält hatte. Sie sagte mir, daß es für sie im Leben jetzt das Wichtigste sei, Jims Hand zu halten. Ich wußte, ich würde ihr schreiben, um sie daran zu erinnern, daß ich in Gedanken bei ihr war. Ich hoffte sehr, daß meine Einschätzung richtig sei und sie zu diesem Zeitpunkt wirklich nichts mehr von mir wollte. Obwohl ich Sally von Berufs wegen alles gegeben hatte, was ich geben und was sie annehmen konnte, war ich sehr traurig darüber, diese Freundin, die doch so krank war, verlassen zu müssen.

Als die Zeit des Abschieds gekommen war, nahm ich Sallys knochige Hand. Ihr Wesen war noch schwach da; von ihrer körperlichen Gegenwart war jedoch schon fast nichts mehr vorhanden.

«Ich werde immer an Sie denken.»

«Ich werde auch an Sie denken.»

# KAPITEL FÜNFZEHN

Ende Dezember schrieb ich aus Tahiti an eine Freundin: «Gestern nacht habe ich von Sally geträumt. Sie war dabei zu genesen, wieder gesund zu werden. Ihre Haut hatte eine Farbe wie die der Polynesier: dunkel und kupferfarben, als habe die Sonne sie gebräunt. Ich habe schon von anderen Menschen ähnliches geträumt, kurz bevor sie gestorben sind. Nach meinem Gefühl ist sie entweder schon in den Tagen nach meiner Abfahrt gestorben oder es kann jetzt jeden Tag so weit sein.»

Sally starb im Januar am frühen Nachmittag des Tages, an dem ich aus Tahiti zurückkehrte. Jim teilte mir am Telefon mit, daß sie in ihrem geschwächten Zustand drei Tage vor ihrem Tod schließlich eine Lungenentzündung bekommen habe. Sie sei in ein Koma gefallen, so daß er nicht wisse, ob sie ihn noch erkannt habe oder nicht, aber er sei bei ihr gewesen, als sie gestorben sei. Er habe Urlaub genommen, als ich fort gewesen sei, erzählte er, und sei zweimal am Tag zu ihr gegangen, aber sie hätten nur über oberflächliche Dinge geredet. Ich sagte ihm, daß sie meines Erachtens alle wichtigen Themen behandelt hätten. Ihm schien sehr daran zu liegen zu hören, daß zum Schluß eine gute Verbindung zwischen ihnen beiden bestanden und er richtig gehandelt habe. Ich lobte ihn aufrichtig. Sally bis zum Ende beigestanden zu haben, wie er es getan hatte, war wirklich eine Leistung, und ich wollte, daß er wußte, wie sehr ich das bewunderte.

Als ich meinen Kollegen anrief, las er mir Sallys letzten Traum vor, den er aufgeschrieben hatte.

*Ich war eine Palme – die mittlere von drei Palmen. Es stand ein Erdbeben bevor, durch das alles Leben zerstört werden würde, und ich wollte nicht durch das Beben umkommen.*

Als er sie um Assoziationen zu diesem Traum bat, hatte sie geantwortet, daß sie irgendwie an ihren ersten Traum erinnert werde – den, von dem sumerischen Turm. Die Palmen erinnerten sie an die hängenden Gärten von Babylon. Das erinnerte mich sogleich an meinen eigenen Traum von der braunhäutigen Sally, die gut und gerne in einem Klima leben mochte, in dem Palmen gediehen.

Das Erdbeben könnte für Krebs gestanden haben, und Sallys Wunsch im Traum, von ihm nicht gewaltsam zerstört zu werden, war in Erfüllung gegangen: sie starb still an einer Lungenentzündung, ehe das Beben sie töten konnte. Ein Erdbeben würde in der Tat die Zerstörung der Erde und des Hauses – für Sally war das ihr Körper – bedeuten. Das einzig wahrhaft beständige Element in ihrem Leben war ihre körperliche Existenz gewesen; diese wirkte für sie außerdem als Bollwerk gegen das Wahnsinnig-Werden. Daß Sally starb, ehe sie zerstört wurde, bedeutet, daß sie vorbereitet beziehungsweise bereit war.

Am eindrucksvollsten an diesem letzten Traum, dessen Aussage Sally irgendwie magisch auf eine mythische Ebene zu heben schien, war ihre Assoziation der Palme zu dem sumerischen Turm aus ihrem ersten Traum. Die hängenden Gärten bezogen sich ebenfalls auf ihren ersten Traum. Vor vielen Jahrhunderten galten diese Gärten als Gärten der Götter und waren Teil der Zikkurat, die aus matriarchalischer, prähistorischer Zeit stammte.

Welche mächtige Wirkung die Baumsymbolik hat, ist seit der Zeit der ersten Zivilisationen ersichtlich. Der kosmische oder Weltenbaum strebt nach oben zum Himmel und nach unten zur Hölle und vereinigt beide mit der Erde. Der Baum ist ein Produkt der Natur und als solches für das menschliche Leben notwendig. Die Palme spendet sowohl Nahrung als auch Flüssigkeit und kann in diesem Sinne als ursprünglicher Baum des Lebens angesehen werden. Im Altertum war die Palme das Symbol Ishtars, der Göttin der Liebe. In einer Legende heißt es, Maria sei unter einer Palme geboren worden. In dem Traum ist Sally der Baum – ein bleibendes Symbol für alle Zeit. Und sie ist der mittlere Baum – sie steht zwischen den Gegensätzen, ähnlich wie Christus am Kreuz zwischen den beiden Dieben hing. Anders als in ihrem ersten Traum taucht hier kein Buch oder irgendein anderer Mittler auf. Dieser Traum führt sie durch einen Ort menschlichen Leidens in das Reich der Archetypen, in dem wie in der Natur alles im Gleichgewicht ist.

Der Baum enthält symbolisch gesehen viele Gegensatzpaare: männlich und weiblich, Leben und Tod, aufwärts-und abwärtsgerichtetes Wachstum, vertikales und horizontales Wachstum. Er ist ein androgynes Symbol, das ein harmonisches Zusammenkommen des Männlichen und Weiblichen verkörpert. Das Drama der Gegensätze und ihrer Aussöhnung ist sowohl das Thema als auch das Ideal einer wahren Ehe. Und zweifellos beschäftigte Sally sich während der ganzen Zeit unserer Freundschaft ständig mit Hochzeit und Ehe.

Zu Sallys Traum paßt, was von neolithischen, matriarchalischen Gesellschaften des Mittleren Ostens berichtet wird: dort war der Baum, den man Ascherah nannte, das Symbol der höchsten Göttin. Der Baumstamm wurde bei einigen der ältesten uns bekannten Volksstämme auch als Grabstätte benutzt. Ich sah einmal in einem Museum einen solchen Baumstamm, in dem ein Leichnam gelegen hatte. Diese Assoziationen stützten meine Idee, daß Sally, die im Sterben eins mit dem Baum war, selbst die Mutter geworden war, nach der sie im Schlaf gerufen hatte – die Mutter, die sowohl Leben gibt, als es auch zur Ruhe bettet. Nun hatte Sally vielleicht die ewige Ruhe erlangt, nach der sie sich so gesehnt hatte.

In einem Seminar gab Jung einmal eine germanische Sage wieder: «Die letzten Menschen verschwinden in den Bäumen, aus denen sie ursprünglich einmal hervorgekommen waren. Die Welt des Bewußtseins macht dem Vegetativen Platz. Der Baum ist das sich erneuernde unbewußte Leben, das ewig weiterbesteht, wenn das menschliche Bewußtsein abstirbt.»

Ihr letzter Traum deutete zusammen mit Hinweisen aus früheren Träumen darauf hin, daß Sally eine Art ganzen Kreis vollendet beziehungsweise ein Resümee gezogen hatte. Nachdem sie schließlich die Aufgabe erfüllt hatte, die ihr in ihrem ersten Traum und noch einmal in ihrem Traum von Gott gestellt worden war, war sie – so hoffte ich – als Muttergottheit friedlich zum unbewußten ewig bestehenden Leben zurückgekehrt.

Ich saß still da, während mir diese Gedanken im Kopf herumgingen und ich von starken Emotionen überwältigt wurde, die bis zum nächsten Tag anhielten. Ich erkannte deutlich, wie heldenhaft Sally gewesen war; ich war von dem Gedanken erregt, daß sie ihr

Lebensproblem möglicherweise gelöst hatte und nun alles in Ordnung sei; und ich war erleichtert, daß sie endlich nicht mehr körperlich zu leiden brauchte. Das alles könnte eine teilweise Erklärung für die äußerst starken Emotionen sein, von denen ich auf so merkwürdige Weise befallen wurde. Ich hatte sogar das eigenartige Gefühl, daß Sally in der Nähe sei und versuche, mit mir in Verbindung zu treten.

Sallys Leben und Tod werfen manche Fragen auf, die letztlich unbeantwortbar sind. Offensichtlich hatte ihr Unbewußtes den Prozeß der Vorbereitung auf den Tod übernommen und im letzten Traum ihr Leben zur Vollendung geführt. Als sie in ihren letzten Wochen so still vor sich hinlebte, könnte sie meines Erachtens dem Unbewußten nahe gewesen sein und im Reich der Archetypen gelebt haben, wo alles für ihren Tod vorbereitet wurde.

Viele ihrer Lebensumstände arbeiteten gegen sie. Sie war jung, und für einen jungen Menschen kann es schwer sein, die Archetypen zu erfassen – und doch war sie gezwungen, in so kurzer Zeit die Haltung eines alten Menschen anzunehmen. Die Eltern hatten ihr nicht genug Sicherheit gegeben, sie selbst war psychologisch unbeschlagen, hatte die Verbindung zu ihren Instinkten verloren und hatte starke Schmerzen. All das wirkte sich gegen sie aus – sogar ihr glänzender Verstand. Daß sie ein praktisch veranlagter Mensch mit einer starken Empfindungsfunktion war, erwies sich in mancher Hinsicht ebenfalls als Hemmschuh. Intuitiven Menschen fällt es viel leichter, existierende Möglichkeiten mit Hilfe von aus dem Unbewußten kommenden Botschaften zu erfassen (was Sally als «das ganze mystische Zeug» bezeichnet hatte). Doch bei Sallys harter, empfindungsbetonter Lebensweise im Hier und Jetzt schien alles, was sie in der Welt erlebte, als Vorbereitung auf ihren Tod zu dienen. Aufgrund ihrer aus der Erfahrung entstandenen Beziehung zu jedem Zoll ihrer eigenen Zerstörung lebte sie intensiver, als es intuitive Menschen tun, und sie mochte mehr Themen behandelt und sich somit mehr bewußt gemacht haben, als sie zum Ausdruck bringen konnte. Sie bereitete sich auf den Abschied von einem Leben vor, das sie gründlicher als andere erfahren hatte. Sie hatte vielleicht nicht bewußt alle der Aufgaben erfüllt, die ihre Träume ihr stellten; aber wenn man von der Unparteilichkeit der Natur ausgeht, dann zählt im Leben das Bemühen, und Sally bemühte sich in der Tat sehr darum, die ihr auferlegte Arbeit zu erledigen.

Auf uns beide übten Zahlen einen unwiderstehlichen Reiz aus;

wir waren von ihnen fasziniert. Nach Sallys Tod ging mir ständig durch den Kopf, wie häufig in ihren Träumen die Zahlen drei und vier aufgetaucht waren. Und die Bedeutung, die sie in ihrem ersten und in ihrem letzten Traum gehabt hatten, beschäftigte mich ganz besonders. Diese Gegensätze (gerade und ungerade, passiv und aktiv, weiblich und männlich) traten gleichgewichtig auf und schienen in allen ihren Träumen kaleidoskopartig ineinander verwoben zu sein. Sallys Traum vom Einzug in das Haus ihrer Mutter handelte von vier Frauen aus drei Generationen, die alle unter der Ägide eines männlichen Symbols standen – des dreieckigen (dreiseitigen) Flügels. In einem weiteren Traum vom Umziehen träumte sie fünf Tage später von drei Menschen aus drei Generationen. In diesem Traum war Sally aktiv und suchte nach unbekannten Schlagern, die sie spielen wollte; diesmal unter der Ägide eines weiblichen Symbols – des viereckigen (vierseitigen) Flügels. Bevor Sally erkrankte, hatte in ihrem Leben die Drei eine maßgeblichere Rolle als die Vier gespielt. Bis zu ihrer Hochzeit war Sally eine fromme, gläubige Anhängerin des christlichen Glaubens, und bei diesem ist die Dreifaltigkeit eines der Hauptsymbole. In den letzten sechs Monaten ihres Lebens wurde sie durch die Jungsche Psychologie mit dem Gedanken der Individuation bekannt gemacht, die durch die Zahl vier und deren Vielfaches sowie durch das Quadrat und den Kreis symbolisiert wird. Sally griff nach diesen für sie neuen Konzepten und malte in Zeiten großer Belastung Mandalas, und diese Bilder gaben ihr ein Gefühl von Frieden und Ordnung. Sie fing an, sich für Zen-Buddhismus zu interessieren, und fand dadurch Zugang zu östlichem Gedankengut, das die Betonung eher auf die innere Erfahrung als auf äußere Aktivität legt. Schließlich war das Zusammenspiel der Zahlen drei und vier auch in Sallys Alltag deutlich sichtbar geworden.

In ihrem Traum von dem Turm erlebte Sally die Zahl vier. Sie stieg zur Turmspitze hinauf und konnte die Stadt-Welt unter sich überblicken. Das war eine Leistung. Von so hoch oben konnte sie in den vier Himmelsrichtungen alles sehen. Wenn man vom Auftauchen des Buches absieht – welches anzeigte, daß es noch mehr zu lernen galt, also auf einen Anfang schließen ließ –, so hätte das Sallys letzter Traum sein können. Paradoxerweise handelt ihr letzter Traum aber von der Drei. Und doch war Sally in ihren letzten Lebenstagen ruhig und gelassen, als ob sie sich selbst endlich ganz akzeptiere und bereit sei zu sterben. War sie zur Zeit ihres ersten

Traumes vom Bewußten her im Zustand der Drei und vom Unbewußten her in dem der Vier, zur Zeit ihres letzten Traumes hingegen unbewußt im Zustand der Drei und bewußt in dem der Vier? Vielleicht waren für Sally die Zahlen drei und vier gegensätzlich aber gleichwertig – zwei unterschiedliche Symbole der Vollendung. Die Drei mußte bei der Vier sein und die Vier bei der Drei, damit Sallys ganze Geschichte zum Ausdruck kam.

Die Frage der Wiedergeburt tauchte immer wieder auf. Sallys Unbewußtes betrachtete den Tod anscheinend ganz und gar nicht als etwas Endgültiges: In ihren Träumen fanden sich zu viele Hinweise auf die Wiedergeburt. Man kann zwar unendlich viele Vermutungen anstellen, doch letztlich bleibt das Geheimnis ungelöst. Soviel steht allerdings unumstößlich fest: Unabhängig davon, was diese Träume für Sally vielleicht bewußt bedeuteten und ob sie wirklich daran glaubte, gaben sie uns die Gelegenheit, miteinander in Kontakt zu kommen und eine Beziehung aufzubauen, die sich ansonsten vielleicht nur sehr stockend entwickelt hätte. Sally war eine äußerst wortgewandte und nachdenkliche Frau, die jedoch kein Gespräch in Gang bringen konnte. Die Träume gaben für unseren geistigen Austausch einen notwendigen Ausgangspunkt ab, und im Laufe der Zeit ließen wir uns immer tiefer aufeinander ein. Für einen Sterbenden ist eine solche tiefgehende Beziehung äußerst wichtig; sie kann eine sonst gefährliche Isolation durchbrechen. Ihre Träume halfen Sally in den letzten sechs Monaten ihres Lebens, ihren Verstand und ihre Lebensenergie darauf zu konzentrieren, etwas Ernsthaftes zu leisten. Durch die beschäftigte sie sich mit ihrer Individuation, und so wurde ein positives und behutsames Dahinscheiden erst möglich gemacht. Sonst wären diese Monate vermutlich nur voller Schmerzen, Langeweile, Qual und Demütigung gewesen.

Wie kann ich am besten schildern, was diese Erfahrung für mich bedeutete? Sally gab mir die Gelegenheit, mich mit ihr Tag für Tag über die tiefgründigsten Themen des Lebens tiefgehend auszutauschen. Sie selbst steckte mitten in diesen Problemen und war bereit, sie nach besten Kräften mit mir zu diskutieren. Ihre Fragen veranlaßten mich, tiefer in die Mythologie, Religion und Geschichte einzudringen. Das Buch aus ihrem ersten Traum hätte auch mein Buch sein können. Ich erlebte ihren Tod als einen normalen Prozeß und gleichzeitig als ein Ziel, das für jeden Menschen in der großartigen Zusammenfassung seines Lebens bestehen kann.

Noch wichtiger war mir, daß mein Kontakt zu Sally uns beiden half, von den in unserer Gesellschaft vorherrschenden ausschließlich destruktiven Aspekten des Todes abzukommen. Direkt vor meinen Augen litt ein mutiger Mensch, dessen Kampf Jungs Ansicht bestätigte, daß der Schatten im Sterbeprozeß nur dann eine grauenhafte Rolle spielen kann, wenn man im Leben keine Notiz von ihm genommen hat. In den sechs Monaten meines Arbeitens mit Sally lernte ich, daß man sein Schicksal akzeptieren muß, welche Unbilden und Launen des Schicksals auch kommen mögen, und daß man bereit sein muß, wenn der Tod droht, alles loszulassen, was einen ans Irdische bindet. Am wichtigsten war für mich schließlich die Entdeckung, daß man so voll wie möglich leben und den tiefen regenerativen Wurzeln des Lebens – symbolisiert durch den Baum – vertrauen muß, so wie Sally am Ende vertraute. Durch den Individuationsprozeß erhält der Tod seine lohnendste Perspektive. Der Tod wird so zu einem Teil des Lebens, und man lebt erst wirklich, wenn man seine Realität akzeptiert hat.

# ERLÄUTERUNG DER TRAUMSYMBOLE

**Seite 1:** Einem Siegel aus vorkolumbianischer Zeit nachempfunden. In manchen alten Kulturen glaubten die Menschen, ein Hund würde sie in den Tod geleiten. Die Maya glaubten, daß gelbe Hunde Führer zum Tod seien.

**Gegenüber Titelseite:** Die alte Mondkatzengöttin Bast, die als Symbol des Bewußtseins, des Lichts und des Heilens verehrt wurde, ist ein weibliches Symbol.

**Seite 267:** Jung glaubte, der Baum symbolisiere das sich regenerierende, unbewußte Leben, das ewig fortbestehe, auch wenn das menschliche Bewußtsein längst ausgelöscht sei.

# GLOSSAR DER JUNGSCHEN BEGRIFFE

**Aktive Imagination:** Bei dieser von C. G. Jung entwickelten Technik wird die Kritikfähigkeit des Verstandes vorübergehend aufgegeben, damit es zwischen ihm und spontan auftretenden unbewußten Inhalten zu einer Wechselwirkung kommen kann. Der Verstand läßt dabei zu, daß die Bilder, Stimmungen, Zwangsvorstellungen oder Gefühle, die aus dem Unbewußtem entspringen, sich selbständig entwickeln – ihr Eigenleben haben –, während er sich aktiv mit ihnen auseinandersetzt, mit ihnen interagiert und so ein Szenario schafft. Häufig wird dem Erlebnis eine konkrete – meist schriftliche oder zeichnerische – Ausdrucksform verliehen. Wenn der unbewußte Inhalt auf diese Weise vergegenständlicht worden ist, wird er dem Verständnis und der Aufnahme zugänglicher, und das Individuum wird nicht länger von ihm beherrscht. Die aktive Imagination muß spontan geschehen, im Unterschied zu anderen mit ihr verwandten Techniken wie der Phantasiereise und dem geführten Bilderleben.

**Analyse (Jungsche):** Ein im Rahmen einer dynamischen Beziehung zwischen Analysand und Analytiker verlaufender Heilungs- und Lernprozeß, bei dem unbewußtes Material – Träume, Phantasien – untersucht wird, um die Ursache psychischer Konflikte aufzudecken und sie dann zu lösen. Man vermittelt ein Verständnis dafür, wie wichtig es ist, mit dem Unbewußten in Verbindung zu bleiben, und ebenso Techniken, mit deren Hilfe diese Verbindung erreicht werden kann. Die Analyse hilft das psychische Gleichgewicht zu fördern und dem Ziel der Individuation näherzukommen.

**Anima** (latein. «Seele»): Der in der Psyche des Mannes angelegte Archetyp, der ihm ermöglicht, weibliche Instinkte zu erleben. Dieser Archetyp bildet die Grundlage für einen Komplex, der zum einen von den Erfahrungen, die das Individuum in seiner frühen Kindheit mit Frauen – in erster Linie mit der Mutter und weiblichen Geschwistern – macht, und zum anderen von den von seiner kulturellen Umgebung vermittelten kollektiven Frauenbildern beeinflußt wird. Die Bilder und Affekte, die sich beim Mann mit dem Komplex verbinden, bringen seine eigene unbewußte Weiblichkeit, das Unbewußte sowie die inferiore oder niedere Funktion zum Ausdruck, also all das, was nicht mit der vom männlichen Körper-Ich abhängigen Identität des Individuums zusammenhängt. Die Anima wird zu einer Art verallgemeinertem Bild des Weiblichkeitsideals des Betreffenden, und seine Partnerwahl wird davon stark beeinflußt. Wenn man mit der Anima bewußt umgeht, wirkt sie als inspirierende Muse – als Brücke zum kreativen Quell des Unbewußten und zu unbekannten Entwicklungsmöglichkeiten. In Beziehungen dient die Anima als Wegweiser, vor allem mit Menschen, die unterschiedliche Auffassungen vertreten. Bleibt einem Mann seine Anima jedoch unbewußt, bewirkt sie, daß er trübsinnig, launisch und rücksichtslos wird und sich abfällig über andere äußert.

**Animus** (latein. «Geist»): Der in der Psyche der Frau angelegte Archetyp, der ihr ermöglicht, männliche Instinkte zu erleben. Dieser Archetyp bildet die Grundlage für einen Komplex, der einerseits von den Erfahrungen, die das Individuum in seiner frühen Kindheit mit Männern – in erster Linie mit dem Vater und männlichen Geschwistern – macht, und andererseits von den von seiner kulturellen Umgebung vermittelten kollektiven Männerbildern beeinflußt wird. Die Bilder und Affekte, die sich bei der Frau mit dem Komplex verbinden, bringen ihre eigene unbewußte Männlichkeit, das Unbewußte sowie die inferiore oder niedere Funktion zum Ausdruck, also all das, was nicht mit der von ihrem weiblichen Körper-Ich abhängigen Identität zusammenhängt. Der Animus wird zu einer Art verallgemeinertem Bild des Männlichkeitsideals der betreffenden Frau, der ihre Partnerwahl stark beeinflußt. Ist sie mit dem Animus, der in Träumen als Einzelgestalt oder als Gruppe auftaucht, in bewußter Verbindung, wirkt er inspirierend und bildet eine Brücke zum Unbewußten, das heißt zum Quell kreativer, geistiger oder spiritueller Initiative und zur Quelle von Entwicklungsmöglichkeiten. Bei der Verfolgung unpersönlicher Bestrebungen dient der Animus als Wegweiser und fördert derartige Bestrebungen. Bleibt einer Frau ihr Animus jedoch unbewußt, bewirkt er, daß sie rechthaberisch, streitsüchtig, stur, dominierend und sowohl sich selbst als auch anderen gegenüber übertrieben kritisch wird.

**Archetyp:** Damit bezeichnet Jung angeborene, affektiv besetzte Strukturen der Psyche – psychologische Aspekte biologischer Instinkte –, die die Essenz der elementarsten und tiefgründigsten menschlichen Bedürfnisse und Erfahrungen verkörpern (grundlegende Übergänge im Leben zu physischem, psychischem und spirituellem Wachstum). Archetypen liegen den universellen Motiven und Bildern gesellschaftlicher Mythen sowie individueller Träume, Visionen und Phantasien zugrunde. Während die archetypischen Motive der ganzen Menschheit gemein sind, ist ihre Bilderwelt von Kultur zu Kultur verschieden. Da die Archetypen Elemente des kollektiven Unbewußten sind, kennt man ihre Ursprünge und ihr Wesen nicht und kann sie auch gar nicht kennen; doch wenn sich aufgrund der passenden äußeren oder inneren Situation eine Archetypenkonstellierung ergibt und man in Träumen, Phantasien oder Projektionen auf ihre Bilder trifft, läßt sich daraus auf ihre Existenz schließen. Archetypen wirken sich als starke emotionale Reaktionen, unerwartete Impulse, zwanghaft auftretende Gedanken oder Verhaltensweisen und als von ihren Bildern ausgehende Faszination aus. Wie andere unbewußte Inhalte neigen auch Archetypen dazu, projiziert zu werden, und wie andere Aspekte der Psyche besitzen sie ebenfalls sowohl ein positives als auch ein negatives Potential: sie sind kreativer Quell neuer Ideen und Möglichkeiten, wirken jedoch zerstörerisch, wenn sie das bewußte Ich überwältigen oder lähmen.

**Bewußtsein:** Jenes psychische Phänomen, das aus all den Gedanken, Gefühlen, Wahrnehmungen und Verhaltensweisen besteht, die dem Individuum zum jeweiligen Zeitpunkt bekannt sind, die seiner Kontrolle unterliegen und denen entsprechend es nach Belieben handeln kann. Äußere Stimuli und vom Unbewußten herrührende Inhalte kommen zum Bewußtsein, wenn sie sich mit dem Ego verbinden, und entschwinden aus dem Bewußtsein, wenn sie sich vom Ego lösen. Das Ego stellt das Organisationszentrum des Bewußtseins dar. Phylogenetisch betrachtet entfaltet sich die Art und Weise des Bewußtseins langsam mit der Evolution der menschlichen Psyche, und das Bewußtsein entwickelt sich – anscheinend in einer ontogenetischen Wiederholung – allmählich in der Kindheit eines jeden Individuums.

**Chthonische Mutter:** Der Archetyp der Erdmutter. Die chthonische Mutter ist dunkel, dämonisch und bildet denjenigen Aspekt des Mutterarchetyps, der dem Bewußtsein heutiger Frauen am unzugänglichsten ist, weil es sich mit den Werten der patriarchalen Gesellschaft identifiziert hat. Zu den mythischen Verkörperungen der chthonischen Mutter gehören Tiamat, die Göttin des primitiven Chaos, und Erishkigal, die Königin der Unterwelt. Viele andere Göttinnen – unter ihnen Nut, Ishtar, Hathor, Bast, Kali, Freyja, Hekate, Persephone und die Jungfrau Maria in ihrer Beziehung zum Mond sowie als Pietà – besitzen durch ihre Verbindung mit Erde, Blut, Dunkelheit, Tod, Unterwelt, Nacht, Nachthimmel, Mond und Ozean chthonische Aspekte. («Chthonisch», von griech. *chthon,* «Erde», wird für gewöhnlich in einem engeren Wortsinn gebraucht, um die der Unterwelt zugehörigen Wesenselemente einer Gottheit zu bezeichnen.)

**Coniunctio:** Der Archetyp der Vereinigung der Gegensätze. Der Begriff ist aus der Alchemie entlehnt und bezeichnet ein Prozeßstadium, das üblicherweise durch eine mystische Hochzeit symbolisiert wird. In der analytischen Psychologie bezeichnet «Coniunctio» häufig eine vierfache Hochzeitskonfiguration von Frau-Mann, Animus-Anima oder ein stärker entwickeltes Bild der Ganzheit, bei dem die äußere Verbindung durch eine innere Verbindung – von Animus und großer Mutter bei der Frau beziehungsweise Anima und weiser alter Mann beim Mann – ergänzt wird.

**Ego (Ich):** Ein Komplex aus körperlicher Bewußtheit, perzeptiver (wahrnehmender) und kognitiver (erkennender) Funktion, Einstellungen und Erinnerungen, der als der zentrale Organisator des Bewußtseins fungiert, als das wissende und wollende «Ich». Das Ego ist das Instrument der bewußten Identität, der Anpassung an innere und äußere Welten und der Integration von Erfahrungen.

**Einstellungen/Haltungen (psychologische Typen):** Extravertiertheit und Introvertiertheit sind Bezeichnungen für die bei einem Individuum dominierende bewußte Einstellung zum Leben. Ein extravertierter Typus ist in erster Linie auf die äußere Umgebung hin ausgerichtet und durch sie motiviert. Er findet sie anregend und fühlt sich im allgemeinen in der Gesellschaft und ihren Konventionen wohl. Ein introvertierter Typus ist eher auf seine innere Umgebung eingestimmt und agiert und reagiert so, wie es ihm sein Inneres vorschreibt. Er (oder sie) neigt dazu, ein unsicheres, unbehagliches Verhältnis zur Welt im großen zu haben, und kommt am besten allein oder in ihm (beziehungsweise ihr) vertrauten, wohlbekannten Situationen zurecht. In dem Maße, in dem beim einzelnen die eine Haltung bewußt entwickelt ist, bleibt die entgegengesetzte Haltung relativ unbewußt und kommt indirekt in weniger angepaßtem Verhalten zum Ausdruck.

**Funktionen (psychologische Typen):** Die vier psychologischen Funktionen sind bewußte Orientierungs- und Anpassungsprozesse, die in jedem Individuum in unterschiedlichem Maße und in unterschiedlichen Kombinationen zur Entfaltung gelangen und die noch durch den Typus der Einstellung abgeändert werden. *Fühlen* und *Denken* – Arten des Beurteilens, entweder durch Bewertung oder über den Intellekt – gelten als irrationale Funktionen, während *Empfinden* und *Intuieren* – Arten des Wahrnehmens, entweder durch konkrete Beobachtungen oder über unterbewußte Eindrücke – als irrationale (nicht logische) Funktionen bezeichnet werden. Bei jedem der Paare stellen die Funktionen Gegensätze dar: Ist das Fühlen die höhere (am stärksten entwickelte) Funktion, die im Bewußtsein innerhalb der dominierenden bewußten Einstellung wirkt, dann ist das Denken die niedere, inferiore (am schwächsten entwickelte) Funktion, die mit der entgegengesetzten unbewußten Einstellung zusammen im Unbewußten existiert. Das andere Paar (in diesem Fall Empfinden und Intuieren) bildet die *Hilfs*funktionen, die in dem Maße, in dem sie in das Bewußtsein aufgenommen werden, als Verstärkung der höheren Funktion und Brücke zur niederen Funktion wirken. Die Bezeichnungen der acht Typen beruhen auf der Verbindung der dominierenden bewußten Einstellung mit der höheren Funktion, zum Beispiel der introvertierte Gefühlstypus.

**Gegenübertragung:** Ein reaktives Phänomen, zu dem es während einer Analyse kommen kann. Dabei konstelliert die vom Patienten ausgehende Übertragung (d. h. Projektion) von unbewußtem Material auf den Analytiker beim Analytiker entsprechende unbewußte Inhalte, die sich dann bezeichnenderweise in Projektionen und übertrieben emotionalem Engagement äußern. Jung beschreibt eine «unbewußte Übereinstimmung mit dem Patienten», eine «Sphäre gemeinsamen Unbewußtseins», die den analytischen Prozeß so lange behindere, bis der Analytiker sie sich bewußt mache.

**Hierosgamos:** In der Antike die mythische heilige Vereinigung (oder Hochzeit) einer weiblichen Gottheit, meistens einer Mondgöttin, mit ihrem Bruder/Sohn/Geliebten (z. B. Isis und Osiris). Traditionellerweise sind mit dem Hierosgamos Themen wie Fruchtbarkeit, Tod und Auferstehung (sowie Inzest) verbunden, denn in der Regel stirbt der Geliebte, nachdem er die Göttin geschwängert hat, und diese gebiert dann ein göttliches Kind, ein Symbol der Ganzheit, entstanden aus der Vereinigung von Gegensätzen. So wurde der Hierosgamos in den Fruchtbarkeitsmysterien-Religionen zu einem zentralen Ritus, wurde später dann, im Gnostizismus, durch die Vereinigung von Sophia und Jaweh verkörpert und noch später, in der Alchemie als der Endstufe des Ganzen, durch die Vereinigung von König und Königin beziehungsweise die Verbindung von Sonne und Mond. Im Christentum wird der Hierosgamos durch den Zyklus dargestellt, der die Schwängerung Marias durch den Heiligen Geist, gefolgt von Geburt, Tod und Auferstehung Christi (und in jüngerer Zeit Marias Himmelfahrt), umfaßt, und ebenfalls durch das Verhältnis von Christus und Kirche als Bräutigam und Braut. Jung hat den Hierosgamos als ein Bild für «die Erdung des Geistes und die Vergeistigung der Erde» bezeichnet.

**Identifikation:** Ein unbewußter Prozeß, bei dem sich die Identität eines Individuums mehr oder weniger stark mit derjenigen einer anderen Person, Gruppe, Sache, Institution, eines Geschäfts oder Berufs oder mit einem strukturellen Element der Psyche vermengt. Ist dieser Vorgang von längerer Dauer oder nimmt er ein extremes Ausmaß an, behindert er die Entwicklung beziehungsweise das Zum-Ausdruck-Kommen der angeborenen Individualität. In angemessenem Umfang ist er nichts weiter als ein Prozeß, bei dem mögliche Identitäten modellhaft erfahren werden, und ist somit Teil der normalen Identitätsbildung.

**Individuation:** Ein Prozeß psychischen Wachsens und Sich-Veränderns auf dem Weg zur Verwirklichung der eigenen wahren Individualität und des eigenen psychischen Potentials, verbunden mit einem stärkeren Bewußtsein vom kollektiven Aspekt des Unbewußten und der eigenen Gemeinschaft mit der ganzen Menschheit. Für Jung ist die Individuation eine Aufgabe, die sich hauptsächlich in der zweiten Lebenshälfte stellt. Er betrachtet sie im wesentlichen als eine Vorbereitung auf den Tod und zwar im Sinne eines Wachstums, das darauf hinausläuft, den Tod als eine normale integrale Vollendung des Lebens zu empfinden und solchermaßen auf ihn zuzugehen.

**Komplex:** Ein Netz von affektiv besetzten Ideen und Bildern, die in einem Archetyp wurzeln. Ein Komplex besteht im wesentlichen aus verdrängten psychischen Inhalten, die mit bewußten Haltungen oder Einstellungen im Widerstreit stehen. Er kann teilweise bewußt werden. Doch in dem Maße, in dem der Komplex unbewußt bleibt, wird er von dem ihm zugrundeliegenden Archetyp stark affektiv aufgeladen und neigt dazu, sich unverhofft in spontanem Verhalten zu äußern und zwar so, als handele es sich dabei um eine eigenständige Persönlichkeit. Komplexe äußern sich unter anderem in Fehlleistungen des Gedächtnisses, ungewollten Versprechern, emotionalen Ausbrüchen und zwanghaftem Verhalten. Sie sind nur dann schädlich, wenn sie sich störend oder beeinträchtigend auf die Funktion des Ego auswirken. Jung schrieb einmal: «Heutzutage weiß jeder, daß Menschen *Komplexe haben.* Was weniger bekannt, dabei theoretisch aber weit wichtiger ist, ist, daß Komplexe *uns haben* können.»

**Konstellieren:** Ein Begriff, den Jung benutzt, um die durch einen äußeren Umstand ausgelöste Aktivierung eines entsprechenden inneren Archetyps oder Komplexes zu bezeichnen, der dann auf die äußere Situation projiziert wird. Der Ausdruck wird auch verwandt, um die offensichtliche Anziehungskraft zu bezeichnen, die ein äußerer Umstand – der einen aktivierten Komplex gleichzeitig ergänzt, kompensiert oder zum Ausdruck bringt – auf das betreffende Individuum ausübt.

**Mandala** (sanskrit. «Kreis»): Eine zwei- oder dreidimensionale – kreisförmige oder quadratische – zeichnerische, poetische oder tänzerische Komposition, die ein konzentrisches, symmetrisches Muster hat, das auf der Zahl vier oder derem Vielfachen beruht. Ein Mandala kann eine rein geometrische Form haben, aber auch die einer Blume, eines Kreuzes, eines Rades oder einer Uhr. Es versinnbildlicht Harmonie und Vollständigkeit sowie einen umfriedeten magischen oder heiligen Bereich, der Raum und Schutz gewährt. In bestimmten östlichen Religionen werden Mandalas als Meditationshilfe benutzt, und Jung machte häufig die Beobachtung, daß Mandalas in Zeiten psychischer Verwirrtheit und Zerrissenheit in Träumen oder Phantasien als kompensatorische und heilende Symbole der Geordnetheit und Ganzheit spontan aus dem Unbewußten aufsteigen.

**Mutterarchetyp (Große Mutter, Erdmutter):** Der Archetyp, der das ererbte Muster der potentiellen Erfahrung des mütterlichen

Umsorgens und Umsorgt-Werdens bildet. Dieser grundlegende, bei allen Völkern zu findende Archetyp verkörpert den unpersönlichen, unerbittlichen Doppelstandpunkt von «Mutter Natur»: Im großen Rund der Natur ist es nun einmal so, daß sich Zerstörung, Unfruchtbarkeit, Tod und Verfall unvermeidlich und notwendig mit Erschaffung, Fruchtbarkeit, Geburt und Blüte abwechseln. Der Mutterarchetyp umfaßt die negative, todbringende, verschlingende Mutter und die teuflische Hexe ebenso wie die positive, lebenspendende, nährende Mutter und die spirituell erhabene, weise alte Frau. Eine Identifizierung mit diesem Archetyp führt zu einem übertriebenen oder zu geringen mütterlichen Umsorgen. Die eigene Mutter löst die Projektion des Mutterarchetyps zwar im wesentlichen aus und zieht sie auf sich, doch kann der Archetyp in vielerlei Gestalt zum Ausdruck kommen. Er kann mit Naturelementen, mit hohlen, konkaven Gefäßen, schützenden magischen Kreisen oder Mandalas und mit vielen – hilfreichen oder bedrohlichen – Tieren in Verbindung gebracht werden. Da er die ganze Natur umfaßt, entspricht er dem kollektiven Unbewußten und ist in seiner ursprünglichsten Darstellungsform die Materie selbst. Bast, Isis, Aphrodite und Kali sind vier der zahlreichen Darstellungen des Mutterarchetyps als Muttergöttin.

**Negative Mutter (Schreckliche Mutter):** Der böse Aspekt des Mutterarchetyps. Im übertragenen Sinne ist er die überwältigende, zerstörerische, bedrohliche und regressive Kraft des kollektiven Unbewußten. Die negative Mutter wird in Mythen und Märchen von weiblichen Figuren verkörpert, die ihren Opfern übel mitspielen, sie verschlingen oder sie mit Verführung oder Verzauberung in den Untergang locken: Lilith, die Gorgonen, Kalypso, die Lorelei, die Sirenen, die Harpyien, Frau Holle, die Baba Yaga, böse Hexen und Stiefmütter und solche Göttinnen wie Ishtar, Isis, Aphrodite, Kali, Hekate und Hel in ihren schrecklichen oder bösen Aspekten. Mögliche Darstellungsformen sind außerdem verschlingende oder umschlingende Ungeheuer, Tiere oder Pflanzen: Schlangen, Drachen, Wale, Spinnen, Kletternder Baumwürger; darüber hinaus Särge, Gräber und tiefes Wasser sowie die Begleiter und die Utensilien von Hexen.

**Numinos:** Jene affektive Eigenschaft eines aktivierten Archetyps, die durch ein Bild oder eine äußere Manifestierung hervorgerufen und unmittelbar als etwas Unsägliches, Geheimnisvolles, Furchterregendes oder Ehrfurchtgebietendes erlebt wird. Die numinose Wirkung übt auf das Individuum, in dem sie konstelliert ist, eine überwältigende, zwingende, gefühlsmäßige Faszination aus, die stark genug ist, um eine Bewußtseinsveränderung zu bewirken.

**Persona:** Die Maske oder Fassade gesellschaftlicher Anpassung, die ein Individuum der Außenwelt zeigt. Die Persona ist ein Komplex, dessen Kern vom Archetyp des Konformismus gebildet wird. Sie ist eine notwendige, schützende Teilpersönlichkeit, die die Individualität maskiert und widerspiegelt, wie die betreffende Person die kollektiven Erwartungen in bezug auf die gesellschaftliche Rolle und den gesellschaftlichen Sittenkodex wahrnimmt. Wenn die Persona flexibel und relativ bewußt gehandhabt wird, ist sie ein hilfreicher Mittler zwischen Individuum und Gesellschaft. Im psychologischen Sinne gefährlich ist sie nur dann, wenn das Individuum sich unkritisch mit ihr identifiziert.

**Projektion:** Ein Vorgang, bei dem man einen unbewußten Aspekt seiner selbst in übertriebener oder verzerrter Form als Eigenschaft irgendeiner anderen Person, Gruppe oder Sache wahr nimmt. Zu Projektionen kommt es, wenn das Objekt eine gewisse Übereinstimmung mit dem unbewußten Inhalt aufweist und genügend negative oder positive Faszination ausübt, um den Inhalt zu aktivieren. Eine Projektion ist immer durch inneren Zwang und eine starke Gefühlsregung gekennzeichnet, und sie besteht so lange fort beziehungsweise kehrt wieder, bis man den projizierten Inhalt erkennt und als zu einem selbst gehörend akzeptiert.

**Psyche:** Die Gesamtheit aller psychischen Komponenten und Prozesse, seien sie bewußt oder unbewußt. Die Psyche ist ein sich selbst regulierendes dynamisches System, das auf dem Energiefluß beruht, der zwischen Gegensätzen stattfindet. Man kann die Psyche nur durch ihre Manifestationen wie zum Beispiel Ideen, Einstellungen, Gefühle, Impulse, Phantasien, Verhaltensweisen und Stimmungen erkennen.

**Schatten:** Die dunkle, unbewußte Unterseite der Ego-Persönlichkeit. Seine kollektiven und persönlichen Aspekte umfassen die verdrängten, primitiven, niederen, abgelegten und verachteten Eigenschaften sowie das nicht verwirklichte Potential einer Gruppe oder eines Individuums. Wenn der persönliche Schatten nicht anerkannt und integriert ist, neigt die bewußte Persönlichkeit dazu, zweidimensional und unauthentisch zu sein; das heißt, je größer der Grad der Identifikation mit der Persona ist, desto dunkler und selbständiger ist meist der persönliche Schatten. In Träumen und im Alltag erscheint der persönliche Schatten in Gestalt einer Person, beziehungsweise er wird auf eine Person projiziert, die demselben Geschlecht wie das betreffende Individuum angehört, und letzteres erlebt den Gegenstand der Projektion häufig als besonders irritierend oder unerträglich. Der kollektive Schatten wird auf ein Individuum oder eine fremde Gruppe projiziert – das Phänomen des Sündenbocks. Der archetypische Schatten wird von solchen Gestalten versinnbildlicht wie dem Teufel, dem Versucher, dem Trickster oder der Hexe.

**Selbst:** Der Archetyp der Ganzheit und Geordnetheit; umschließt die gesamte Psyche und bildet zugleich ihr Zentrum. Das Selbst ist die alle Gegensatzpaare vereinende Funktion einer Energiequelle, welche den Individuationsprozeß in Gang setzt und lenkt. Es manifestiert sich als Projektion, durch Symbole (hauptsächlich geometrische Formen, besonders Quadrat und Kreis, außerdem Retter- und Heldengestalten, das Kind, verschiedene Tiere, Insekten und Pflanzen, kostbare Steine und Bilder, die eine Quaternität enthalten) und durch den Widerstreit von Gegensätzen, also durch eine bewußte Konfrontation, die eine wesentliche Voraussetzung dafür ist, daß man diesen Archetyp erfahren kann. Jung hat das Selbst als «den Gott in uns» bezeichnet.

**Symbol:** Ein Bild, mit dessen Hilfe ein Komplex von Ideen, Gefühlen und Erfahrungen am wirksamsten und einfachsten dargestellt werden kann. Ein Symbol kann nur zum Teil in das Bewußtsein aufgenommen werden und bleibt so eine unerschöpfliche Quelle potentieller Bewußtseinsveränderung.

**Synchronizität:** Das bedeutungsvolle Zusammentreffen von zwei (oder mehreren) nicht miteinander verbundenen psychischen oder körperlichen Zuständen oder Ereignissen, welches sich durch deren gemeinsame Beziehung zu einem aktivierten Archetyp erklären läßt, beispielsweise das gleichzeitige Auftreten gleicher Gedanken oder Träume bei verschiedenen Individuen oder das parallel zu einem körperlichen Zustand oder äußeren Ereignis erfolgende Auftreten eines psychischen Zustandes oder Inhaltes.

**Transzendente Funktion:** Eine zentrale symbolformende Funktion, die sowohl Elemente des bewußten als auch des unbewußten Bereichs der Psyche umfaßt. Die transzendente Funktion vermittelt zwischen dem Bewußten und dem Unbewußten und verwandelt deren destruktiv-konträres Verhältnis in eines, das auf konstruktiver Gegenseitigkeit und Synthese beruht. Aktiviert wird die transzendente Funktion durch eine psychische Sackgasse, die entstanden ist aus dem Widerstreit von gegensätzlichen Haltungen und Anforderungen des Bewußten und des Unbewußten: Extravertiertheit / Introvertiertheit, Denken / Fühlen, Empfinden / Intuieren, Männlichkeit / Weiblichkeit, Spiritualität / Sinnlichkeit, Individuum / Kollektiv. Einmal aktiviert, konstelliert die Funktion ein vereinendes Symbol, welches die Gegensätze zusammenfügt und sie transzendiert. Wird das Symbol ins Bewußtsein aufgenommen, so zeigt es neue Möglichkeiten auf, wie man den toten Punkt überwinden und zu neuer Energie gelangen kann.

**Trickster:** Archetypisches Bild der schalkhaften Bosheit, des Unvorhergesehenen, der Unordnung und Amoralität. Der Trickster ist eine archetypische Schattengestalt, die ein dämmerndes Urbewußtsein verkörpert. Er kompensiert starre oder allzu selbstgerechte kollektive Haltungen, fungiert im Kollektiv als kathartisches Sicherheitsventil für den angestauten sozialen Druck und erinnert immer wieder an die primitiven Ursprünge der Menschheit und die Fehlbarkeit ihrer Institutionen. Häufig vereinigt der Trickster die Gegensätze in sich. Er kann als transzendierendes Symbol Wandlungskräfte besitzen. Bei einem Individuum, das in der Sterilität eines übermäßig verwurzelten wohlgeordneten oder einseitigen Bewußtseins gefangen ist, kann die Konstellierung dieses Archetyps Zugang zu den im kollektiven Unbewußten befindlichen kreativen Möglichkeiten schaffen und das psychische Gleichgewicht wiederherstellen helfen. Die Vereitelung bewußter Absichten, inneres Aufgewühltsein, äußeres Mißgeschick, durchkreuzte Pläne sind verläßliche Anzeichen dafür, daß der Trickster konstelliert ist.

**(Das) Unbewußte:** Der unbekannte Bereich der Psyche, der aus zwei Ebenen besteht: der persönlichen und der kollektiven. Das Unbewußte läßt sich nur hinsichtlich der psychischen Phänomene charakterisieren, die offensichtlich von ihm erzeugt werden (und als unbewußte «Produkte», «Inhalte», «Aktivität» oder «Material» bezeichnet werden), wie etwa Träume oder Phantasien, Projektionen, geistige Sperren, Fehlleistungen des Gedächtnisses, unangemessene Reaktionen, unfreiwillige Verhaltensweisen, unerwartete Gedanken, Gefühle, Wünsche und Impulse. Es gilt als Quelle des Bewußtseins, das durch die Aufnahme von unbewußten Inhalten in zunehmendem Maße bereichert wird. Jegliche einseitige Haltung oder Ansicht, die vom Bewußtsein vertreten wird, wird anscheinend durch unbewußte Inhalte kompensiert. Dadurch wird das psychische Gleichgewicht bewahrt beziehungsweise wiederhergestellt, und das psychische Wachstum oder die Individuation wird vorangetrieben.

**Weise alte Frau:** Bild eines positiven Aspekts des Mutterarchetyps, die verändernde, spirituelle, weibliche Weisheit, die ihre Informationen vom Herzen und von den Instinkten her bezieht, wirklichkeitsbezogen, konkret und organisch ist. Sie gehört zum psychischen Wachstum, zum persönlichen inneren Zusammenhalt und zum materiellen Ausdruck spiritueller Ideen. In der weiblichen Psyche ist die weise alte Frau Initiationslehrerin, vermittelt psychisches Gepränge, erlegt Leid oder Opfer auf und geleitet die Frau zu psychischer Veränderung, während diese dabei in ihrem weiblichen Wesen verwurzelt bleibt. Die weise alte Frau ist eng mit dem Archetyp des Selbst verwandt und wird manchmal als das weibliche Selbst oder der weibliche Aspekt des Selbst bezeichnet. In Mythen, Märchen und Träumen wird sie unter anderem dargestellt als Sophia, Weisheit oder Sapientia, als Priesterin, Sibylle, Prophetin, Fee, Stadt und Blume sowie als Veränderungen bewirkendes Gefäß (Taufbecken, chemische Retorte, Druckkochtopf).

*Auf der Suche nach der verdrängten Weisheit der Göttin – die Segnungen der Tiefe erfahren*

**Sylvia Brinton Perera**
**DER WEG ZUR GÖTTIN DER TIEFE**
**Die Erlösung der dunklen Schwester: eine Initiation für Frauen**
176 Seiten, broschiert
ISBN 3-7157-0074-2

In diesem aufsehenerregenden Buch der Jungschen Analytikerin und Therapeutin Sylvia Brinton Perera (New York) meldet sich die durch das Patriarchat verdrängte Weisheit der Göttin unüberhörbar und führt die Frau *und* das Weibliche im Mann auf einen Einweihungsweg in die Schrecken und Segnungen der Tiefe, der «psychischen Unterwelt».

Die Autorin zeigt an sich und in vielen beeindruckenden Beispielen aus ihrer psychotherapeutischen Praxis, welche elementaren Gefühle in jedem schlummern und – die wir meistens niemals kennenlernen. Der antike sumerische Mythos von Inanna-Isthar dient ihr dabei als Spiegel dieser energiegeladenen Welt. Die Leserin und der Leser erlebt dort den eigenen, tiefsten Bereich, wo es um das nackte Überleben, aber auch um elementare Heilung geht. Die dunkle Göttin der Tiefe fordert von jedem nicht Unterwerfung, sondern Respekt und Ehrfurcht. Ein Ignorieren rächt sich oft in physischen und psychischen Störungen, während eine willentliche Hingabe an die dunkle Seite der Göttin neues Leben aus den eigenen Wurzeln erwachsen läßt. Wir begegnen dabei allen verdrängten Schattenseiten unserer Emotionen, die die Autorin in archetypischen Gestalten zum Leben erweckt.

Das Ziel dieses nicht alltäglichen Initiationsweges ist die Heilung aus der eigenen Tiefe eines jeden, aus seinen schlummernden Energien. Einmal erweckt, ist die Kraft der dunklen Göttin ein großer Segen. Ein neues Bewußtsein entsteht, das sensibel, vertrauensvoll, kreativ und weise wird, weil es über den patriarchalischen Intellekt hinaus die weibliche Weisheit der Tiefe umarmt. Depressionen können durch die fließende, mitreißende Energie der Libido überwunden werden. Die Autorin zeigt an Beispielen, wie auch die Partnerschaft zwischen Mann und Frau eine seelenverwandte, leidenschaftliche Dimension erhält, wenn jeder Partner in Verbindung zu seiner eigenen ‹weiblichen› Tiefe steht.

Sylvia Brinton Perera braucht neben der Bildsprache der Mythen auch den Reichtum archetypischer Gestalten und Symbole aus der Alchemie, der Astrologie, dem Tantrismus, um der ‹modernen› verarmten Seele auf dem Initiationsweg neue Schätze nutzbar zu machen.

*Ein hilfreicher Ratgeber bei Liebes- und Partnerschaftsproblemen*

**John A. Sanford**
**UNSERE UNSICHTBAREN PARTNER**
**Von den verborgenen Quellen des Verliebtseins und der Liebe**

208 Seiten, mit einem Anhang über ‹Aktive Imagination› sowie einem Glossar der Jungschen Begriffe und Index, broschiert

ISBN 3-7157-0085-8

Liebes- und Partnerschaftsprobleme sowie Ehekrisen führten zu einem immer größeren Interesse an der Psychologie der Geschlechter. Es gab aber bis heute kein handliches und übersichtliches Buch, das C. G. Jungs wichtigste Ideen und Gedanken zu diesem Thema zusammenfaßte. Ausgehend von dessen faszinierender Anima / Animus-Theorie, welche zeigt, daß in jedem von uns Männliches und Weibliches vereint ist, gibt der Autor seine erstaunlichen und oft verblüffenden Erkenntnisse über die Geheimnisse des Verliebens und der Verliebtheit preis.

Anima und Animus sind jene unsichtbaren Partner, deren übermächtige und oft beflügelnde Kräfte in uns es zu entdecken gilt. Sie sind es, welche die Frage beantworten können, warum wir welche Partner gewählt haben. Sie sind die oft schmerzlich fehlenden Hälften in uns, von denen wir in überschwenglicher Verliebtheit beglückt und beseelt werden. Sie sind die anziehend magnetischen Pole, die beide Geschlechter einander näher bringen. Sie sind es aber auch im Stadium der Verliebtheit, die von uns unbewußt auf den geliebten Menschen projiziert werden.

Wird jedoch diese Verliebtheit einer gesunden Dosis Alltagsrealität ausgesetzt, in der sie sich bewähren müßte, bricht die ganze Phantasiewelt der Projektion zusammen.

Wie wir aber in dieser schwierigen Phase zu einer wahren und dauerhaften Liebesbeziehung finden können, in der wir den geliebten Menschen als *den* erkennen und annehmen können, der er *ist,* zeigt der Autor mit vielen praktischen Hinweisen. Erst wenn wir echte innere Zuneigung und helfende Fürsorge in uns entwickelt haben und somit beziehungsfähig geworden sind, zeigen sich Anima und Animus von ihrer hilfreichen Seite und werden zu unseren wahren Partnern und Verbündeten.

John A. Sanford führt anhand zahlreicher Beispiele aus der Mythologie und der Geschichte, vor allem aber aus der täglichen Praxis, zu einem neuen Verständnis von Sexualität und Liebe.

*Was wir von den Märchenhelden für unser eigenes Leben lernen können*

**Ulla Wittmann**
**ICH NARR VERGASS DIE ZAUBERDINGE**
**Märchen als Lebenshilfe für Erwachsene**
256 Seiten, broschiert
ISBN 3-7157-0075-0

Die Urbilder oder Archetypen des kollektiven Unbewußten und der Märchen sind bei allen Völkern und zu allen Zeiten die gleichen. Sie machen die Natur des Menschen aus. Aber für jedes Zeitalter haben sie eine spezifische Bedeutung.

Was der moderne Mensch im Übergang zu einem neuen Zeitalter aus der Symbolsprache der Volks- und Dichtermärchen lernen kann, um die aktuellen Probleme der Umweltzerstörung, Friedlosigkeit und Ohnmacht des einzelnen in der Massengesellschaft zu lösen und die verdrängten weiblichen Werte der Phantasie und des Gefühls zu erlösen, erfährt der Leser am Beispiel auch verhältnismäßig unbekannter Märchen der Brüder Grimm, Andersens «wilden Schwänen» und der «kleinen Seejungfrau», Storms «Regentrude» und aus «Aladins Wunderlampe».

Aber vor allem der Individuationsprozeß, wie ihn C. G. Jung in seiner Psychologie erklärt, ist es, wozu uns die Märchen Mut machen. Auf dem Weg zur Ganzheit des Selbst gilt es, die Tierbrüder und den verwunschenen Prinzen oder die Prinzessin zu erlösen, die «steife» Mutter zu überwinden und in der tiefen Nacht der Seele die Zauberdinge zu entdecken. Was diese Symbole für unser eigenes Leben bedeuten, zeigt Ulla Wittmann mit Hilfe von Bausteinen aus der Psychologie C. G. Jungs und eigenen Erfahrungen. Sie regen den Leser zum Weiterassoziieren an.

Während die Autorin in ihrem ersten Buch «Leben wie ein Krieger» das Urwissen in den Lehren des indianischen Meisters Don Juan enthüllte und mit den verschiedenen religiösen Systemen und den Lehren spiritueller Meister verglichen hat, geht es in diesem Buch darum, die ewige Weisheit der Märchen zu entdecken.

Neben den bereits genannten werden die folgenden Grimmschen Märchen im Original oder als Zusammenfassung zuzüglich tiefschürfender Interpretationen angeboten: Die beiden Wanderer / Der Eisenhans / Jorinde und Joringel / Die sechs Schwäne / Die Alte im Wald / König Drosselbart / Rumpelstilzchen / Frau Holle und Aschenputtel.